法大诉讼法学博士文库（6）

# 刑事诉讼证明权研究

## ——以辩方为视角

# On the Right of Proof in Criminal Procedure

## ——Focusing on the Defense Side

余茂玉　著

中国人民公安大学出版社
·北　京·

图书在版编目（CIP）数据

刑事诉讼证明权研究：以辩方为视角/余茂玉著．—北京：中国人民公安大学出版社，2010.1
（法大诉讼法学博士文库/卞建林主编）
ISBN 978-7-81139-886-1
Ⅰ．①刑…　Ⅱ．①余…　Ⅲ．①刑事诉讼—证据—研究—中国
Ⅳ．①D925.213.4

中国版本图书馆 CIP 数据核字（2009）第 238388 号

**刑事诉讼证明权研究**
——以辩方为视角
On the Right of Proof in Criminal Procedure
——Focusing on the Defense Side
余茂玉　著

出版发行：中国人民公安大学出版社
地　　址：北京市西城区木樨地南里
邮政编码：100038
经　　销：新华书店
印　　刷：北京兴华昌盛印刷有限公司

版　　次：2010 年 1 月第 1 版
印　　次：2010 年 1 月第 1 次
印　　张：10.875
开　　本：880 毫米×1230 毫米　1/32
字　　数：292 千字
印　　数：1～3000 册

书　　号：ISBN 978-7-81139-886-1/D・724
定　　价：28.00 元

网　　址：www.cppsup.com.cn　www.porclub.com.cn
电子邮箱：cpep@public.bta.net.cn　zbs@cppsu.edu.cn

营销中心电话（批销）：（010）83903254
警官读者俱乐部电话（邮购）：（010）83903253
读者服务部电话（书店）：（010）83903257
教材分社电话：（010）83903259
公安图书分社电话：（010）83905672
法律图书分社电话：（010）83905637
公安文艺分社电话：（010）83903973
杂志分社电话：（010）83903239
电子音像分社电话：（010）83905727

# 法大诉讼法学博士文库

## 编　委　会

# 总 序

21 世纪的中国诉讼法学将向何处去？这是每一位诉讼法学者都应当关心的重要问题。历史是昭示未来的一面镜子。我们不妨先从历史的角度来考察一下我国诉讼法学发展的轨迹和趋势。

我国近代诉讼法学肇始于一百多年前的清末修律。1906 年，清政府创办了京师法律学堂，由沈家本亲自制定的法律学堂章程将刑事诉讼法与民事诉讼法均列为主要课程，这标志着诉讼法学作为一门新兴的学科开始独立存在。之后，夏勤、陈瑾昆、蔡枢衡、熊元襄、石志泉、邵勋、邵锋等学者在翻译和介绍日本、德国等国诉讼法律与诉讼理论方面都作出了杰出贡献，并在此基础上对诉讼法学基本原理进行了可贵的探索。至 20 世纪 40 年代，旧中国的诉讼法学理论体系得以初步形成。

新中国成立以后，随着旧中国的“六法全书”被废除，原有的诉讼法学理论体系和研究成果也被抛弃。受当时的政治环境影响，中国的法学理论工作者开始将目光转向苏联。在 20 世纪 50 年代，伴随着苏联法学教授来华授课，一批苏联的诉讼法学著作被翻译推介到我国。我国学者开始在学习苏联诉讼法律制度与法学理论的同时，结合中国无产阶级专政的实际经验与需要，尝试创建我国的诉讼法学理论体系。然而，不久后的“反右”运动和“文化大革命”动乱，法律虚无主义甚嚣尘上，诉讼法学研究长期陷入停滞。这种状况一直持续到 20 世纪 70 年代末期。

自 1978 年改革开放以来的 30 年，是我国诉讼法学的恢复和迅速发展时期。随着1979年中国第一部刑事诉讼法的颁布实施，我国诉讼法学开始全面“复苏”。在“解放思想、实事求是”方针的指引下，诉讼法学的学术研究变得活跃起来，关于刑事诉讼、民事诉讼、证据理论、司法制度方面的多本专著先后问世。特别是20世纪80年代初、中期，国家统一组织编写刑事诉讼法学、民事诉讼法学、证据法学教材。这些统编教材，发行量大，适用面广，读者众多，影响力大，基本确立了诉讼法学与证据学的理论框架与教学体系。诚然，此时的诉讼法学仍不够成熟，大多停留在注释法学的阶段，教学和研究的目的主要是解释法律、宣讲法律，先进的诉讼理念尚未确立。至20世纪90年代，此种状况得到很大改善。“刑事诉讼法学的研究登上了一个新的台阶……在理论方面，对刑事诉讼基础理论的研究开始起步并初有成就。”① 其标志性成果是一系列有关诉讼目的、诉讼构造、起诉制度、审判原理等基本理论问题的学术专著陆续出版。随着我国政治、经济、社会、文化等各个方面日新月异的发展与进步，随着“依法治国，建立社会主义法治国家”基本治国方略的确立与实施，我国社会主义民主与法治建设取得巨大成就。在此大背景下诉讼立法进程加快，诉讼制度日臻完善，诉讼法学理论研究也在不断深入。“程序正义”、“人权保障”等先进的诉讼价值观念得到大力弘扬和广泛传播，公平、正义、人权、自由、秩序、效率等价值观不仅是诉讼理论界热衷探讨的命题，并逐步得到立法和司法实务部门的理解和认同，甚至成为普通百姓耳熟能详的大众话语。进入21世纪以来，诉讼法学研究方面最显著的进展莫过于研究方法的转型。不仅实证研究方法受到重视，多元化、跨学科的研究方法也得到了提倡，哲学、社会学、逻辑学、经济学等多学科的研究方法被广泛地应用于诉讼法学和证据法学研究。甚至文理汇聚、社会科学与自然科学交融的现象

① 陈光中、卞建林：《刑事诉讼法学研究现状与发展趋势》，载《法学家》1996年第2期。

也已出现，国家自然科学实验基地——中国政法大学证据科学研究院的成立就是明证。

由以上分析可见，我国诉讼法学的发展史大致可以划分为3个阶段，即萌芽与初创阶段、重建与停滞阶段和恢复与提升阶段。回顾历史，笔者在为我国诉讼法学发展历程的艰难曲折而感叹的同时，也为当前诉讼法学研究所取得的巨大成就而感到欢欣鼓舞。然而，值得注意的是，从历史上看，我国诉讼法学的成长始终伴随着对外来法律文化的学习：从萌芽与初创阶段对日、德等国诉讼理论的借鉴，到重建与停滞阶段对苏联诉讼理论的模仿，再到恢复与提升阶段对美、英等国诉讼理论的引入。达马斯卡曾经告诫我们："与私法领域相比，程序法的意义和效果更加依赖于外部环境——尤其是直接依赖于所在国家司法制度运行的制度背景。"① 诉讼法对其制度背景的依赖使得这门学科较之其他学科具有更强的地域性特征。所以，我们需要思考的一个问题是：我们仿效外国经验而建构起来的理论，我们从西方国家那里所引入的理念以及我们参考国外做法而采用的研究方法，是否真的适用于我国？即使这些理论、理念和方法完全适用于我国，那么中国学者对人类法治文明的独特贡献又何在？

笔者认为，21世纪的中国诉讼法学应当以创建中国特色、中国风格诉讼法学理论体系为努力方向。回首过去的一个多世纪，中国诉讼法学在对国外诉讼理论持续不断的"效仿"过程中渐渐迷失了自我，始终未能确立起自身的独立风格。因此，我国学者应当从中国实际出发，在了解和借鉴他国诉讼理论的同时，着力构建具有中国特色、中国风格的诉讼法学理论。这是一项艰巨而长期的历史任务。其艰巨性在于，曾经在世界法制发展史上占有一席之地的中华法系早已风光不再，100多年来我国所进行的各项法制改革大

① ［美］米尔吉安·R·达马斯卡：《比较法视野中的证据制度》，吴宏耀等译，中国人民公安大学出版社2006年版，第231~232页。

多是跟在西方国家后面亦步亦趋，我国法学理论缺乏自主发展的传统。其长期性在于，我国民众存在着根深蒂固的“重实体、轻程序”观念，而观念的转变绝非一朝一夕可以实现的。昂格尔就曾经针对我国古代法律评论道，与其他非欧洲的法相比较，中国法是离“法治”（rule of law）理念最为遥远的一极。[①] 因此，在这一现实背景下生成中国特色、中国风格的诉讼法学理论体系可能需要几代学人的共同努力。

历史的经验告诉我们，对于任何事业来讲，人才都是关键。从我国京师法律学堂的创办与诉讼法学的诞生可以看出，诉讼法学学科的发展与诉讼法学人才的培养是分不开的。因此，针对我国诉讼法学研究任务的艰巨性和长期性，我们应当进一步加大对青年诉讼法学高级人才，尤其是对诉讼法学博士生的培养力度。法学博士生群体是一支重要的科研力量。博士生们大多风华正茂，正处于人生创造力最为旺盛的时期，有可能提出富有原创性的学术观点；博士生们思维活跃，较少受到成见的束缚，有利于发掘新思维、新视角，不断推陈出新；博士生们拥有最有利的学习环境和条件，有足够的时间和精力就某些专门问题深入钻研。也正是基于这些原因，有人认为，博士学位论文常常能够代表学者一生的最高学术成就。

中国政法大学是全国最早获得诉讼法学博士学位授予资格的高等学府，由于师资队伍、培养模式、图书资料、学术交流等诸多方面的优势，法大培养的诉讼法学博士人数众多，质量上乘，为我国诉讼法学的学科发展作出过重要贡献。早在 20 世纪 80 年代末期，中国政法大学前校长、诉讼法学学科带头人陈光中先生就呼吁学界进一步加强对刑事诉讼法学基本理论的研究和创新，并引进自然科学和其他社会科学中的相关学科的成果，开拓刑事诉讼法学研究的

---

① ［日］滋贺秀三：《中国法文化的考察——以诉讼的形态为素材》，载《明清时期的民事审判与民间契约》，王亚新等编译，法律出版社 1998 年版，第 3 页。

新领域。① 在法大导师们的指引下，一批优秀的法大诉讼法学博士生开始对诉讼法学基础理论进行了大胆探索，取得了很多填补空白的开拓性研究成果。我国诉讼法学界在20世纪90年代出版的具有代表性的基础理论著作大多是在他们的博士学位论文基础上完成的。曾经取得的辉煌成就使中国政法大学的诉讼法学学科在全国享有盛誉。1999年，中国政法大学诉讼法学研究中心（2006年更名为中国政法大学诉讼法学研究院）成立，这是诉讼法学专业唯一入选全国普通高等学校人文社会科学百所重点研究基地的研究实体。从此，中国政法大学在诉讼法学学科建设和人才培养方面翻开了新的一页。

“法大诉讼法学博士文库”，是中国政法大学诉讼法学研究院主持编选并组织出版中国政法大学诉讼法学专业（含刑事诉讼法学、民事诉讼法学、行政诉讼法学、证据法学）博士学位论文的系列丛书。这套丛书旨在搭建学术平台，推出诉讼法学新人新作，营造百家争鸣的学术氛围。此外，由于博士学位论文不仅能够反映博士生个人的勤奋和智慧，还常常凝聚了博士生导师们的辛劳和心血。因此，这套丛书的出版也是对法大诉讼法学教学成果的集中展示。我们希望能够通过丛书的出版，进一步培养和造就高素质的诉讼法学博士生，推动诉讼法学年轻学者之间的互动和交流，促进我国诉讼法学的繁荣和发展。

中国政法大学诉讼法学研究院院长　卞建林

2008年4月3日于北京

① 陈光中：《中国刑事诉讼法学四十年（下）》，载《政法论坛》1989年第5期。

# 目　录


前　言 …………………………………………………………… ( 1 )

**第一章　证明权的基本理论问题** …………………………… ( 1 )

第一节　证明的必要性 ………………………………………… ( 1 )

一、刑事诉讼证明 ……………………………………………… ( 1 )

二、辩方在证明活动中的地位 ………………………………… ( 8 )

三、辩方在诉讼中有证明的必要 ……………………………… ( 17 )

四、辩方证明的性质 …………………………………………… ( 24 )

第二节　证明权的界定 ………………………………………… ( 29 )

一、证明权的基本内涵 ………………………………………… ( 29 )

二、辩方证明权的构成 ………………………………………… ( 31 )

三、辩方证明权的组成部分 …………………………………… ( 34 )

四、辩方证明权的性质和地位 ………………………………… ( 36 )

第三节　证明权与辩护权的关系 ……………………………… ( 40 )

一、辩方证明权与辩护权的关系 ……………………………… ( 41 )

二、证明权的有效行使和律师的有效协助 …………………… ( 43 )

三、国际司法准则关于辩护的要求 …………………………… ( 48 )

四、辩方证明权与律师有效协助下的平等保护 ……………… ( 50 )

第四节　证明权的功能 ………………………………………… ( 52 )

一、辩方证明权与刑事诉讼目的 ……………………………… ( 52 )

二、辩方证明权的功能 ………………………………………… ( 56 )

**第二章　证明权与刑事诉讼模式** …………………………… ( 64 )

第一节　刑事诉讼模式及其发展 ……………………………… ( 64 )

一、我国刑事诉讼模式 ……………………………… (65)
二、协同主义基本理论 ……………………………… (66)
三、协同主义在刑事诉讼中的引入 ………………… (70)
第二节 法院与案件事实的解明 ……………………… (75)
一、现行立法和司法实践 …………………………… (76)
二、法院负有“澄清案情义务” …………………… (77)
三、“澄清案情义务”与案件事实解明 ……………… (79)
第三节 控方与案件事实的解明 ……………………… (80)
一、现行立法和司法实践 …………………………… (81)
二、控方负有“协力的证明义务” ………………… (81)
三、“协力的证明义务”与案件事实解明 …………… (84)
第四节 辩方与案件事实的解明 ……………………… (85)
一、现行立法和司法实践 …………………………… (85)
二、辩方“协同发现真实”的权利和义务 ………… (85)
三、“协同发现真实”与案件事实解明 ……………… (88)
**第三章 证明权与无罪推定、不强迫自证其罪原则** ……… (90)
第一节 辩方证明权与无罪推定原则 ………………… (90)
一、无罪推定原则 …………………………………… (90)
二、辩方证明权与无罪推定原则的关系 …………… (92)
第二节 辩方证明权与不强迫自证其罪原则 ………… (97)
一、不强迫自证其罪原则 …………………………… (97)
二、辩方证明权与不强迫自证其罪原则的关系 …… (99)
**第四章 证明权与证明责任** ……………………………… (101)
第一节 证明责任制度基本理论 ……………………… (101)
一、证明责任的界定 ………………………………… (101)
二、证明责任的分配 ………………………………… (107)
第二节 域外证明责任制度考察 ……………………… (110)
一、英美法系国家证明责任制度考察 ……………… (110)
二、大陆法系国家证明责任制度考察 ……………… (113)

三、我国台湾地区证明责任制度考察 ……………………（116）
第三节 辩方证明权与证明责任 ……………………………（118）
一、阻却违法、阻却责任事由以及其他抗辩主张
的证明责任 ……………………………………………（119）
二、刑事证明责任的不可转移性 …………………………（127）
三、辩方证明权与提出证据责任的关系 …………………（133）
第五章 证明权与证据收集 …………………………………（139）
第一节 证据收集的基本理论 ……………………………（140）
一、证据收集的界定 ………………………………………（140）
二、证据收集与诉讼模式 …………………………………（144）
三、证据收集的功能 ………………………………………（146）
第二节 自行调查取证权 …………………………………（151）
一、自行调查取证权理论 …………………………………（152）
二、自行调查取证权的现状 ………………………………（155）
三、自行调查取证权之域外考察 …………………………（160）
四、自行调查取证权的完善：对辩方证明权
的保障 …………………………………………………（165）
第三节 申请调查取证权 …………………………………（170）
一、申请调查取证权理论 …………………………………（171）
二、申请调查取证权的现状 ………………………………（179）
三、申请调查取证权之域外考察 …………………………（184）
四、证据预判禁止原则 ……………………………………（189）
五、申请调查取证权的完善：对辩方证明权
的保障 …………………………………………………（194）
第六章 证明权与证据保全 …………………………………（204）
第一节 证据保全制度 ……………………………………（204）
一、我国证据保全制度的现状 ……………………………（204）
二、域外证据保全制度考察 ………………………………（206）
第二节 证据保全申请权 …………………………………（210）

一、证据保全申请权的理论基础 …………………………(210)
二、证据保全申请权是证明权的重要组成部分 ………(212)
第七章　证明权与证据开示 …………………………………(223)
第一节　证据开示制度 ……………………………………(223)
一、证据开示制度理论 ………………………………(223)
二、证据开示制度之域外考察 ………………………(230)
三、我国证据开示制度的现状 ………………………(235)
第二节　证据开示制度的构建 ……………………………(238)
一、控辩双方的证据开示 ……………………………(239)
二、辩方在法院受理后有权阅卷 ……………………(245)
第八章　证明权与质证 ………………………………………(246)
第一节　质证制度 …………………………………………(246)
一、质证制度基本理论 ………………………………(246)
二、质证制度的域内外考察及比较 …………………(250)
第二节　质证权 ……………………………………………(269)
一、质证权基本理论 …………………………………(269)
二、质证权是证明权的重要组成部分 ………………(273)
第九章　证明权与心证公开 …………………………………(277)
第一节　心证公开制度基本理论 …………………………(277)
一、心证公开的基本内涵 ……………………………(278)
二、心证公开的范围和内容 …………………………(282)
第二节　心证公开请求权是证明权的重要组成部分 ……(291)
一、心证公开的改革思路 ……………………………(292)
二、心证公开请求权是证明权的重要组成部分 ………(294)
结语　证明权的强化是一个渐进的过程 ……………………(297)
参考文献 ………………………………………………………(299)

# 前 言

诉讼证据制度的发展是随着人类认识而逐步深入的。从神明裁判到证据裁判，是从非理性到理性、从愚昧到科学的进步。案件事实本是历史事件，其既无法时空回溯，更难以全然重现，仅能藉由“证据”还原其本来面貌。无论是过去还是现在，“对簿公堂”都必须遵循证据定谳原则，“依据证据认定事实”乃理所当然之事，“空口无凭”更是成为日常证据观念。诉讼口“打官司就是打证据”，“无证可举”无异于“无米之炊”。[①] 犯罪嫌疑人、被告人作为刑事诉讼主体，除了因犯罪而受到人身约束等外，其应有权全程参与刑事诉讼，包括诉讼证明活动，无论在何种诉讼框架下，作为与刑事诉讼直接相连的当事人，其绝不应是诉讼证明活动的“旁观者”或“局外人”。

边沁（Jereme Bentham）说：“证据为正义之基础（evidence is the basis of justice）”。证据问题是诉讼制度的核心，证据和证明密不可分，与实践密切相连，无论诉讼结果如何，证明过程的公正性均受司法机关和当事人的重视。规范诉讼证据和证明制度不仅对实体公正有着重要的意义，而且还将促进程序公正的实现。通常而言，诉讼中的证明是专门机关和诉讼参与人在诉讼过程中，本着查明案件真实情况的目的，依法运用证据确定和查清案件事实情况的活动。凡为使事实认定者确信某一案件事实的，用“证明”这个概念。现代刑事诉讼实行证据裁判主义，事实要依据证据加以认

---

① 余茂玉：“为当事人证明权而‘呐喊’”，载《法制日报》2009 年 5 月 27 日第 11 版。

定。刑事案件应由控方担负举证责任，由其举证证明案件事实直至裁判者形成有罪心证。裁判者为探明事实真相可在必要时依职权或依申请取证。被追诉者作为程序主体，有权参与诉讼并积极进行诉讼防御甚至攻击。

迈入21世纪后，国内外刑事诉讼法无论在形式外观还是实质内涵都经历着变化和发展。然而我国刑事诉讼制度虽然日渐完善，但是由于多年来积弊已久，学界和实务界多主张加以改革。问题的关键是如何改，往哪个方向改，改后如何实施。我国刑事诉讼制度实际上正“徘徊在制度变革的十字路口”上。如何在保障人权和程序正义的前提下，发现问题的实质，进而对有罪者科以刑罚，是刑事司法的目的所在。因此，各国、各地区刑事诉讼法对于刑事诉讼程序的运行，均要求严格遵循法定程序，并允许被追诉者为自身利益进行防御，注重法律安定性与程序公正的维持。刑事诉讼的惩罚犯罪与保障人权这两个目的时常发生冲突，因而刑事诉讼各项制度改革实际上就是在“实体正义”与“程序正义”、“惩罚犯罪”与“人权保障”两对理念下徘徊，并不断找寻平衡点。

由于学界目前还无人对刑事诉讼中的证明权问题进行专门、系统地研究，因此本书拟以“证明权”为主题进行重点研究。作为被追诉者的辩方①在刑事诉讼中处于被追诉地位，其为诉讼主体。随着现代刑事诉讼的发展，辩方不再仅进行消极防御，其往往会主动、积极地进行“防御”，甚至发动“攻击”，所以辩方的权利就不再局限于消极辩护、防御，其为了实现有效辩护，往往会积极提

① 研究刑事诉讼中控、辩、审三方的地位，需要明确三方的各自名称，本书这里特别说明如下。就控方而言，在我国是指人民检察院，由检察官担任公诉人出庭支持公诉，本书中提及追诉者、控方、检察院、检察官时一般具有相同的含义。就辩方而言，被追诉者起诉到法院前被称为犯罪嫌疑人，起诉后称为被告人，处于被追诉者地位，其辩护人与其共同构成了辩方，本书中为称呼之便利，被追诉者、辩方、犯罪嫌疑人、被告人和刑事被告人未特别说明时具有相同的含义。就审方而言，法院代表国家行使审判权，具体由法官来实施，本书中提及审判者时，审判者、审方、法院、法官未特别说明时具有相同的含义。

出证据。而为了提出证据，辩方即需收集证据，有时还需申请调查取证、保全证据、阅卷等，这些都属于辩方对案件事实进行积极证明的表现，显然应纳入权利范畴。刑事被害人在我国当前法律框架下是当事人之一，其有权参与刑事诉讼，应允许其进行证明活动。至于其选择参加或不参加，则是他的权利，我们不能以实践中被害人参与率低、更不能以被害人参加可能会影响甚至阻碍诉讼进程为由拒绝其参加证明活动。当然，在刑事诉讼中，作为被追诉者的辩方始终都是刑事诉讼的焦点，无论是惩罚犯罪还是保障人权都侧重于犯罪嫌疑人、被告人。因此，本书重点以辩方为视角研究证明权问题。

看到这本书的主题，或许有人会疑问：被告人、被害人有证明权吗？为何有如此的疑问，难道当事人真没有证明权？我们知道，辩方在诉讼过程中确实希望收集到于己有利的证据以实现有效辩护，但其囿于现有制度的保护不力，举证能力弱，而难以进行有力地证明，并非其不需、不想进行证明。如果辩方的这些证明活动不是证明权，不是权利，试问：辩方为何既可以证明，也可以不证明呢？难道这是纯粹责任或义务的表现吗？显然答案是否定的。由此可见，有的人对于辩方的证明活动存有误解，更多的则是未予以关注和重视。鉴于此，当前研究、完善刑事诉讼的证明权问题是很有必要的。依照我国刑事诉讼法的规定，被害人能够参与诉讼，其有参与诉讼证明活动的权利，理应享有证明权。无论是被告人还是被害人，就证明权理论的核心内容而言是相通的。为使研究更为集中和深入，本书以辩方证明权为核心进行专门、系统的论证分析。

其实，在很多人看来，“证明权”是一个新词，甚至认为是新造的词。事实上，此乃误解，从证明权所包含的内容来看，证明权并非“新事物”，而是一个“传统”权利的集合体，只是我们未给予足够重视罢了。虽然法律赋予当事人享有这些传统权利，但还只是停留在形式上的享有，因此尚需再进一步确立和贯彻。在刑事诉讼中，犯罪嫌疑人、被告人、辩护人以及被害人都有证明的权利，在一些情况下有举证之必要，但学者们对控方的证明责任、法官的职权调查等问题研究较多，多忽视了身为诉讼主体的当事人的证明权问题。据笔者收集的资料来看，国内外涉及刑事诉讼证明权相关问题的论著有一些，但专门、系统研究刑事诉讼证明权的论著则十分鲜见。

笔者认为，对证明权问题的研究，应采开放的态度，站在整个诉讼的高度，从表面上来看，证明权保护不力的问题出现在审判阶段，其实侦查、起诉阶段存在的问题也不容小觑。总之，我们要正视现实中存在的制度障碍、观念瓶颈，通过不断加强证明权研究以推动辩方权利的保障。

在笔者看来，当今法学科中仍有许多研究还停留在文字、思想的复制阶段，恰如小孩搭积木，只是组合的不同而已。在卷帙浩繁的法学成果之中，哪怕研究成果创新之处并不多，但只要能引起关注，对正在进行的司法改革有一丝一毫的作用，都是值得欣慰的，也是有其价值的。我们不能寄希望于每个文字、每个篇章都有大段的创新，因为毕竟法学发展已经走出了往昔的“拓荒”时期。在法学逐步趋于精细化研究的今天，我们或许需要更多关注实践，坚持理论与实践相结合，逐步推动制度完善，并以制度引导、规范实践，只有这样法治才会进步、社会才会前进。

# 第一章　证明权的基本理论问题

## 第一节　证明的必要性

在展开证明权的讨论之前，必须要理清对证据重要性的认识。犯罪发生后，刑事追诉机关即应依其职权开始侦查，此时的刑事追诉程序只是针对刑事案件的情况以确定涉嫌本案的人，而后再进一步确定某一涉嫌的人。在刑事追诉机关对该涉嫌的人正式开始侦查程序时，方称该涉嫌者为犯罪嫌疑人。对于犯罪嫌疑人直到起诉后方可称之为刑事被告人。因此，在现行刑事诉讼程序上可作为诉讼主体而参与刑事诉讼的被追诉者，兼指犯罪嫌疑人及被告人。

### 一、刑事诉讼证明

#### （一）证据的重要性

证据，泛指法院为认定当事人有争执事实时所需的资料。证据是诉讼的核心。虽然我国没有统一的证据法典，但我国三大诉讼法都规定了证据制度。关于刑事证据的概念，学界观点并不统一。对于证据到底如何定义，笔者认为，只有根据事实、遵循法律并借鉴理论和实践中积累的有益经验，才能作出科学的界定。这里，我们从广义和狭义两个角度界定证据。广义证据，是指在诉讼过程中，用来或可能用来认定案件事实的一切事实或材料。广义证据有真假之分和是否属实之别。狭义证据，是指经过查证属实可以作为定案根据，具有法定的形式和合法的来源，能够证明案件真实情况的一切事实。[①] 本书所涉及的证据，主要是指狭义证据，但又兼及广义证据。狭义证据的概念系采立法规定进行界定的，为证据概念的通说。刑事诉讼法第 42 条规定："证明案件真实情况的一切事实，都是证据。证据有下列 7 种：（一）物证、书证；（二）证人证言；（三）被害人陈述；（四）犯罪嫌疑人、被告人供述和辩解；（五）鉴定结论；（六）勘验、检查笔录；（七）视听资料。以上证据必须经过查证属实，才能作为定案的根据。"根据这条规定，刑事证据具有以下几项内容：（1）从狭义证据的内容和实质上来看，证据必须是证明案件真实情况的事实；（2）从狭义证据的形式和来源上看，证据必须具备法定的形式和合法的来源；（3）从证明过程来看，证据必须经过查证属实且可以作为定案根据。可见，刑事证据是事实内容与表现形式之间的统一。

现代刑事诉讼坚持证据裁判原则。"从证据裁判原则的结构加以分析，犯罪事实本是一件历史事件，其既无法时空回溯，自然无法全然重现，仅能藉由遗留下来的迹证来拼凑组合，藉以还原其本然的形象，而所凭借的正是证据"。[②] 必须有证据才能还原案件事实，证据乃案件事实认定的根本。证据裁判原则包含了 3 层含义：

第一，认定事实必须依凭证据。在日本，最早采用证据裁判原则的法规是 1876 年制定的《断罪依证律》，该律将 1873 年制定的《改定律例》末尾条文规定的"凡断罪，依口供结案"修改为"凡断罪，依证据"。[③]"无证据则无法进行裁判，法院之裁判必须使用证据以认定事实，称为'证据裁判原则'。在刑事诉讼，凡属有争执之事项，必须提出证据加以证明，法官必须依据证据而对争执之

① 刘金友主编：《证据法学（新编）》，中国政法大学出版社 2003 年版，第 83 ~ 86 页。

② 黄东熊等著：《刑事证据法则之新发展——黄东熊教授七秩祝寿论文集》，台湾学林文化事业有限公司 2003 年 6 月版，第 118 页。

③ ［日］松尾浩也著：《日本刑事诉讼法（下卷）》，张凌译，中国人民大学出版社 2005 年版，第 3 ~ 4 页。

事实予以判断，并形成心证，最后依其所形成之心证而为裁判。故刑事诉讼法规定，犯罪事实应依证据认定之，无证据不得认定其犯罪事实。"[1] 可见，法官形成心证、作出裁判必须使用证据，依据证据认定事实。"犯罪事实之认定，应凭证据，如未发现相当证据或证据不足以证明犯罪事实，应不能以推测之方法，为裁判基础。换言之，事实审法院践行完毕调查证据之程序后，倘检察官'所提出之证据，不足为被告有罪之积极证明，或所提出之证明方法，无从说服法院以形成有罪之心证，基于无罪推定之原则，自应为被告无罪判决之谕知'（注：2003 年台上字第 128 号判例）。不得以被告否认犯罪所持之辩解为不可采，或不能指出有利之证明方法，而为有罪之认定。"[2] 法院必须依据证据裁判案件，而不仅凭个人好恶、偏向推测事实，如果控方提出的证据不能使法官形成有罪心证，应根据无罪推定原则作出判决，而不能凭推测进行裁判。在控方未能使法官形成有罪心证的情况下，即使被告人所作辩解不可采，或没有提出有利的证据，也不能以此推断其有罪。

第二，作为认定事实根据的证据必须经过法庭的证据审查程序。从历史上来看，裁判的核心是确定当事人的主张是真是伪的程序，亦即现代意义上的证据法（证据调查）。但是，在现代社会，无论是民事诉讼、刑事诉讼抑或是行政诉讼，事实认定，亦即证据法（证据调查）实际上已经成为——裁判的核心。也许，说到裁判，大部分人都会认为这是一种法律性程序，是围绕着法的适用或法的解释而进行争端的诉讼核心。但是，在实际的裁判中，无论民事诉讼还是刑事诉讼，几乎所有的案件都是由当事人针对事实的认定来展开各自的攻击或防御的，甚至于这个攻防可以决定诉讼的胜与败。因此，这类事实认定也是最令法官头疼的问题。实际上，将

---

① 张丽卿著：《刑事诉讼法理论与运用》，台湾五南图书出版股份有限公司 2007 年第 10 版，第 348 页。

② 吴巡龙："刑事举证责任与幽灵抗辩"，载《月旦法学杂志》2006 年 6 月第 133 期，第 37～38 页。

证据法（证据调查）说成是现代裁判的核心并不为过。[①]“并非所有提出于法庭之上的资料，均得以作为认定事实的证据，其必须经过特定之审查程序，以确认其证据资格及证据价值时，方得以作为事实认定之基础。”[②] 由此可见，能够最终作为认定事实根据的证据必须是经过法庭调查的证据。正因为如此，现代裁判均需围绕着证据的法庭调查和审查程序进行，流于形式的庭审是不符合现代刑事诉讼要求的。

第三，作为认定事实根据的证据必须是经过合乎正当程序取得的证据。“从证据规范的基本原则中，可以认识到证据的作用，乃在于还原既往之事实，亦即如原刑事诉讼法第 154 条所规定‘犯罪事实应依证据认定之，无证据不得推定其犯罪事实’之意旨。唯证据本身并不会直接出现在法院审判之中，必须经过举证者之证据之发现、搜集、提出等程序，方得以出现在法庭接受审查”[③]。法院认定案件事实必须依据证据，而证据必须经过法庭调查才能作为认定案件事实的根据，证据不可能自己“走”进法庭接受调查，其前提是必须被“取得”，而且证据必须是经过合乎正当程序取得的，违背正当程序取得的证据不具有证据能力。

综上所述，证据是经过查证属实可作为定案根据，具有法定的形式和合法的来源，能够证明案件真实情况的一切事实。现代刑事诉讼实行证据裁判原则，事实认定必须依据证据，作为认定事实的证据必须是经过合乎正当程序取得的证据，而且必须经过法庭调查和法官的审查判断。证据的法庭调查由法官在庭审过程中组织进行，而证据取得原则上由公诉人、当事人及其辩护人、诉讼代理人进行，法院只在必要情形下基于“澄清案情义务”的要求进行取

① ［日］石井一正著：《日本实用刑事证据法》，陈浩然译，台湾五南图书出版公司 2000 年版，第 4 页。

② 黄东熊等著：《刑事证据法则之新发展——黄东熊教授七秩祝寿论文集》，台湾学林文化事业有限公司 2003 年 6 月版，第 113 页。

③ 同上。

证。刑事诉讼中，控方基于其追诉者身份，负有证明责任有取证权利；辩方为有证明的利益，有取证权利。由于国家司法机器比较强大，且有强制取证权的特点，基于控辩平衡的需要，本书着重研究如何保障辩方的取证权。辩方取证系因其有证明的必要和权利，反之，辩方则无所谓进行取证。而这一切肇始于证据裁判原则之下，一切事实依凭证据予以认定。在此背景下，辩方消极抱守自己是被追诉者、无证明责任、无须举证的态度，抱有自己受无罪推定原则、不强迫自证其罪原则保护的幻想，对事实真相发现和自己合法权益保护均无益，而且无异于“坐以待毙”。

（二）刑事诉讼证明的界定

司法人员对案件事实的认识和认定，集中体现在诉讼证明上。那么何谓证明？我国《现代汉语词典》将“证明”解释为“用可靠的材料来表明或断定事实的真实性。”[①]《牛津法律大辞典》解释：“证实未知或有争议的事实存在或不存在，即认可或证明。”[②]《元照英美法词典》也作类似的解释：“事实指事件发生或事物存在的真实性要由证据加以证明”[③]。一般意义上的证明是指社会生活中人们根据已知事实推断未知事实的活动。有的观点认为，诉讼意义上的证明，是指特定的机关和诉讼参与人在诉讼过程中，本着查明案件真实情况的目的，依法运用证据来确定和阐明案件事实情况的活动。[④]另一观点认为，我国刑事诉讼中的证明，在通常意义上，应当指公安司法机关和当事人以及他们所委托的辩护人、代理人收集、运用证据认定刑事案件事实的活动。[⑤]也有观点认为：在

---

① 《现代汉语词典》，商务印书馆 1996 年版。

② 《牛津法律大辞典》（中文版），光明日报出版社 1988 年版。

③ 《元照英美法词典》，法律出版社 2003 年版。

④ 刘金友主编：《证据法学（新编）》，中国政法大学出版社 2003 年版，第 167 页。

⑤ 陈光中等：“刑事证据制度与认识论——兼与误区论、法律真实论、相对真实论商榷”，载《中国法学》2001 年第 1 期，第 39 页。

刑事诉讼领域中，证明应当是指，国家公诉机关和诉讼当事人在法庭审理中依照法律规定的程序和要求向审判机关提出证据，运用证据阐明争议事实，论证诉讼主张的活动。① 此外，还有观点指出：诉讼证明有广义、狭义之分：广义诉讼证明包括收集证据材料、审查证据材料和运用查实的证据材料认定案件事实等内容；狭义诉讼证明仅指运用真实证据材料认定案件事实。② 可见，广义的诉讼证明实际上涵盖了从收集到审查、运用证据的整个过程，而非仅指某一个方面。

与我国立法有着特殊渊源关系的邻国俄罗斯在立法上对证明有着明确的界定，且采行上述广义的诉讼证明概念。俄罗斯联邦国家杜马2001年11月22日通过的俄罗斯联邦委员会2001年12月5日批准的《俄罗斯联邦刑事诉讼法典》第85条明确了“证明”的内涵，规定为：“证明是指为确认本法典第73条所列的情况而收集、审查和评定证据。”③ 该法典第73条规定了“应该证明的情况”，即“1. 在刑事案件的诉讼中，应该证明的情况有：（1）犯罪案件（实施犯罪的时间、地点、方式和其他情节）。（2）刑事被告人实施犯罪的罪过，罪过的形式和犯罪动机。（3）说明刑事被告人个人身份的情况。（4）犯罪所造成损害的性质和大小。（5）排除行为有罪性质和应受刑罚性质的情节。（6）减轻和加重刑罚的情节。（7）可能导致免除刑事责任和免除刑罚的情节。2. 还应该查明促成犯罪的情况。”可见，俄罗斯有关证明的定义实际上与上文中笔者所提的广义上的刑事诉讼证明具有相同内涵。

本书结合国内不同观点和俄罗斯法典的定义，主张刑事诉讼证

---

① 卞建林主编：《刑事证明理论》，中国人民公安大学出版社2004年版，第13页。

② 王振河主编：《证据与定案》，陕西人民出版社1993年版，第119页。

③ 黄道秀译：《俄罗斯联邦刑事诉讼法典（新版）》，中国人民公安大学出版社2006年版，第82页。

明应采广义，认为应将其界定为：为确定依法需要查清的事实，而依法取证、举证、质证以及审查评定证据的活动。笔者认为，对于刑事诉讼的研究和实践，不应将证明的内涵过于狭隘化，也不应将其分割重新命名。对于到底叫“查明”、“说明”、“证明”、“解明”抑或其他，其对刑事诉讼活动的实际运行并不产生很大影响，只是不同阶段的证明活动应设置不同的配套程序规则。亦即，不同阶段证明活动中的具体程序规定不能搞“一刀切”，应区别对待，应当做到“因时制宜”。根据上述界定，刑事诉讼证明具有如下特征：

第一，刑事诉讼证明的目的是确定依法需要查清的事实情况。在刑事诉讼中，必须要确定有关事实情况，才能定案处刑，而这必须由证明主体运用证据，并结合逻辑推理和实践验证的方法对案件事实形成正确的认识，正确阐明并促使法官准确认定案件事实的情况。

第二，刑事诉讼证明主体包括特定机关和诉讼参与人。属于证明主体的特定机关包括审判机关、检察机关和侦查机关①。属于证明主体的诉讼参与人包括犯罪嫌疑人、被告人、被害人、自诉人、附带民事诉讼当事人等。

第三，刑事诉讼证明的对象或内容，是指案件中应当查清的事实情况。应当查清的事实情况即为证明对象，也就是除了不需要证明的事实情况以外的情况。参考俄罗斯的规定，应由法律予以明确化。这里需要注意的是，“应当查清的事实情况”既包括实体法事实，又包括程序法事实；既包括涉及定罪的事实情况，又包括关于量刑的事实情况。

第四，应该证明的事实情况不仅包括实体法事实，还包括程序

① 在我国大陆地区，有权行使侦查权的机关除公安机关外，还包括人民检察院（自侦案件）、国家安全机关、军队保卫部门、监狱、走私犯罪侦查机关等。司法实践中，公安机关承担了绝大部分刑事案件的侦查工作。

法事实。在现代诉讼中，事实的查明不再仅仅关注实体法事实的查明，注重实体公正，而且更为强调程序法事实的查清，强化程序正义的要求。因此，本书中证明权所指向的证明对象不仅包括实体法事实，而且包含程序法事实。基于研究的便利和论文篇幅的考虑，文中在具体分析时未对二者进行明确的区分，而是笼统地指称辩方积极行使证明权促进事实真相的发现。

第五，刑事诉讼证明的具体表现，即为依法取证、举证、质证以及审查评定证据的活动。这些是在各个诉讼阶段、各个证明主体所进行的活动。

第六，刑事诉讼证明必须严格依法进行。刑事诉讼证明活动必须在法律规定的前提下进行，否则不具有诉讼上的有效性。

第七，刑事诉讼证明贯穿于刑事诉讼全过程。证据的收集、审查判断和运用都是在刑事诉讼过程进行的。刑事诉讼整个过程都贯穿着证明，在立案、侦查、起诉和审判过程中均存在证明活动，只是表现的形式和运行的程序上有差异。

## 二、辩方在证明活动中的地位

辩方在刑事诉讼中享有诉讼权、证明权，这些权利应受保障。“关于程序主体部分，即便以法官为最终之裁判者，课与确保实质真实发现之澄清案情义务，亦无从否认检察官扮演公诉人之角色，负有证明犯罪之举证责任，及被告作为诉讼主体，其诉讼权应获保障，而享有以证据声请方式，协同法院发现真实之权利。至于证据法则系在法律规定之证明程序中规范证明程序之准则。”① 除法院与检察官外，被告人作为程序参与者及程序主体，在审判程序中亦保障其具有相当之权利，以德国法为例，此等权利包括在辩护人的协助下，通过讯问权、陈述意见权、最后陈述权或辩驳权以及通过

① 吴祚丞、许辰舟著：《刑事证据法则理论体系与实务之研究》，台湾地区“司法院”年报2003年11月第23辑第12期，第10页。

证据声请（此项声请仅能在具备严格的前提下方能驳回）提出主动参与协助案件的澄清。[①] 可见，辩方在刑事诉讼中可积极进行诉讼防御，其有权参与诉讼并表达意见，也有权举证并申请调查证据证明于己有利的事实。基于其主体地位，对这些权利应予以保障。“被告人的地位并不是非常简单的。作为被告人，在提起公诉以前就已经经历了很多困难与苦恼。他们被称为嫌疑人，并成为侦查的对象，为了对犯罪嫌疑人进行调查，有时会要求其本人出庭，有时会对其周围的第三人进行调查。犯罪嫌疑人也可能被处以搜查、扣押、身体检查等强制处分，甚至被处以拘留，乃至逮捕和限制人身自由。嫌疑事实不属实的情况自不待言，即使是真正的犯人，也会感到不安和摇摆。”[②] 由此可见，辩方在刑事诉讼中的地位具有复杂性，且与其所能从事的诉讼活动是密切相关的，正确认识辩方的地位并设置相应的配套措施，涉及辩方能否进行有效辩护并切实维护自己权益的问题。

（一）辩方的诉讼主体地位

笔者认为，在社会转型时期，现代刑事诉讼强调要确立公正、高效、权威的司法制度，要优化诉讼制度和司法职权配置，平衡惩罚犯罪和保障人权。“‘刑事诉讼’作为一种追究犯罪的法律机制，静态地从空间角度来看包含了‘控诉、辩护、审判’三方诉讼主体及其相互之间的关系，动态地从其作用方式来看包含了诉之确定、提出、审理、消灭的完整流程。……刑事程序中引入‘诉’的机制，意味着作为可能追究对象的被告人成为程序的主体，获得了‘辩’的地位，他不再是被动地接受国家检控机关的追究，而

---

① 吴祚丞、许辰舟著：《刑事证据法则理论体系与实务之研究》，台湾地区“司法院”年报2003年11月第23辑第12期，第28页。

② ［日］松尾浩也著：《日本刑事诉讼法（上卷）》，丁相顺译，中国人民大学出版社2005年版，第244页。

是能够与追诉犯罪的主体比肩而立，平等地对簿公堂……"① 可见，被追诉者不再是诉讼客体地位，而是程序主体，是"辩"方。学术界在对证明责任和调查取证问题进行研究时"比较偏向于诉讼构造与检察官举证责任的关系来说明，而忽视被告参与刑事诉讼程序，仍负有协助发现真实的义务，导致研究诉讼主体的问题时，忽视被告亦为当事人之一，本质上有必要参与诉讼以协助法院发现真实。"② 事实上，被追诉者是当然的诉讼主体。具体理由如下：

一是辩方独立享有诉讼权利，负有诉讼义务。辩方独立享有诉讼权利，负有诉讼义务，具备了成为诉讼主体的内容要求。"在昔日纠问式之刑事诉讼程序中，被告之法律地位极为低劣，它只是诉讼程序上之审问客体，其在诉讼程序中只是扮演客体地位，未能在国家之刑事追诉中从事其应有之防御，故产生很多弊端。直至19世纪采行告弹劾（控诉）之刑事诉讼程序后，被告在程序法上方始逐渐具有独立之法律地位，成为一个诉讼主体，能尽其所能地防御。至此，被告才结束只是充当做国家刑事追诉与审判机关之调查与审判客体之地位，而成为独立享有诉讼权利，负有诉讼义务之诉讼主体。在此情况下，被告以诉讼权利义务主体之身份参与刑事诉讼程序，在刑事诉讼程序进行中，被告可以提出各种声请，提出证据；在法庭中陈述，以从事防御，并可提起上诉与再审等权利。"③ 可见，辩方在现代刑事诉讼上具有独立的法律地位，享有诉讼权利并负有诉讼义务，其在诉讼中可提出证据并进行积极的诉讼防御，与诉讼客体完全不同，具有独立的诉讼主体地位。当然，"当被告

① 卞建林："刑事诉讼中'诉'之辨析"，载《人民检察》2007年第8期，第36页。

② 陈宏毅："改良式当事人主义下被告在刑事诉讼程序中的举证问题"，载台湾地区《刑事法杂志》2006年6月第50卷第3期，第57页。

③ 张丽卿著：《刑事诉讼法理论与运用》，台湾五南图书出版股份有限公司2007年第10版，第110页。

接受刑事诉讼程序加诸其身的安排时，并且有时亦需容忍违背自己意愿的对个人自由权利及身体完整性之重大侵犯时（如羁押或抽血检验），在此观点下，被告是国家强制力的客体。其本身也是一种证据。其在中古世纪的刑事纠问程序中几乎长期地只担任了客体的角色，即被告面对国家刑事侦查之措施时，几乎毫无防御能力地任凭摆布。直到19世纪改革后的刑事诉讼也受到民主思潮的影响，才渐渐地开启了另一局面，即承认被告是一有独立的诉讼权利的诉讼主体。”[①] 刑事被告人本身可作为一种证据来源或自由受到一定限制并不表明其为诉讼客体、是“纠问对象”。诉讼主体的地位是一个逐步发展的历史过程，社会民主的进程推进了刑事被告人诉讼主体地位的确立。

二是无罪推定、不强迫自证其罪等原则是被告人诉讼主体地位的保障。现代刑事诉讼在追究犯罪的同时，往往会通过设置“原则”对被追诉者权利进行充分保护。“在现代法治国家采行的控诉原则之下，被告地位和过往纠问制度最大的不同，就是被告取得‘程序主体’之地位，不再是单纯的程序客体而已。据此，不自证己罪、无罪推定以及有疑唯利被告原则，遂成为确保被告程序主体地位的建构原则，并且因而形成真实发现之界限。”[②] 可见，无罪推定、不强迫自证其罪等原则确立了被告人的程序主体地位，促进了事实真相的探明，从而与纠问式模式划清了界限。

三是法院的中立性要求辩方具有诉讼主体地位。我国台湾地区的改良式当事人进行主义“确认当事人在诉讼程序上主体性的地位，不再沦落成为纠问的客体，法院居于公平、客观、理性裁判之立场，进行审判程序，确立以当事人之主张、举证为中心，迈向法院‘得’依职权调查证据，不负任何搜集证据之义务，建立‘公

① ［德］克劳思·罗科信著：《刑事诉讼法》，吴丽琪译，法律出版社2003年版，第137～138页。

② 林钰雄：《刑事诉讼法（上册总论编）》，中国人民大学出版社2005年版，第128页。

平法院’之理念。”[①] 法院的中立性促使控辩双方处于平等的地位，确立了辩方的诉讼主体地位。

四是现行立法及立法趋向肯定了辩方的诉讼主体地位。现行立法对于辩方的诉讼主体地位一直以来是持肯定态度的。“被告人在现代刑事诉讼中是一方当事人，是与控方平等对抗的诉讼主体。在我国，被告人为当事人，这一点在法律上毋庸置疑，早在 1979 年刑事诉讼中就有明确规定。”[②] 被追诉者作为当事人，其诉讼主体地位有法律上的根据，也符合立法的趋势。2007 年 10 月 28 日修订通过的律师法对刑事诉讼中律师的各项权利进行了完善，如该法第 33 条确立了律师的“有权会见”、第 35 条从制度上加强了律师调查取证权的保障。从律师法法条来看是保障了律师的权利，而从其对未来刑事诉讼法修改的影响来看，则是对刑事诉讼法修改的一大推动力，是对被追诉者诉讼主体地位的进一步确认和发展。

五是被追诉者是实质性当事人。被追诉者是实质性当事人，从一定意义上说，整个刑事诉讼是以被追诉者为“轴心”运行的。在现代刑事诉讼中，实质性当事人具有当然的诉讼主体地位。“被告人是与检察官相对的受动性当事人，同时更是刑事诉讼中的实质性当事人。被告人处于其自由、财产、名誉，有时甚至处于生命可能被剥夺的危险状态，在作出判决之日以前，被告人会随着诉讼的进展而或忧或喜。检察官、法官都可以更换，但是被告人则不能变更。在这一意义上，可以说，审判的全部都是以被告人为主轴运转的。”[③] “被告人自己主张无罪以及提出对自己有利主张的权利必须

① 陈宏毅：“改良式当事人主义下被告在刑事诉讼程序中的举证问题”，载台湾地区《刑事法杂志》2006 年 6 月第 50 卷第 3 期，第 56 页。

② 卞建林：“刑事诉讼中‘诉’之辨析”，载《人民检察》2007 年第 8 期，第 38 页。

③ ［日］松尾浩也著：《日本刑事诉讼法（上卷）》，丁相顺译，中国人民大学出版社 2005 年版，第 243 ~ 244 页。

得到尊重。作为实现这项权利的前提，还必须考虑被告人是否理解诉讼的状况，是否具备进行自我防卫的沟通能力等（诉讼能力）。被告人不具备诉讼能力时，原则上应该中止审判程序，这也表明了被告人作为诉讼主体的重要性。"[①] 从实体上来说，被追诉者还是案件的实质性当事人。被追诉者是否具有诉讼能力、能否参与诉讼，都关涉到诉讼的推进。这些都是被追诉者作为诉讼主体的典型特征。

六是辩方所具有的积极与消极法律地位不影响其诉讼主体性。在证据法上，"被告不只是诉讼主体，即拥有独立之诉讼权利的诉讼参与人，其并且也是证物。被告在审判程序中之陈述及其到场对法院判决之形成无疑地深具影响。甚至有时候，法院的判决就全靠被告之陈述作基础，如被告之自白。在技术意义上，只有当被告因为精神状态及生理上有必要加以勘验或当其必需被照相、按捺指纹等时以及当其需与其他证人对质时，此时之被告方有证人之性质"。[②] 这段论述意在说明，被追诉者不仅是诉讼主体，同时在诉讼中也是证据的重要来源——犯罪嫌疑人、被告人供述和辩解，从某种程度上有"客体"的因素，但不应将其视为客体。"在此等情况下，被告可谓同时具有积极与消极之法律地位。所谓'积极之法律地位'，指被告依据刑事诉讼法所赋予之诉讼权利，主动参与诉讼，并在辩护人之协助下尽其所能对于检察官之攻击，从事防御。所谓'消极之法律地位'，乃指被告立于被动之地位，接受检察官之刑事追诉与刑事法院之刑事裁判。被告在此等消极之法律地位中虽为诉讼主体，但有时仍然是要成为刑事法院、检察机关或司法警察等诉讼行为之行为客体，如成为刑事追诉机关之逮捕、拘提、羁押、搜索等强制处分之客体，此等刑事诉讼法上之强制处分

---

① ［日］松尾浩也著：《日本刑事诉讼法（上卷）》，丁相顺译，中国人民大学出版社 2005 年版，第 245 页。

② ［德］克劳思·罗科信著：《刑事诉讼法》，吴丽琪译，法律出版社 2003 年版，第 226～227 页。

通常系主观有违反被告之意愿，且侵犯其人身自由或其身体上之完整性，但均不影响被告作为诉讼主体之法律地位。”① 任何事都不是绝对的，辩方作为诉讼主体，具有独立的法律地位，但其在刑事诉讼中不仅具有主动参与诉讼、行使权利，并进行诉讼防御和攻击的一面，而且还具有消极被动地被逮捕、羁押、搜查的一面。但是需要明确的是，被告人所具有的消极法律地位并不影响其积极法律地位，也不影响其行使积极诉讼防御权，因此其仍然是诉讼主体。

（二）辩方的证明主体地位

关于证明主体，通说认为，“证明的主体包括公安司法机关及其办案人员、当事人以及诉讼参与人；狭义而言则仅指公安司法机关及其办案人员。证明客体为案件事实。证明过程包括侦查、起诉和审判的全部程序”、“我国刑事诉讼尽管以审判为中心，但侦查、审查起诉程序占有重要诉讼地位，而且相当多的案件在侦查、起诉阶段就作出了最终处理，包括一部分轻罪不起诉案件。侦查机关、检察机关和法院一样须运用证据进行证明活动。因此，我国刑事诉讼中的证明，在通常意义上，应当指公安司法机关和当事人以及他们所委托的辩护人、代理人收集、运用证据认定刑事案件事实的活动。”② 在刑事诉讼中，人民法院、人民检察院和公安机关都应当依法收集和审查证据，并根据证据查明案件事实；刑事诉讼中的犯罪嫌疑人、被告人、被害人、自诉人、附带民事诉讼的原告人和被告人均需要依法提供证据证明自己的要求或主张。上述机关和诉讼参与人既是程序法律关系的主体，也是诉讼程序中的证明

① 张丽卿著：《刑事诉讼法理论与运用》，台湾五南图书出版股份有限公司 2007 年第 10 版，第 110 页。

② 陈光中等：“刑事证据制度与认识论——兼与误区论、法律真实论、相对真实论商榷”，载《中国法学》2001 年第 1 期，第 38～39 页。

主体。[①] 这些观点代表了我国刑事诉讼法学界关于证明主体的主流观点。

关于证明主体，笔者认为，辩方在诉讼法上具有诉讼主体地位，在证据法上则具有证明主体地位。理由如下：

第一，辩方有证明的必要、证明利益和利害关系。辩方与证明活动的后果具有直接的利害关系是辩方作为证明主体的根源。在刑事诉讼中，辩方虽在特殊情形之外不承担证明责任，但其仍有证明之必要、有证明之利益，如在消极抗辩的情况下，辩方若不提出证据加以证明，仍面临着无效抗辩、不利证明后果的问题，此时辩方提出证据对有关事实进行证明，我们能否定其证明主体性质吗？他不是证明主体是什么？现代诉讼实行证据裁判主义，根据证据进行裁判是现代司法制度的根本原则，案件事实的认定与当事人权利的证明都依赖于证据。因此，“无法为所主张的权利举证，该权利实际上就会变得毫无意义。”[②] “权利的胜利很大程度上依赖于其可证明性。”[③] 足见当事人证明其主张的权利所依赖的案件事实对于诉讼的举足轻重的地位。从证据的角度而言，诉讼实际是围绕当事人争议的事实主张展开证明的过程。“证明主体与诉讼主体是一致的。证明主体与诉讼主体的一致性是由证明行为与诉讼结果的一致性决定的。当特定的事实得到证明，就会依法产生特定的诉讼结果。该特定的诉讼结果由特定的诉讼主体作出或者承受。”[④] 在刑事公诉案件中，由控方负证明责任，而辩方原则上不负证明责任。但辩方在诉讼过程中有权提出证明自己无罪、罪轻、减轻、免除以

---

① 刘金友主编：《证据法学（新编）》，中国政法大学出版社2003年版，第167~168页。

② ［日］谷口安平著：《程序的正义与诉讼》，王亚新、刘荣军译，中国政法大学出版社1996年版，第64页。

③ ［德］奥特马·尧厄尼系著：《民事诉讼法》，周翠译，法律出版社2003年版，第258页。

④ 刘金友主编：《证据法学（新编）》，中国政法大学出版社2003年版，第193页。

及存在程序性违法等有利于自己的要求或主张，这些要求或主张，或关于实体，或关于程序，其虽无证明责任，但为了进行有效辩护，其有证明之必要和利益。

第二，辩方是诉讼主体，享有证明权利。证明主体与诉讼主体具有一致性。辩方作为诉讼主体，而非诉讼客体，要求其必须享有证明的权利，否则其与诉讼客体则无区别。证明在不同的情况下，以责任、义务和权利等方式表现出来，不应仅将其视为责任。不将辩方视为证明主体的观点实际上忽视了辩方所享有的证明权利。辩方的证明权是其作为诉讼主体，而非诉讼客体所必须具备的权利。证明权利为证明主体所享有，反过来，既然是证明主体则必然享有证明权利。

第三，辩方是证明体系的重要组成部分。“证明体是指以确认国家刑罚权有无及其范围为目的之体系，其构成要素包含：（一）主体：指包括法官及检察官、被告在内，共同参与进行证明程序之主体；（二）规范原则：指规范程序进行之证据法则；（三）程序：包括证据搜集、证据提出（举证）、证据调查、证据认知等证明之步骤。”[①] 证明体系的构成要素中的主体要素包括被告人，而且在刑事诉讼中，被告人需要进行证据收集、提出等活动，这些都符合证明主体的要求。辩方作为证明体系的重要组成部分当然应是证明主体。

第四，是权利成就主体地位，而非义务和责任。就此，有文章指出：“根据‘证明主体就是证明责任的承担者’这一命题可以推导出，不是证明责任的承担者就不是证明主体，而我们知道，证明责任是针对当事人（此处含公诉人、被告人等）所主张的事实产生的，而针对一个事实，如果由肯定方就其为真承担证明责任，否定方就不必也不能同时再对其为伪承担证明责任，反之亦然。那

① 吴祚丞、许辰舟著：《刑事证据法则理论体系与实务之研究》，台湾地区“司法院”年报2003年11月第23辑第12期，第10页。

么，不承担证明责任的那方当事人难道就不是证明主体了吗？事实上，对任何主体来说，都是权利成就了主体地位，而不是义务和责任。例如，在纠问式诉讼中，被告人显然承担着证明责任，但却很难说他是证明主体。主体首先应当是权利的享有者，其次才由于权利和义务之不可分、义务与责任之不可分而成为义务和责任的承担者。单纯对主体加以界定，有权利这一个要件就可以了。但是，具体到某一活动中的主体，却要放到该活动中去看。某一活动的主体之所以能在该活动中具备享有相应权利的资格，追根溯源，是因为他与该活动的后果具有直接的利害关系。主体的权利和随之产生的义务都可以由他人代为或协助行使及履行，唯独其与相应法律后果的利害关系不可能转给他人，因此主体与相应法律后果的利害关系应当是其之所以能够成为某一具体活动之主体的要件。”[①] 对此观点笔者是赞同的，因为只有权利才能成就主体，而非责任。除了是诉讼主体之外，辩方要作为证明主体还必须具备两个要件：其一，必须是与证明后果有利害关系的机关或个人。其二，必须是被法律赋予了证明权利的机关或个人，二者缺一不可。因此，证明主体就是指与证明后果具有直接的利害关系，从而享有证明权利的机关或个人。由于诉讼证明的目的是为了使裁判者相信自己所主张的事实并据此作出有利于己方的裁判，因此证明后果就是指对裁判者所作裁判的承担。[②] 由此可见，辩方与证明后果有利害关系，符合证明主体要件的要求，应纳入证明主体范围，辩方因此而享有证明权。鉴于上述观点和笔者的认识，显然应当是权利成就证明主体，而非责任和义务决定证明主体。

### 三、辩方在诉讼中有证明的必要

如何在不侵害被追诉者权利的前提下，发现实质之真实，进而

① 孙锐：“刑事诉讼证明概念的解析与重塑”，中国政法大学 2005 届硕士学位论文，第 28 页。

② 同上。

对有罪者处以适当的刑罚，是刑事司法目的之所在，因此各国刑事诉讼法对于刑事诉讼程序的运行，均要求严格遵守法定的程序，及允许犯罪嫌疑人、被告人为了自己利益而防御。刑事诉讼中，惩罚犯罪与人权保障这两个目的常发生冲突，因而刑事诉讼法及相关规定都在“惩罚犯罪”与“人权保障”两个理念下徘徊，努力找寻平衡点。现代刑事诉讼实行证据裁判主义，事实要依据证据加以认定。刑事案件应由控方担负举证责任，由其举证至法官形成有罪心证。法院为探明事实真相可依职权或根据申请调查取证。辩方作为证明主体，对于“于己有利”的事实有权提出证据加以证明，可申请调查取证、保全证据，请求进行证据开示并要求法院在庭审中依法组织证据调查，并在形成心证时公开心证的过程、结果和理由。辩方提出证据以证明案件事实系因其有证明之利益、有证明之权利，这与无罪推定、不强迫自证其罪原则并不矛盾。

根据本书前面对刑事诉讼证明的理解，辩方的证明应贯穿在整个刑事诉讼过程中，包括自行取证、申请取证、申请证据保全、证据开示、提出证据和请求心证公开等。辩方的证明绝非仅指辩方的举证活动，举证仅是其中一个环节而已。上文关于辩方证明主体地位的论证部分指出：辩方之所以是证明主体乃因其“有证明的必要、证明利益和利害关系”。事实上，“无法为所主张的权利举证，该权利实际上就会变得毫无意义”。[①] 因此，辩方作为证明主体在刑事诉讼中有证明之必要。对于相关问题，具体分析如下：

第一，辩方主张有利事实，有举证之必要。在传统的职权主义下，被告人在诉讼中一般不存在举证的问题，控方负举证责任，法院有发现案件事实真相的任务，即使控方举证未能使得案件事实真相被查明，法院也可依职权调查事实。英美法系国家采当事人主

---

① ［日］谷口安平著：《程序的正义与诉讼》，王亚新、刘荣军译，中国政法大学出版社 1996 年版，第 64 页。

义，尤其是在无罪推定原则之下有许多值得我们参考与借鉴的制度。在当事人主义之下，当事人负完全举证责任，法院不负调查证据义务，法院仅居于依当事人提交法庭的证据进行判断以发现真实的地位，但即使是当事人进行主义，控方与被告人在举证义务上仍不尽相同，被告人并非如同控方一般，负有提出证据与说服责任。在控方须举证被告人有罪的同时，被告人如果能够提供法院对他的嫌疑有所怀疑的反证，法院就不能径行认定其有罪，而被告人却无须举证证明其无罪。由此，在刑事诉讼中，控方原则上应能够证明被告人有罪。与此相对，当被告人无法减弱控方的指控，就不得不接受这个事实。辩方要有效反驳控方指控，就有必要进行证明，虽然他没有此方面的责任，但他有这方面的权利。

第二，控辩平衡、武器平等原则要求辩方进行证明。“要想进行公平的论战，必须使诉讼双方都持有充分的证据。”[①] 在刑事诉讼中，尤其是在引入对抗制的情况下，“必须认识到当事人是否掌握证据对公正的判决具有直接的影响。如果不赋予当事人，特别是力量相对弱小的一方以强有力的取证手段，同时坚决实行程序公开，那么我们这个社会将出现严重的失衡问题，那时正义将不能得到伸张，邪恶将四处泛滥。”[②] 对抗制诉讼模式强调控辩平衡、武器平等，要求双方“有理有据”地证明自己的主张或反驳对方的主张。一方掌握着强力的“炮弹”，而另一方无相应的“火力”，则必然呈现“一边倒”的局面，无法实现对抗以发现真实的目的。尤其是在我国，1996 年刑事诉讼法修改后一方面吸收了对抗制的合理因素，但另一方面未能相应赋予被追诉者强大的证明权利，使得被追诉者“客体化”的问题未能得到切实解决。即使我们不强调对抗制诉讼模式，在职权主义模式下，被追诉者积极进行证明活动，对刑事司法目的的实现无疑也是有积极

① 叶自强著：《民事诉讼制度的变革》，法律出版社 2001 年版，第 73 页。

② 同上，第 74 页。

意义的。

第三，对于推定基础事实的争执有证明的必要。法院在事实认定过程中可采推定之方式。其中包括事实上推定和法律上推定两种方式。辩方在对事实上推定的"基础事实"存有争执的情形下有证明的必要。在事实上的推定中，法院依已明了之事实（如已被证明之事实、或无争执之事实、或显着之事实——间接事实），根据经验法则，依自由心证，而推论其他有争执之事实（应证事实），当事人即无须就应证事实直接举证，此即所谓"事实上之推定"。因此，当事人证明推定基础之事实，其举证之必要即告完成，但是如果对造之一方能证明"推定事实不存在"，或能够举出反证使得"推定基础事实"陷于真伪不明时，必须使法院形成确信，始能达成目的。此项推论，是依据经验法则，使事实与证据相互谋合，仅具相对性，主观性。因此，事实上推定只发生由一造当事人移转于对造者，亦仅发生在被告有举证之必要时，实非其举证之义务。对于事实上的推定，当事人本毋庸举证，但法院应予当事人有陈述意见的机会，如当事人有争执者，争执之一方当事人仍有举证之必要。[①] 也有学者同样认为，受事实上推定而成为毋庸证明之事实，如当事人间有争执时，则提起争执之当事人，应就其怀疑提出释明，盖用以防止毫无根据之争执。[②] 在刑事诉讼中，对于事实上推定的适用，应持慎重态度。对于事实上的推定，辩方无须举证，但当一方当事人已举证使法官认为推定基础事实存在之时，辩方若起争议，则有举证必要。这同时也起到了防止辩方毫无根据"无中生有"、随意提出争执的作用。

第四，"有证明必要"与"举证责任"不同。辩方在刑事诉讼中"有证明必要"表现在具体行为上则为有举证之必要，但这与

---

① 陈宏毅："改良式当事人主义下被告在刑事诉讼程序中的举证问题"，载台湾地区《刑事法杂志》2006年6月第50卷第3期，第75～77页。

② 黄东熊、吴景芳著：《刑事诉讼法论》，台湾三民书局2002年版，第381页。

举证责任具有不同含义。“举证责任”为事实最后仍然真伪不明时，其不利后果将由举证责任担负方承担此危险的问题。“有证明必要”则是在具体的诉讼状态下，诉讼一方如不举证，将招致不利后果。台湾地区学者认为，在刑事诉讼程序公诉案件之检察官，就被告之犯罪事实应负举证责任，检察官于实行公诉之际自始负有举证之义务，不因诉讼事件时时刻刻之具体状态而有所变动，自诉程序之原告其举证责任与公诉之原告检察官完全相同。但是，被告只有“在特殊情形之下才有举证的必要”。所谓“举证之必要”，是指因诉讼案件随其进展有着不同具体诉讼状态的形成，法院在认定事实的心证倾向，而反复移转于当事人之间，较符合实质正当法律程序。所以被告只有在必要的情况下才有举证的负担是有其特殊情形之下才会发生，但此并非被告举证的义务，被告在诉讼上主张有利于己的事实即使不提出证据，在我国刑事诉讼程序上也不一定会受到法院有罪的判决。[①] 由此可见，在刑事诉讼中，辩方于必要情形下为证明于己有利事实而举证并非完整意义上的举证责任。

第五，辩方“有证明必要”与“举证义务”不同。我国台湾地区有观点认为，被告人就消极不犯罪之事实无从主张与举证，自不负任何主张与举证责任。因此，被告人固得“对己不利的事实”必然伴随着证据的提出所生之负担，而这种负担乃在于充实其所提否认犯罪或抗辩事由所生之积极诉讼防御行为，以协助法院发现真实。进一步言之，被告积极的提出证据以充实有利于己的主张，如此诉讼上的负担，然而并非被告法律上的义务。被告积极的提出证据，乃因被告行使“积极诉讼防御权”之必要，同时因为台湾地区采用“改良式当事人主义”，法院依法仍得依职权调查证据以发现犯罪事实，不待被告提出证据，以充实对己有利之主张，此乃法

① 陈宏毅：“改良式当事人主义下被告在刑事诉讼程序中的举证问题”，载台湾地区《刑事法杂志》2006 年 6 月第 50 卷第 3 期，第 75 页。

院负有澄清案情的义务，以发现真实，两者不容混淆。藉此以观，犹足以说明“被告提出证据而生举证之负担”，其诉讼行为之性质，是发生在被告主张“对己有利事实的前提下”所产生提出证据之负担，但仍非被告之义务，于此不可不辨。被告主张对己有利事实的前提下，必然发生提出证据之负担问题。需要强调的是，被告于诉讼上本不发生举证责任，只就其主张有利于己的事实时，会产生须提出证据，以充实其主张或陈述的负担问题，但并不产生被告须举证，以证明其有无犯罪之义务。被告于诉讼上有提出举证的负担，乃因被告就其有利之主张，须负有举证负担之必要性，其法理基础在于被告为协助法院发现真实所产生诉讼上的负担，但并非其举证之义务，此与检察官之举证义务显有不同，于此不可不辨。就当事人进行主义而言，被告于诉讼上最好的防御方法就是主动的提出证据去攻击原告的弹劾证据或推翻本证的反证。[1] 不过，以我国台湾地区目前所采用的“改良式当事人主义”，检察官的积极证据本不足以证明犯罪事实之存在，亦即不足为不利于被告之认定时，并不因被告无反证或反证不成立，须负担败诉判决之危险。[2] 在刑事诉讼中，由于控方负有证明责任，辩方只是在其提出于己有利事实或法官可能会有不利心证的情况下方有举证之必要，而且在这一过程中，法官往往基于澄清案情义务还会积极促进事实真相的发现，可见辩方即使不举证，法官也会基于其职能积极促进真实的发现。辩方不举证，也不会因此而招致不利裁判。辩方的举证是因其积极进行诉讼防御，是行使权利，为使其防御有效，而有证明的必要。综上所述，辩方有证明之利益，需要进行积极诉讼防御，有举证权，同时也有一定举证义务，这主要涉及辩方在进行积极抗辩的情况下，但辩方证明不局限于举证权，还包括取证、质证甚至参

① 陈宏毅：“改良式当事人主义下被告在刑事诉讼程序中的举证问题”，载台湾地区《刑事法杂志》2006年6月第50卷第3期，第60页。

② 陈朴生：《刑事证据法》，台湾三民书局1979年版，第84、162页。

与认证等方面内容，因此辩方证明与举证义务不能“画等号”。

第六，辩方证明是其行使积极诉讼防御权的表现。被告人举证的诉讼行为，属于“被告的积极诉讼防御权”，为被告人诉讼上的固有权利。被告人在审判中，除可消极地否认犯罪，更可以积极地主张有利于己的事实并可举证，这可称之为“被告的积极诉讼防御权”。我国台湾地区“最高法院”2004年台上字第6902号判决认为：“检察官在诉讼上就其起诉之犯罪事实纵应负实质之举证责任，此与被告有得主动向法院提出有利证明方法之诉讼权，系分别处于攻击与防御之关系，并非等同。”[①] 可见，被告人主动提出有利证明方法，进行举证是权利、为诉讼权，与控方是攻击与防御的关系。台湾地区“刑事诉讼法”第161条之一规定：“被告得就被诉事实指出有利之证明方法”，赋予被告得就其被诉事实，主动向法院指出有利证明方法，此乃明文揭示：被告于诉讼上得主动提出有利证据之权利，以保障被告积极诉讼防御权之行使。也就是说：被告就被诉事实另提主张之有利事实，被告有提出举证之负担行为，但仍非被告之举证义务。藉此以观，被告主张有利于己的事实后仍未能提出证据或提出之证据被推翻的，亦未必受到败诉之危险，故提出举证之负担行为，并非举证责任的问题，亦非举证责任转换或推定的问题，其法理的基础并非基于诉讼经济原则，乃基于被告为协助法院发现真实所生之诉讼上的负担而已。被告提出证据(burden of producing)的诉讼行为，必然与“被告的积极主张有利事实之诉讼防御权”有关，然而此诉讼行为的性质究竟如何？有学者认为：法律既然规定被告“得”提出证据，而非规定“应”提出证据，足以说明提出证据并非被告的义务。[②] 可见，辩方证明主要体现为积极诉讼防御权，其虽然在积极抗辩的情况下有举证责

① 林丽莹：“刑事法上的举证责任——有疑则利被告原则、被告不自证已罪原则”，载《月旦法学杂志》2006年6月第133期，第17页。

② 陈宏毅：“改良式当事人主义下被告在刑事诉讼程序中的举证问题”，载台湾地区《刑事法杂志》2006年6月第50卷第3期，第59~61页。

任（提出证据责任）或举证义务，但这不影响其权利性质。

## 四、辩方证明的性质

### （一）辩方的证明活动兼具权利和义务双重性质

通过对历史的考察发现，刑事诉讼中规范权力的方式共有3种：一是以上阶位权力制约下阶位的权力；二是同位权力之间的制衡；三是以权利对抗权力。在刑事诉讼中，人们总是将制约国家权力、防止权力滥用的希望寄托在法官身上。因为按照权力分离和制衡理论，追诉权代表国家，而审判权作为一种判断权，是站在国家与被追诉人之间的，往往代表的是社会。以权利对抗权力的权利最为典型的表现是辩护权。但是仅仅在法律形式上规定的权利是很难通过自身的方式实现的，因为在以国家为后盾的权力面前，权利显得苍白无力和无助。这凸显出以同位权力制约权力的重要性。[①] 法律形式上规定的权利需要通过更为明确的规定予以保障并且应当进一步扩大。同位权力制约权力虽然重要，但因为受制于多种因素，必须重视权利制约权力的作用。辩方证明权利的行使是对刑事诉讼中公权力的有效制约。“刑事被告虽无举证证明自己无辜之义务，但永远有为自己提出有利主张或作有利举证之权利。”[②] 这里的问题是：辩方证明仅为权利？还是兼具权利和义务双重性质？笔者认为，权利与义务总是相伴而生的，辩方享有证明权利的同时也伴随着证明义务，只是这里的证明受无罪推定原则、不强迫自证其罪原则的保护，且只会导致辩方的“于己有利”的事实主张不被认定，这并不会直接导致其他不利后果。也就是说，辩方证明义务并非证明自己无罪、罪轻的义务，而是在辩方提出阻却违法、阻却责任或其他抗辩主张的情况下有证明义务，这里的证明义务是指提出证据

---

① 汪海燕著：《刑事诉讼模式的演进》，中国人民公安大学出版社2004年版，第459～462页。

② 蔡秋明：“举证责任——兼论刑事被告之地位及其举证义务”，载《台湾本土法学》2004年2月第55期，第118页。

责任。辩方对于于己有利之事实主张，有证明之权利，如果其未积极进行证明或证明活动不能使该事实主张成立时，控方无须举证反驳，但这并不因此直接导致被告人被认定有罪或科以更重刑罚。在现代各国刑事诉讼立法和制度实践中，对赋予辩方权利的重视程度远远高于科以辩方义务。

权利是人们能够或实际选择某种行为的自由度，而义务的约束却不允许义务的承担者有自由选择的余地。一般说来，权利的宣告必须以对应的义务负担为保证。如果法律宣布在某种情况或某种条件下，或具有某种身份的人享有某种权利，其对应的义务负担应当是不处于上述规定的情况和条件下的人或者不具有所要求的身份的人不得享有该项权利；国家有义务为权利的实现提供必要的条件；国家有义务约束自己的行为，不得侵犯权利主体享有的权利；对于侵犯他人权利者，国家有义务予以惩罚和制裁。[①] 证明权利被宣告的情况下，不具有辩方地位的情况和条件下的人即不得享有该项权利；国家的机关有义务为辩方证明权的实现提供必要的条件；国家的机关有义务约束自己的行为，不得侵犯证明权主体享有的权利；对于侵犯辩方证明权的行为，国家机关有义务予以惩罚和制裁。国家只有对权利予以切实保障，权利的规定才有意义。

（二）辩方证明的权利性质

基于本书的主题，这里着重分析辩方证明所具有的权利性质，但并不否认其所具有的义务内容。对于辩方证明具有权利性质的问题，分析如下：

第一，辩方参与证明活动应是司法机关保障的对象。保障被告人及其辩护人充分行使自己的举证权利是刑事诉讼中人民法院的证明职责之一。[②] 既然辩方举证是司法机关的保障对象，则其应具有

① 谢佑平："权利保障：诉讼的起源与本质"，载樊崇义主编：《诉讼法学研究》第3卷，中国检察出版社2002年版，第13页。

② 刘金友主编：《证据法学（新编）》，中国政法大学出版社2003年版，第200页。

权利性质。事实上，从刑事诉讼制度来看，包括自行调查取证、申请调查取证、举证等都受到法律制度的保障，只是保障的力度不够。

第二，辩方参与证明活动是行使辩护权的体现。犯罪嫌疑人、被告人及其辩护人在刑事诉讼中为行使辩护权，有权提供相应的证据或证据线索。[①] 辩方若寄希望于有效辩护，则需积极提供有关证据或证据线索，并积极参加法庭的证据调查活动。辩护要产生预期效果，辩方就必须要积极参与证明活动，促使自己的证明行为影响法官最后的心证。

第三，辩方参与证明活动系因其有证明之利益或必要。这在本章有关证明主体部分已经进行了详细论述，辩方之所以成为证明主体乃因其有证明之利益或必要性。“虽然刑事诉讼法仅规定检察官就被告之犯罪事实有举证责任，对于被告的举证责任未作明确规定，被告若单纯否认，当然没有举证责任，但被告为避免法官形成有罪心证，有实施防御之权利，若被告进一步提出积极抗辩，被告为证明其抗辩为真实，除法律规定不需要举证的情形外（如公众周知、于法院已显着或法院职务上已知的事实），仍须提出相当之证据。”[②] 被告人的举证既然属于权利行为性质，其就“于己有利”的事实有所主张时，必然伴随着举证的提出。被告人要使自己的主张引起重视、获得认可就有举证予以证明的必要，这里面包含了提出证据的责任。

第四，辩方作为诉讼主体可积极举证并进行防御。辩方的地位是伴随着社会发展而进步的，“在昔日纠问式之刑事诉讼程序中，被告之法律地位极为低劣，它只是诉讼程序上之审问客体，其在诉讼程序中只是扮演客体角色，未能在国家之刑事追诉中从事其应有

---

① 刘金友主编：《证据法学（新编）》，中国政法大学出版社 2003 年版，第 198 页。

② 吴巡龙：“刑事举证责任与幽灵抗辩”，载《月旦法学杂志》2006 年 6 月第 133 期，第 36 页。

之防御，故产生很多弊端。直至19世纪采行告弹劾（控诉）之刑事诉讼程序后，被告在程序法上方始逐渐具有独立之法律地位，成为一个诉讼主体，能尽其所能地防御。至此，被告才结束只是充当做国家刑事追诉与审判机关之调查与审判客体之地位，而成为独立享有诉讼权利，负有诉讼义务之诉讼主体。在此情况下，被告以诉讼权利义务主体之身份参与刑事诉讼程序，在刑事诉讼程序进行中，被告可以提出各种声请，提出证据，在法庭中陈述，以从事防御，并可提起上诉与再审等权利。”① 由此表明，辩方提出证据等具有权利性质，是其积极行使权利的表现。随着社会发展、法治进步和当事人权利意识的提高，司法活动较之以前更为科学、文明，允许当事人在诉讼活动中充分表达意见，尊重当事人的诉讼权利和实体权利。

第五，辩方有协同发现真实之权利。“案件进入法院审判后，法官固有依职权澄清案情之义务，如前所述，于此同时，检察官依其公诉人之公益角色，纵令无从如同侦查中以强制处分权为手段，主动搜集证据，但仍有延续侦查结果，就被告是否有罪，督促法院进一步调查证据澄清案情之义务，至被告作为诉讼主体，其诉讼权应获保障，亦应享有于审判程序中以证据声请方式，协同法院发现真实之权利。”② 可见，在刑事诉讼中，辩方作为诉讼主体，其诉讼权应获保障，有协同发现真实的权利。

第六，被追诉者较追诉者更为知悉案情来龙去脉，由其提出“于己有利”的证据最为合适。在刑事诉讼中，侦查机关能够指挥调度大量侦查人员、动用人力物力搜集犯罪证据，所以控方应该最能够掌握被告人的犯罪实证，在制度设计上，自然应该让检察官负起实质的举证责任。被告人“是不是成立犯罪，关系到被告人自

---

① 张丽卿著：《刑事诉讼法理论与运用》，台湾五南图书出版股份有限公司2007年第10版，第110页。

② 吴祚丞、许辰舟：《刑事证据法则理论体系与实务之研究》，台湾地区“司法院”年报2003年11月第23辑第12期，第179页。

己的生命、自由、财产及名誉，故从何处搜集有利的证据供法院调查，被告最清楚，也最积极，因此作为法院裁判基础的证据，自然是由当事人提出最为适当。"① 由此被追诉者依法负有提出证据责任是符合举证责任分配规则的，其提出证据与否并不减轻追诉者的证明责任。

第七，国外制度确认辩方证明权利值得借鉴。立法确认辩方的证明权利在美国刑事诉讼中是比较典型的。在美国，被告人受无罪推定原则的保护，在法庭上的举证完全是一种权利。因此，辩方举证并非法庭审理的必经程序。辩护律师如果认为控诉证据根本不足以给被告人定罪，甚至连起诉的证明标准都没有达到，那么就可以在控方举证结束后、辩方举证之前，就指控的特定犯罪向主审法官提出"直接判决无罪的申请"（motion for judgment of acguittal），由法官对控方的举证是否达到法定的公诉证明标准进行审查。法官如果认为控方的举证不足以支持给被告人定罪时，可以直接做出被告人无罪的判决，终结诉讼。只有当辩方的申请没有得到法官批准时，庭审才会进入辩方举证阶段。辩方的举证是一项权利，所以可以放弃，如果是纯粹的责任或义务则必须履行，否则将承担相应的后果。辩方的举证是在可能出现不利于辩方的心证的情况下，而积极进行诉讼防御或抗辩而进行的诉讼活动。如果法官已经或即将形成无罪心证，此时辩方即无须举证，否则无异于"画蛇添足"，尽管举证是其权利。

① 张丽卿著：《刑事诉讼法理论与运用》，台湾五南图书出版股份有限公司 2007 年第 10 版，第 41 页。

# 第二节　证明权的界定

## 一、证明权的基本内涵

目前国内外学界关于证明权的研究主要集中在民事诉讼领域，因此对刑事诉讼制度进行界定前，笔者先考察民事诉讼中当事人证明权的界定。

无论是国内还是国外关于民事当事人证明权问题都有一些研究。在德国民事诉讼中，当事人提出证据证明自己的权利被称为“对证明的权利（das recht auf beweis）”。[①] 法国学者将其理解为：“每一方当事人都有权证明他援引的事实，其限制是他提出的证据应具有关联性。但最重要的是证明权包含着为发现或提交必需的证据而消除障碍的措施。”[②] 有一些学者对证明权进行了较为明确的界定。观点一认为：证明权，是指当事人就其提出的有争议事实，得提出证据，并在证据调查时在场见证，进而得就证据调查之结果陈述意见。证据提出权，是指当事人有提出（声明）证据的权利，而法院就该证据负有调查之义务；在场见证权，是指当事人有权利知悉，法院是如何进行证据调查，而能当场表示意见。当事人于证据调查时在场，不仅是消极地听闻，更得积极地参与调查之过程，而有发问权，以随时主张自己之实体利益及程序利益。[③] 观点二认为：证明权的内容应该包括：证据收集权（法律应该预先规定当

---

① ［德］瓦尔特·哈布沙伊德，维尔茨堡/日内瓦：“证明权”，载［德］米夏埃尔·施蒂尔纳编：《德国民事诉讼法学文萃》，赵秀举译，中国政法大学出版社2005年版，第313页。

② ［法］雅克·盖斯旦著：《法国民法总论》，陈鹏等译，法律出版社2000年版，第588页。

③ 沈冠伶著：《诉讼权保障与裁判外纷争处理》，台湾元照出版公司2006年版，第17～18页。

事人的有关权限)、证据调查请求权(在行使自己拥有的权限无法收集证据的情况下要求法院进行调查的请求权)、证据力争辩权(关于证据效力的争辩权利,证据力大小如何的确定过程中,当事人有权进行争辩)、公正证据判断请求权(即要求法院必须在法律的范围内就证据的取舍进行合理的判断)、证据判断理由说明请求权(要求法官必须就案件事实与证据的关联进行说明),等等。[①]观点三认为:"当事人证明权,是指当事人所享有的为证明自己所主张的有争议的事实而收集、提出证据,在法定情形下请求法院调查收集证据,对证据证明力进行争辩,请求法院公正判断证据并公开判断过程和判断理由等一系列权利。"[②] 从学界对当事人证明权的界定来看,证明权是一个复合性概念。由这些观点,证明权包括自行取证、申请取证、举证、质证、请求心证公开等权利。事实上,这些权利不仅在民事诉讼中,而且在刑事诉讼、行政诉讼中也存在,只是根据不同诉讼的特征,表现的形式有所差异而已。

结合上文对刑事诉讼证明的分析,笔者认为,刑事诉讼证明权就是当事人为确定依法需要查清的事实,而依法取证、举证、质证以及参与审查评定证据活动的权利。无论是被告人、被害人还是辩护人、诉讼代理人,其在诉讼中,为确定依法需要查清的定罪事实、量刑事实以及程序法事实等,其依法享有取证、举证、质证的权利,还有权参与法官心证的形成过程。提出刑事诉讼证明权并非有意地创造新词,而是对原有分散的权利进行归纳、整合,形成一个具有合力、"拧成一股绳"的权利集合体。

在刑事诉讼中,辩方进行证明活动时的方向较为明确,其着力证明的事实情况主要包括:"于己不利"的控诉事实不存在和所主张的"于己有利"的辩护事实存在。这些事实情况主要指辩方在

① 刘荣军:"自由心证主义的现代意义",载陈光中主编:《诉讼法理论与实践——民事行政诉讼卷》,人民法院出版社2001年版,第410~411页。

② 奚玮:《民事当事人证明权保障》,中国政法大学2007届博士学位论文。

刑事诉讼中所提出的阻却责任、阻却违法事由以及其他抗辩主张。由此，辩方证明权即是辩方证明的权利，所谓辩方证明权，是指辩方所享有的为确定“于己不利”的控诉事实不存在和所主张的“于己有利”的辩护事实存在的情况而依法收集证据，进而在庭审过程中请求法官依法审查、评定证据的权利。

## 二、辩方证明权的构成

权利由主体、客体和内容所构成。只有明确了这三个构成，方能对辩方证明权有清晰的认识。这里对证明权的构成作如下分析：

### （一）辩方证明权的主体

刑事诉讼中被告人是诉讼主体，也是证明主体，享有证明权。由于在刑事诉讼中，被告人为了有效保护自己的合法权益，其可能通过辩护人加强对自己权利的保护。辩护人是犯罪嫌疑人、被告人合法权益的专门维护者。辩护人在刑事诉讼中维护的是犯罪嫌疑人、被告人的合法权益，而不是非法权益，同时辩护人在刑事诉讼中的唯一职能就是辩护，除此以外没有别的职能。辩护人在刑事诉讼中有独立的诉讼地位，不是犯罪嫌疑人、被告人的代言人。[①] 辩护人具有独立的诉讼地位，其职责即为维护犯罪嫌疑人、被告人的合法权益，因此其与犯罪嫌疑人、被告人“立场”相同，“目的”共通。辩护人为有效行使辩护权，对于提出的主张和抗辩应积极提供证据予以证明，这同样涉及证明问题，也有证明权利及其保障问题。辩护人的辩护权利和证明权利得不到保障，最终受害者是被追诉者。因此，本书将辩护人的证明所涉权利与犯罪嫌疑人、被告人的证明权放在一起讨论。由此，辩方证明权的主体应当包括犯罪嫌疑人、被告人和辩护人。

---

① 陈光中主编：《刑事诉讼法（第2版）》，北京大学出版社、高等教育出版社2005年版，第138页。

(二) 辩方证明权的内容

根据上述对辩方证明权的界定，辩方证明权的内容即是辩方应该证明的事实情况，包括“于己不利”的控诉事实不存在和所主张的“于己有利”的辩护事实存在。这些事实情况主要指辩方在刑事诉讼中所提出的阻却责任、阻却违法事由以及其他抗辩主张。这些抗辩主张不仅包括实体法方面的事实，还应包括程序法事实。对于程序性违法，如刑讯逼供等，如果辩方能够提出证据使程序性违法具有可能性或提出证据线索，那么控方即应提出证据予以证明，但辩方也有权举证证明该程序性违法事实。

由于我国刑事诉讼法未规定量刑程序，量刑问题一直未受到足够重视，甚至成了裁判者的“心理活动”，其他人无法“介入”。目前，全国范围内的量刑改革工作已经展开，在此情形下，量刑事实的证明问题值得关注。在现实国情下，在量刑程序改革尚未定型且研究尚未成熟的背景下，就量刑程序的证据问题作出任何定论都可能是不够合理的，而且笔者认为还远未到该下结论的时候。当然，即使如此，有些问题还是可以明确的，在无罪推定、不强迫自证其罪等国际刑事司法准则的保护下，定罪事实的证明问题较之量刑程序显得更为严格。在认定是否有罪、构成此罪与彼罪时主要围绕若干较为明确的要点进行证明即可，所以定罪事实方面的证明也就显得有章可循，而量刑事实的证明围绕的证明对象不仅类型多样，而且数量上则更为庞杂，往往没有定律，所以长期以来，量刑事实的认定从某种意义上更多靠的是法官的心证，而且这种心证是不公开的内心确信，因而也确实饱受非议。“定罪不应及于案外事实，但量刑并非如此。刑事案件中的量刑除了考虑‘案内’事实之外，在很多情况下还需要考虑案外事实，如被告人的品行表现、心理状况、成长背景、悔罪表现、附带民事赔偿情况、安置可能性、管教条件等。”① 量刑事实的多样化、不定数使得量刑程序的

① 蒋惠岭：“量刑程序的七大使命”，载《人民法院报》2008年9月2日。

规范化、公开化显得尤为重要，当然同时也使量刑事实的证明问题变得复杂化，笔者认为，这绝非简单套用有罪认定的证明责任所能解决，同时亦非采用单一的“谁主张，谁举证”所能应对。结合我们国家刑事辩护率低、羁押率高的现状，被告人几乎沦为被动“纠问”对象的背景下，让其承担过多、过重的责任，无异于让其“闭嘴”——不要提出“于己有利”的主张。笔者认为，当事人所享有的证明权理念也应适用于量刑程序，但量刑程序中的证明权以及当事人所负有的义务应当与定罪上有所区别，毕竟定罪是一个定性的问题，总体上不至于出现复杂多样的情况，但量刑则主要是定量的问题，在实践中证据来源、证据表现形式和内容都可能呈现出多样化，不能简单地认为当事人只享有证明权，而不负有义务。目前有些观点认为需要根据量刑情节、量刑意见等方面的不同点而规定不同的证据规则，笔者认为这类观点颇具合理性，可考虑结合我国实际进一步加以研究。

（三）辩方证明权的客体

“权利客体是权利行使所涉及的对象，它说明享受权利的主体在哪些方面可以对外在的客体（物质客体或精神客体）作出某种行为或不作出某种行为。这种对象始终与权利本身共存共灭。没有权利，也就没有权利客体。”[①] 可见，权利客体是随着权利的产生而产生，随其消灭而消灭，那么对于辩方所享有的证明权的客体是什么呢？是行为。“权利的客体是权利人的实践行为，行为又有其自身的客体，即交往实践中的中介客体。人类实践活动的客体类型多样，中介客体的类型也是多样的，不仅可以是物，也可以是人们某项具体的行为。这取决于具体实践活动指向的内容，也是具体权利的内容。具体的权利设定权利人的行为界限，权利人的行为指向

① 张文显主编：《法理学》，高等教育出版社、北京大学出版社1999年版，第116页。

特定的中介客体，所以中介客体具体是什么是由具体的权利决定的。”[①] 因此，辩方证明权的客体即为辩方依法收集证据，并进而在庭审过程中请求依法审查、评定证据的活动或行为。其中，辩方依法收集证据，是指辩方依法自行调查取证、申请调查取证、申请证据保全、申请证据开示；请求依法审查证据，是指辩方举证并进而要求法官依法进行证据调查、参加质证；请求依法评定证据，是指辩方请求法官心证公开并以此为根据形成合理心证、进行事实认定。辩方没有证明权也就没有从事这些行为的可能性。

### 三、辩方证明权的组成部分

如上所述，辩方证明权，是指辩方所享有的为确定“于已不利”的控诉事实不存在和所主张的“于己有利”的辩护事实存在的情况而依法收集证据，进而在庭审过程中请求法官依法审查、评定证据的权利。简言之，辩方证明权是辩方所享有的依法收集证据，进而在庭审过程中请求法官依法审查、评定证据的权利，是一系列权利的组合。辩方证明权由以下权利组成：自行调查取证权、申请调查取证权、证据保全申请权、鉴定启动权、证据开示请求权、举证权、质证权、心证公开请求权等。辩方证明权所包含的各权利组成部分，并非独立不相联系的，而是一个相互有机联系的权利集合体。由于下文中对各权利组成部分将要展开详细分析，这里仅简要介绍如下：

1. 自行调查取证权。广义的调查取证权包括自行调查取证权和申请调查取证权。本书为便利研究将前者称为自行调查取证权，后者称为申请调查取证权。自行调查取证权主要包括犯罪嫌疑人、被告人和辩护人取证权。由于前者往往不明确审判所需，加之其往往受到羁押，有效的取证主要依赖辩护人。我国最新修订的律师法加强了辩护律师的调查取证权利的保护，因为“我国刑事诉讼法

① 鲁慧丽：“权利客体的哲学辨析”，载《沧桑》2006年第6期，第88页。

第37条规定，律师自行调查取证要‘经有关单位或者个人同意’，但实践中基本无人同意。针对这一困难，新律师法增加规定，律师自行调查取证的，凭律师执业证书和律师事务所证明，可以向有关单位或者个人调查与承办法律事务有关的情况。这可以说是此次律师法修订最‘出彩’的地方。”① 本书中的自行调查取证权采狭义的调查取证权内涵，它是指律师向证人、被害人以及有关单位和个人等调查案件事实，收集与本案有关材料的权利。

2．申请调查取证权。辩方由于无强制取证权，无国家机器作为“后盾”，且处于被追诉地位，为促进事实真相的发现，国家专门机关应于辩方提出申请时进行证据收集、调取。根据我国刑事诉讼法第37条和律师法第35条规定，辩护律师可以申请人民检察院、人民法院收集、调取证据，或者申请人民法院通知证人出庭作证。这条规定比较笼统且不利于保障辩方权利。申请调查取证权，是指辩方为证明特定待证事项而申请法院调查取证的权利。

3．证据保全请求权。所谓证据保全请求权，是指预定提出供法庭调查的证据有湮灭、伪造、变造、藏匿或碍难使用的可能时，基于发现真实与保障防御权及答辩权的目的，按诉讼程序进行的阶段，辩方所享有的向侦查机关、检察机关、审判机关提出保全申请的权利。

4．鉴定启动权。鉴定启动权，是指在刑事诉讼中依法启动鉴定程序的权力（或权利）。在刑事诉讼中，侦查机关、检察机关和审判机关都有权启动鉴定程序，这里的“权”是“权力”。辩方应被赋予启动鉴定程序的权利，当然这里的“权”又是“权利”了。

5．证据开示申请权。刑事诉讼中的证据开示是指控辩双方在庭审前或审判过程中，按照一定的程序相互让对方知悉各自掌握或保管的证据的制度。证据开示申请权，是指辩方所享有的要求控方

① 余茂玉：“新律师法力破律师‘调查取证难’”，载《法制日报》2007年11月1日第3版。

开示其掌握或保管的证据的权利。

6. 举证权。举证权，是指在法庭审判过程中，辩方要求将证据收集过程中所取得的证据提交法庭，并与控方证据平等作为证据调查对象的权利。辩方取得的证据应有提交的途径，在符合法律规定的程序性条件的基础上，应被视为证据，且应在经过质证、认证之后作为定案根据。否定辩方收集证据的证据能力，即在于否定辩方的提出证据权，从而否定辩方证明权，而影响到辩护权的有效行使。

7. 质证权。本书选取质证的狭义内涵进行分析，指出质证是控辩双方在法庭审理过程中对于对方的证人证言进行的当庭质疑、辩驳活动。质证权即指被告人在法庭审理过程中，享有向不利于己的证人当场对质，对其证言进行质疑和辩驳的权利。

8. 心证公开请求权。心证公开，是指法官在刑事审判过程中将其对于案件事实、证据以及法律适用的认识、评价和理由，向控辩双方、被害人以及其他诉讼参与人公开、披露并进行解释的制度。辩方的心证公开请求权，是指辩方享有的请求法官将其对于案件事实、证据以及法律适用的认识、评价和理由进行公开、披露并进行解释的权利。

需要说明的是，由于上述证明权的子权利在理论和实务界的研究并不少见，而且有的问题已经研究得较为成熟，因此本书只对取证权、质证和认证等问题所涉权利展开研究，其他问题不再设专章讨论。

### 四、辩方证明权的性质和地位

辩方在刑事诉讼中享有许多程序性权利。这些权利不仅确保了被追诉者的程序主体地位，而且也可防范被追诉者沦为程序客体。辩方证明权是辩方所享有的一项重要权利，是建设现代刑事司法不可或缺的一环。很遗憾，如前所述，我国学界对此问题的关注实在是太少了。研究辩方证明权及其保障，对辩方证明权的性质和地位要有更为明确的认识。笔者认为，证明权可上升到宪法的高度来考察，由于本书所研究的是刑事诉讼中的证明权问题，因此宪法视野下的刑事诉讼制度是研究证明权性质问题时必须要清晰认识的。

制度往往伴随着社会发展而发展，由于社会不断发展，各国人权保护制度和惩罚犯罪观念都在不断往前发展。“世界各国法律制度在20世纪最具变革性者，当属刑事诉讼制度。世界法系主要虽有英美法系与大陆法系之分，而异其刑事诉讼之基本结构，但自20世纪末叶起，因刑事诉讼宪法化之潮流而使刑事诉讼制度有日益合流之趋势。”① “其实，研究刑事诉讼法学者已有共识，一致认为现代刑事诉讼法（modern criminal procedure）已经不再只是实现国家具体刑罚权的传统技术规则或程序规范，现已蜕变为人权保障之现代化法律机制，美国法学者 Jerold H. Israel 及 Wayne R. LaFave 甚至以‘宪法化的刑事诉讼法’（constitutional criminal procedural law）称之，将刑事诉讼法纳为宪法之具体构成部分，著名法官 Henry Friendly 更将宪法人权条款奉为实质的刑事诉讼法（the Bill of Rights as a code of criminal procedure），即在彰显现代化刑事诉讼法之本质。”② “刑事诉讼法乃宪法的测震仪（Roxin，1998，2/1），此句名家名言表明刑事诉讼法蕴涵了特殊的宪法关联（besondere verfassungs relevanz）。特殊的宪法关联，不仅来自于宪法优位性原则——因为这项原则支配所有的法律，而不只是刑事诉讼法——更重要的是来自于刑事诉讼对于基本权利造成的严厉干预。简言之，刑事诉讼程序之进展及其目的的达成，不可能不以干预基本权为手段。事实上，环顾所有法律允许的基本权干预，就属刑事诉讼领域所允许的干预手段，最为严厉而彻底。若与羁押、监听及某些身体检查处分相比，拘提、逮捕、搜索、扣押等严重之基本权干预，在

① 林辉煌著：《论证据排除——美国法之理论与实务》，台湾元照出版有限公司2006年版，第3页。

② 林辉煌著：《论证据排除——美国法之理论与实务》之“自序”，台湾元照出版有限公司2006年版。

刑事诉讼程序之中，都还只能算是干预程度相对‘轻微’的强制处分。至于有罪判决之程序结果，甚而可能剥夺人之生命。因此，刑事诉讼法与宪法——尤其是基本权——之合致性问题，远比其他法律领域急切而严重。其实，刑事诉讼之立法及实务如何反应、实践宪法的抽象规范，才是检验一国宪法施行实情的关键指标。国家机关在刑事诉讼程序的滥权，可能使得宪法保障的基本权规范成为具文，是以，刑事诉讼法又称为应用之宪法、宪法之施行法、宪法的测震仪或法治国的大宪章。”① “刑事诉讼在时空上依附于宪法，有学者甚至认为刑事诉讼法是宪法之构成部分。宪法系基本法、母法，宪法的理念必须透过子法来加以实现，刑事诉讼法因而扮演了实用宪法之角色。”② 可见，刑事诉讼制度对于人权保障的注重，与宪法关系日益密切。刑事诉讼制度的发展方向是从过于偏向惩罚犯罪到注重惩罚犯罪和保障人权的统一甚至偏重人权保障，现代刑事诉讼制度是人权保护机制，不仅保障被害人的人权，而且保护被追诉者的人权，还保护其他诉讼参与人的人权。所谓人权，是指在一定的社会历史条件下每个人按其本质和尊严享有或应该享有的基本权利，人权的本质特征和要求是自由和平等。人权的范围非常广泛，哪里有人存在，哪里就有人权问题。哪里有权利问题，哪里就必然存在人权问题。刑事诉讼中除了侦查机关、检察机关和审判机关，涉及被害人、犯罪嫌疑人、被告人、辩护人、证人等，他们参与诉讼的权利保护问题即为人权保护，其中犯罪嫌疑人、被告人的人权保护问题最为突出。

我国2004年3月14日通过的《中华人民共和国宪法修正案》（以下简称《宪法》）增加规定了“国家尊重和保障人权”。从人权中可以演绎出许多刑事诉讼程序的基本权利。同时，我国加入了

---

① 林钰雄著：《刑事诉讼法（上册总论编）》，中国人民大学出版社2005年版，第17～18页。

② 黄东熊等著：《刑事证据法则之新发展——黄东熊教授七秩祝寿论文集》，台湾学林文化事业有限公司2003年6月版，第389页。

许多国际公约，这些国际公约中的程序基本权利同样对我国刑事诉讼可以适用。我们要站在宪法和国际公约的高度来看待当事人所享有的程序基本权和证明权。辩方的人权保护涉及方方面面，其中包括平等权、自由权、辩护权等方面。

关于辩方证明权的性质和地位，证明权是辩护权在证明活动中的体现，也是裁判请求权的重要组成部分，是宪法所规定的权利，具有宪法性地位。理由如下：

第一，辩护权具有宪法的性质和地位，而证明权是辩护权的重要组成部分。我国《宪法》第125条规定："被告人有权获得辩护"。这条规定虽未放置在"公民基本权利和义务"部分，但仍确立了被告人享有辩护权是一项宪法性原则。由于证明权是辩方行使辩护权的重要表现，证明权是辩护权的重要组成部分，因而辩方证明权具有宪法的性质和地位。下文中将对辩护权与辩方证明权的关系进行分析，此处不再赘述。

第二，裁判请求权具有宪法的性质和地位，而证明权是裁判请求权的重要组成部分。"请求依法审判权乃被告最为重要之权利，此一权利源自宪法关于基本人权与保障人身自由之规定，使人民一旦涉嫌犯罪，有尽速接受法院依法审判之权利，若受国家机关非法逮捕拘禁，而迟延移送该管法院受审，则人民即有权请求依法审判"。[①] 作为国家的根本大法，宪法不仅涉及国家机关体制的确立，而且就公民基本权的保障予以宣示。宪法的规定，不仅约束国家机器的权力，而且最重要的是对公民权利的最终保障。国家负有保障公民基本权利的宪法性义务，而公民则有要求国家建立保障与救济机制的宪法性权利。"以宪法为基础的、对司法保障的请求权在内容上也包含了当事人所享有的下面这种请求权，即要求在法院程序中确定实际的、作为被主张的权利基础的生活事实情况，但是事实

① 张丽卿著：《刑事诉讼法理论与运用》，台湾五南图书出版股份有限公司2007年第10版，第110～111页。

的确认需要证据。如果认为当事人对事实确认享有权利，那么同时也必须保障当事人证明这些事实的权利。因此，证明权也属于司法裁判请求权的内容。因为司法裁判请求权是宪法性权利，所以该权利所包含的证明权也拥有宪法上的地位，因此立法者不得对其随意限制。同时，对证明权的任何限制都需要特别的理由。”① 可见，要求国家建构权利保障和救济的机制并要求司法予以执行是公民司法裁判请求权的重要体现。司法最终裁判原则给予公民的往往是最后一道保障。在刑事诉讼中，犯罪嫌疑人、被告人处于被追诉者的地位，其有要求司法机关公正裁断的请求权，这种请求不可能是“信口开河”“毫无根据”式的，在一定情形下，其基于利益方面的考虑，有证明的必要。因此，证明权是司法裁判请求权的重要组成部分。证明权应当得到保障，而非限制。

综上所述，基于刑事诉讼对人权保障的加强，刑事诉讼宪法化趋势明显，辩护权是一项重要的宪法性权利，证明权是辩护权的重要组成部分。此外，证明权也是具有宪法地位的司法裁判请求权的重要组成部分，因此证明权是宪法性权利，具有宪法位阶。只是宪法不可能将所有公民的权利一一细化，而是进行原则性规定，由部门法具体贯彻其精神。

## 第三节　证明权与辩护权的关系

刑事辩护制度以辩护权为核心，而证明权是辩护权的重要组成部分。辩护权的实现形式包括自行辩护和通过辩护人辩护两类。其中通过辩护人的辩护包括指定辩护和委托辩护。辩护人的诉讼权利虽因其独立诉讼地位，而具有独立性，但其部分权利确实以被告人

① ［德］瓦尔特·哈布沙伊德，维尔茨堡/日内瓦：“证明权”，载［德］米夏埃尔·施蒂尔纳编：《德国民事诉讼法学文萃》，赵秀举译，中国政法大学出版社 2005 年版，第 314 页。

辩护权为权源。基于辩护人以依法保护被告人合法权益为职责，辩护人权利也是被告人辩护权的重要实现形式。2007 年 10 月 29 日新修订的律师法进一步加强了律师权利的保护，赋予了更丰富的律师权利内涵，目的在于要在刑事诉讼中贯彻平等、实质、有效的辩护制度。2008 年 5 月 21 日最高人民法院、司法部联合发布了《关于充分保障律师依法履行辩护职责，确保死刑案件办理质量的若干规定》（法发〔2008〕14 号），这对于在死刑案件审理中充分保障律师依法履行辩护职责，从而保障被告人的辩护权及其他诉讼权利具有重大意义，该规定强化了律师在死刑案件中调查取证、阅卷等权利，这对死刑案件中辩方证明权的行使给予了较为充分的保障，对整个诉讼制度的完善也具有推动意义。

## 一、辩方证明权与辩护权的关系

研究辩方证明权不仅不能脱离开辩方所享有的辩护权去“空谈”，而且必须明确二者的关系，笔者认为，辩方证明权与辩护权是良性互动的关系，一方面证明权是辩护权的重要组成部分；另一方面证明权的充分保障能促进辩护权的有效行使。

首先，证明权是辩护权的重要组成部分。我国宪法第 125 条规定：“被告人有权获得辩护”。这条规定虽未放置在“公民基本权利和义务”部分，但仍确立了被告人享有辩护权是一项宪法性原则。辩护权是法律赋予犯罪嫌疑人、被告人的一项专属的诉讼权利，即犯罪嫌疑人、被告人针对指控进行辩解，以维护自己合法权益的一种诉讼权利，它在犯罪嫌疑人、被告人各项诉讼权利中，居于核心地位。从各国法律规定来看，辩护权是一项不附任何先决条件，没有“但书”限制的权利。辩护权贯穿在整个刑事诉讼过程中，而且不同的犯罪嫌疑人、被告人享有平等的辩护权。犯罪嫌疑人、被告人行使辩护权的具体方式包括自行辩护和通过辩护人进行辩护。[1] 辩护人的权利是辩护权的具体表现形式，包括独立辩护权、阅卷权、会见权、调查取证权、提出辩护意见权、参加法庭调查权、参加法庭辩论权、上诉权等。[2] 如前所述，辩方证明权，是指辩方所享有的为确定“于已不利”的控诉事实不存在和所主张的“于已有利”的辩护事实存在的情况而依法收集证据，进而在庭审过程中请求法官依法审查、评定证据的权利。简言之，辩方证明权是辩方所享有的依法收集证据，进而在庭审过程中请求法官依法审查、评定证据的权利，是一系列权利的组合。可见，证明权是辩护权的重要组成部分。由于辩护权是宪法性权利，具有宪法位阶，而证明权是辩护权在证明活动中的具体体现，因此具有宪法性质和宪法地位。“在法治社会，宪法具有最高权威地位，我国证据立法理所当然地遵循我国宪法精神、原则和规范，是对宪法的具体实践。”[3] 在现代法治社会，证明权应是当事人所享有的一项基本权利，并为诸多制度所保障。宪法意义上的证明权保障，只是最低程度的要求，为保障此权利，立法者应在具体的刑事诉讼制度中具体细化。宪法虽然写入了许多公民基本权利，但不可能面面俱到，只是规定一些权利的原则，对于证明权及其保障问题，应当在具体的立法中体现其所具有的宪法性质和地位。辩护权在刑事诉讼证明中的体现即为证明权，应当在证据法中予以体现。

其次，证明权的充分保障能促进辩护权的有效行使。由于辩方证明权是辩护权的重要组成部分，因此充分保障辩方证明权能够促进辩护权的有效行使。辩护权的行使并非“空手道”，必须要做到“有理有据”，方能实现有效辩护。从上述证明权的各组成部分来看，从收集证据到提出并请求调查等各个环节的权利都会对最终的

① 陈光中主编：《刑事诉讼法（2 版）》，北京大学出版社、高等教育出版社 2005 年版，第 129 页。

② 刘金友主编：《刑事诉讼法》，中国政法大学出版社 2007 年版，第 123 ~ 125 页。

③ 邵明著：《民事诉讼法理研究》，中国人民大学出版社 2004 年版，第 239 页。

事实认定产生影响，是关涉到能否进行实质、有效辩护的问题。因此，必须从诉讼全过程考虑对证明权所包含的各项权利进行完善和构建，以充分保障证明权，从而最终达到保障辩护权的目的。

## 二、证明权的有效行使和律师的有效协助

辩护权的有效行使离不开律师的有效协助和参与。我国台湾地区“近年来刑事诉讼法虽大幅修正，诉讼构造号称采行改良式当事人进行，以保障被告防御权益，促进公平审判，然而作为维护被告防御权益最为基本而重要的权利——接受辩护人援助（以下称辩护权），却因没有相对的做好应有的配套措施，致旧有的辩护活动的困境依然未有实质的改善，甚至修法的结果反而引发了新的不公平现象。可谓辩护制度的改革，是修正刑事诉讼法之中尚未完成的乐章。”[①]“在刑事诉讼环境快速的变革下，辩护制度其实并没有受到相对的重视。嫌疑人及被告人接受辩护人协助防御的机会，仍是闭塞的；辩护活动并未充分的实质化，依旧处于不对等的状态；且关于辩护权的侵害，欠缺及时有效的救济机制等，课题多样而复杂。”[②] 我国近年来刑事诉讼改革和未来司法职权的优化配置也将会在限制和约束公安司法机关权力和加强犯罪嫌疑人、被告人防御性权利的保护，我国台湾地区的经验和教训警醒我们：在进行改革的过程中，务必加强辩护权的配套措施的完善，否则所谓辩护权的改革和强化仍然无法真正实现。

### （一）律师有效协助的必要性

辩护权是一项不附任何先决条件，没有“但书”限制的权利。辩护权贯穿在整个刑事诉讼过程中，犯罪嫌疑人、被告人可自己行使辩护权，也可由辩护人行使辩护权。由于犯罪嫌疑人、被告人自

---

① 陈运财：“刑事诉讼法之修正与刑事辩护”，载《月旦法学杂志》2006 年 10 月第 137 期，第 120 页。

② 同上。

身专业能力所限，辩护人尤其是辩护律师的辩护尤为重要。因此，证明权的有效行使离不开辩护权的充分落实，需要律师的有效协助。律师有效协助体现在两个方面：一方面要保障被追诉者有律师为其提供法律帮助；另一方面要保障律师能够进行实质有效的协助。前者需要完善法律援助制度，后者需要建构保障辩护权制度和提升律师职业素质。律师有效协助的必要性可从以下几个方面来看：

第一，控辩对抗、武器平等需要律师有效协助。在职权主义诉讼模式下，辩方即使不积极辩护、不收集证据，辩方也不必然因此而受不利判决。但在当事人主义诉讼模式下或引进对抗制因素的职权主义为主的诉讼模式下，辩方不积极进行辩护、不收集证据，无异于“坐以待毙”。在对抗制下，律师是被告人唯一拥有的与检方相对抗的武器，程序公平的实质确保，全在于被告是否获得了律师有效的帮助。唯有律师，能对检方所起诉的案件进行对抗和防御，使整个刑事制度的对抗特色发挥到极致。反之，被告若未能获得律师的协助，或者被告虽有律师、但律师履行其义务的能力受阻于国家干预，又或者律师所提供的是不称职的代理行为，都会严重影响对抗制里最重视的“公平”原则，因为在武器不对等的状况下，弱势的被告将面临审判结果不公平的高度风险。简单来说，程序不正义，真实便无法发现。[①] 因此，现代刑事诉讼要求辩方必须能获得律师的有效协助，否则被告人就很难获得公平的对待，程序正义就难以彰显，刑事诉讼的目的更难以实现。

第二，被追诉者的合法权益保护需要律师有效协助。辩护人在刑事诉讼中具有独立的诉讼地位，但其仍以保护被追诉者合法权益为第一要务。“辩护人为被告正当利益之保护者，亦即为保护被告之利益而附带协助刑事司法之公正实施，在此意义之下，辩护人处

① 林志洁：“是公平的保障还是一袭国王的新衣？——论对抗制下律师失职行为与被告律师权的保障”，载《月旦法学杂志》2006年10月第137期，第153页。

于公益地位。然而辩护人之公益地位异于检察官之公益地位，盖检察官为站在国家之立场以诉追犯罪，藉以维持社会秩序，但辩护人仅为保护被告正当利益，以免无辜之人受国家之处罚，或犯轻罪者受重罪之处罚，是其所关心者仅为个人之保护，不在于全体社会之保护。由此可见，二者之公益地位所着重者，不完全相同。”① 辩护人虽具有独立的诉讼地位，但其存在的意义即为对被追诉者的有效协助，从而保障其合法权益，所以不能以辩护人所处之公益地位，而使律师处于控诉职能和辩护职能不分的位置，影响辩方权益的保障。

第三，辩方证明权的行使方式受到律师意见的影响。“检察官结束举证以后，开始辩护方举证。如果律师进行开头陈述，那么大多是在这一阶段的初期进行，有关辩护人举证的法律规定与检察官举证的情况几乎一样。但是，检察官首先必须对公诉事实全部内容进行举证，而与之相对，辩护人既可以对公诉事实的全部内容进行否定，也可以对部分内容进行否定，有时还在承认公诉事实基础上举证和提出更加有利的情节。虽然采取何种方针主要取决于被告人的态度，但被告人采取何种态度很多程度上取决于辩护人的意见。结果，二者的相互作用决定了防御策略，并在此基础上提出主张和进行举证。”② 可见，在诉讼中，辩方对诉讼进程的把握能力较差，甚至还有“无所适从”、“被动挨打”之感，其如何行使证明权，如何应对控诉，采取何种态度，受到辩护人的影响较大。

第四，辩方证明权由律师安排将更为有效。“在被告人否认事实的案件与承认事实的案件中，主张、举证的内容、主旨明显不同。如果是否认案件，辩护人要对检察方提出证据的矛盾和弱点进行精确审查，并展开反驳，并且有时要指出自己独自收集的证据是

---

① 张丽卿著：《刑事诉讼法理论与运用》，台湾五南图书出版股份有限公司 2007 年第 10 版，第 132～133 页。

② ［日］松尾浩也著：《日本刑事诉讼法（上卷）》，丁相顺译，中国人民大学出版社 2005 年版，第 302 页。

必要的，而且是有益的。另外，在坦白案件中，被告人悔悟、与被害人和解、得到近邻的同情、没有再犯的危险等情况都是举证的重要内容。”[①] 可见，诉讼防御过程中，应根据具体案件情况，由辩护人协助被告人积极收集证据、提供证据等，凡是于辩方有利，且属合法权益范畴的事实，辩护人都应协助被追诉者积极行使证明权，只是具体表现内容不同。

第五，律师有效协助是发现实体真相和实现程序正义的需要。“辩护人在审判中提供实质、有效之辩护，得帮助发现真实、避免冤狱、实现公平正义。如不能提供实质、有效之辩护，真实不彰，正义不明，冤狱即生。”[②] 律师通过收集、提供证据从而使得辩护达到有理有据的程度，能够促进事实真相的发现，也能使得程序正义的实现得到保障。

（二）律师有效协助的具体要求

要实现刑事诉讼的目的，就必须要重视控辩双方的作用，因而要特别强调辩方特别是律师的权利。重视律师权利的保障，是为了让被告人享有公平审判的程序，因此受律师有效帮助的权利范围包括很广，自起诉前的侦查程序起始，到审判中的辩护，乃至于审判后的上诉程序等，律师都必须介入并适时给予被告适当的法律协助。[③] 那么，有效协助具体要求律师需要做哪些工作？具体来看，笔者认为，应当包括以下几个方面：

第一，律师的有效协助需要律师对案件有充分的调查与准备。“审判中的有效的协助必须建立在审判前充分的调查与准备，最高法院在 Powell 案中就说：‘若被告律师未对案件进行调查或为审判做准备，则被告根本不会有所谓的受律师协助（的权利）。’足够

① ［日］松尾浩也著：《日本刑事诉讼法（上卷）》，丁相顺译，中国人民大学出版社 2005 年版，第 302 ~ 303 页。

② 王兆鹏著：《辩护权与诘问权》，台湾元照出版有限公司 2007 年版，第 106 页。

③ 林志洁：“是公平的保障还是一袭国王的新衣？——论对抗制下律师失职行为与被告律师权的保障”，载《月旦法学杂志》2006 年 10 月第 137 期，第 156 页。

的调查包括探求案件各方面的事实（尤其是检察官起诉所本的事实，看哪些事实是认定被告有罪的，哪些事实是可资反驳的），同时研究法律，寻找可以对控诉解套或反击的方法。"① 充分的调查和准备即指律师必须针对控方的指控事实和可进行反驳的问题积极进行证据收集。律师的有效协助建立在律师积极进行充分的庭前证据收集基础上，这些都以辩方的合法权益为出发点和落脚点。

第二，律师的有效协助需要律师主动积极参与诉讼程序。"在对抗制中处于中心位置的辩护人最重要的功能之一，便是以其专业协助被告了解法律程序，并在程序中进行防御，因此律师充分而主动的参与程序才能确保被告的律师权获得实现。所谓主动充分的参与程序可分为两个方面：律师必须积极地、热心地提出意见和主张；律师并应尽力呈现己方的证据并挑战他方所提出的证据。"② 被告人需要律师参与诉讼的重要原因即在于律师的专业协助能力所致，因此律师在刑事诉讼中应积极参与诉讼程序，消极应对不是现代刑事诉讼所需。律师在诉讼中应积极提出主张、尽力呈现己方证据以推翻指控事实和不利的证据。"律师不是政府机关的傀儡、不是程序正当化的帮衬，他为提供被告实质、真正的保护而存在。"③ 律师有专业知识，而被追诉者一般情况下缺乏此类知识，即使有，也缺乏"用武之地"（身陷囹圄），所以律师之"长"正是被追诉者之"短"。同时，律师则缺乏对案件的直接感受，而被追诉者一般情况下亲身感受案件经过，律师通过积极主动询问、了解被追诉者知悉的情况有助于工作的开展，所以律师之"短"也正是被追诉者之"长"。因此，律师在刑事诉讼中应以其专业知识积极协助被追诉者进行积极防御，否则其参与的意义即丧失殆尽。

第三，律师的有效协助需要律师积极提出证据并极力协助被告

① 林志洁："是公平的保障还是一袭国王的新衣？——论对抗制下律师失职行为与被告律师权的保障"，载《月旦法学杂志》2006 年 10 月第 137 期，第 156 页。

② 同上。

③ 王兆鹏著：《辩护权与诘问权》，台湾元照出版有限公司 2007 年版，第 95 页。

人进行反驳。如上所引，律师应当积极、热心地提出主张和意见，并应极力呈现己方证据以挑战控方证据。“对抗制是依靠两造当事人不断的争辩（argument）来澄清真实的相貌，身为被告代理人的律师，必须在程序中随着案件的进展，向法官和陪审团对事实及法律提出新的主张。其中，证据的提出和反驳为发现真实的重点，践行提出证据的责任、对他造的证据提出抗议或反驳、交互诘问证人、对证人进行弹劾以及建立己方证据的信用性等，这是对抗制下探索真实的必要方法，也是律师的重要责任。被告有效协助，对证据的提出和反驳积极争论，才能确保程序与审判结果的公平性。”① 刑事诉讼强调发现事实真相，而证据的提出和反驳则是发现真实的关键和重点，积极进行举证、行使证明权有利于探索事实真相。律师应尽力发挥主观能动性，从证据入手，寻找突破口，以保护被告人的合法权益。

### 三、国际司法准则关于辩护的要求

国际公约中对于被告人辩护权、获得律师帮助以及辩护人权利、职责有着明确的规定。我国已于1998年10月5日签署《公民权利和政治权利国际公约》（以下简称《公约》）。《公约》第14条第3款规定：在判定对他提出的任何刑事指控时，人人完全平等地有资格享受以下的最低限度的保证：……（乙）有相当时间和便利准备他的辩护并与他自己选择的律师联络。……（丁）出席受审并亲自替自己辩护或经由他自己所选择法律援助进行辩护；如果他没有法律援助，要通知他享有这种权利；在司法利益有此需要的案件中，为他指定法律援助，而在他没有足够能力偿付法律援助的案件中，不要他自己付费；（戊）询问或业已询问对他不利的证人，并使对他有利的证人在与对他不利的证人相同的条件下出庭和

---

① 林志洁：“是公平的保障还是一袭国王的新衣？——论对抗制下律师失职行为与被告律师权的保障”，载《月旦法学杂志》2006年10月第137期，第157页。

受询问；……（庚）不被强迫作不利于他自己的证言或强迫承认犯罪。《关于律师作用的基本原则》[①] 第1条规定：“所有的人都有权请求由其选择的一名律师协助保护和确立其权利并在刑事诉讼的各个阶段为其辩护。”第13条规定：“律师对其委托人负有的职责应包括：（a）对委托人的法定权利和义务，以及在与此种权利和义务有关的范围内，对法律系统的运作，提出咨询意见；（b）以一切适当的方法帮助委托人，并采取法律行动保护他们的利益；（c）在法院、法庭或行政当局面前给委托人以适当的帮助。”可见，国际人权公约中有关辩方的辩护权有着详细的规定，有效辩护需要收集、提供证据并对证人进行询问。

杨宇冠教授在论及《公约》所规定的辩方权利时指出：“根据联合国人权公约，被告方有权使对他有利的证人在与对他不利的证人相同的条件下出庭和受讯问，也就是说，被告方有提出证人的权利。在当代刑事诉讼中，被告人不负担证明自己无罪的责任。也因此认为，被告人没有责任向法庭提供证人，这种理解是片面的。被告人确实不负担证明自己有罪或无罪的责任，但是当起诉方已经就对被告人指控提出了证明时，被告方可以对这些指控及其证明提出反驳，即所谓的辩护。辩护是应当有理有据的，包括向法庭提供证人。如果没有证据支持辩护，那么则不能有效地行使这项诉讼权利，并可能承担对他不利的后果。从这个意义上来讲，被告人有权利也有义务向法庭提供证人。”[②] 顾永忠教授在论及《公约》对辩护制度的规定时谈到：“应该说律师为犯罪嫌疑人、被告人提供辩护是一种权利，并且这一权利从根本上讲是犯罪嫌疑人、被告人自己的权利。既然是一种权利，并且说到底是犯罪嫌疑人、被告人自

① 《关于律师作用的基本原则》由第八届联合国预防犯罪和罪犯待遇大会于1990年通过。

② 杨宇冠著：《人权法——〈公民权利和政治权利国际公约〉研究》，中国人民公安大学出版社2003年版，第276～277页。

己的权利，那么辩护就不是‘责任’，更不是‘举证责任’。”① 对以上两位教授对国际人权公约有关内容的解读，笔者持相同观点。按照国际公约的要求，律师应“以一切适当的方法帮助委托人，并采取法律行动保护他们的利益”，所以为做到有效辩护，辩方应有权收集、提供证据和询问证人等。犯罪嫌疑人、被告人有权委托辩护人进行辩护；辩方受无罪推定原则的保护，不负举证责任；辩方为实现有效辩护，需做到“有理有据”；辩方基于证明利益的考虑，有权在法律允许的范围内积极提供证据证明于己有利的事实，这包括收集、提供证据和询问证人等。

### 四、辩方证明权与律师有效协助下的平等保护

在刑事诉讼中，如果犯罪嫌疑人、被告人因为经济、知识上之弱势而受到差别待遇，即非正义；如果审判的结果受到犯罪嫌疑人、被告人经济或知识的直接影响而不利，那么这样的司法制度是应受谴责的，这就是所谓的平等保护问题。现代刑事诉讼强调控辩平衡，而这即需强调控辩平等地位的落实，地位平等指事实与法律的地位平等。台湾地区学者张丽卿认为：由于检察官知晓事实与法律，而被告仅懂事实，故须加上懂法律之辩护人以持其平等。调查证据后，应就事实及法律辩论为之，检察官因熟谙法律，而被告或自诉人则不然，为防止法律上平等而事实上不平等，被告得委任律师为其辩护人。尤其，刑事诉讼采行改良式当事人进行主义，为促进当事人实质地位平等，强化辩护功能，应积极推行义务辩护制度，保障低收入户被告的诉讼权益，并采行公设辩护与义务辩护双轨制，充分发挥辩护功能。对于强制辩护案件，得指定公设辩护人或律师为被告辩护，除强制辩护案件外，低收入户亦得声请指定辩护人。此外，亦须于增设证据保全制度中，准许侦查程序中的被告

---

① 陈光中主编：《〈公民权利和政治权利国际公约〉与我国刑事诉讼》，商务印书馆2005年版，第178页。

向法院声请保全证据，防止有利被告的证据湮灭或碍难使用，无论是在侦查程序中或审判程序中，当事人均有声请保全的权利，且为了加强审判中辩护功能，赋予当事人及辩护人陈述意见的机关，并保障辩护人行使诘问及提出异议的权利。[①] 在刑事诉讼证明权保障问题上落实平等保护，应使控辩双方：同样熟谙法律；具有同样的取证能力；有着同等举证途径；具有同等陈述意见权利；具有同等质证权利等。很显然，对于犯罪嫌疑人、被告人来说，其往往因其专业等原因难以谙熟法律、往往因为制度现状和自身能力原因难以自行取证。这时辩护人尤其是律师的有效协助则显得非常重要，这是其平等保护得以实现的前提。在律师参与的情况下，可使得本已失衡的“天平”的“倾斜度”降低，如果能完善证据保全、证据申请等制度，则能使辩方证明权得到进一步的保障，从而真正达到一个“平衡点”，这个“点”应是最利于发现实体真相和保障程序正义相统一的“点”。

律师的有效协助从形式意义上来看是“有律师”的问题，从实质意义上来看则是“有什么样的律师”的问题，而且后者对于促进控辩平衡、保障辩方权利具有更为深层的意义。2008 年 5 月 21 日发布的最高人民法院、司法部《关于充分保障律师依法履行辩护职责，确保死刑案件办理质量的若干规定》（法发〔2008〕14 号）第 3 条指出：“法律援助机构在收到指定辩护通知书 3 日以内，指派具有刑事案件出庭辩护经验的律师担任死刑案件的辩护人。”此条规定明确并提高了担任死刑案件辩护律师的资格，体现了对死刑案件质量的重视，从更进一步角度来看，则是对死刑案件中律师有效协助的要求。无论是指定辩护还是委托辩护，担任刑事案件尤其是死刑案件辩护人的律师若没有出庭辩护经验均不利于辩护工作的开展。由此可见，刑事案件的辩护工作不应当是年轻无经

---

① 张丽卿著：《刑事诉讼法理论与运用》，台湾五南图书出版股份有限公司 2007 年第 10 版，第 33 页。

验律师“练手的活”，确应由有经验、有能力的律师对被追诉者进行有效协助。

## 第四节 证明权的功能

研究证明权的功能必须要与刑事诉讼目的联系起来，否则将无法准确呈现其内容。刑事诉讼目的是各诉讼主体共同努力、协同致力的目标，也是立法所要解决的问题。

### 一、辩方证明权与刑事诉讼目的

刑事诉讼目的所要研究的问题，虽有多种学说，但均在于讨论刑事诉讼制度的理由何在。由于刑事诉讼目的点明了刑事诉讼制度和权利的设置方向，因此必须予以明确，否则所谓制度建构、权利安排只会成为“空中楼阁”。因此，讨论证明权问题必须先探讨刑事诉讼目的问题。夏勤[①]说：“法有实体与程序之分，实体法犹车也，程序法犹轮也。轮无车则无依，车无轮则不行。故国家贵有实体法，尤其贵有程序法。”[②] 刑事诉讼目的，是指国家建立刑事诉讼制度、进行刑事诉讼活动所要达到的预期的理想结果。“古今中外皆认为刑事诉讼最重要的目的在于发现真实。刑事诉讼法很多制

① 夏勤（1892—1950），江苏泰州人。1912 年东渡日本深造，1917 年回国后任京师地方检察厅检察官，后历任高等审判庭庭长、大理院推事、总检察厅检察官、首席检察官。1927 年任国民政府法制局编审，次年又任最高法院刑二庭庭长、法官惩戒委员会委员。1932 年后任司法院中央公务员惩戒委员。1938 年调任司法行政部常务次长。1945 年 2 月，任最高法院院长兼刑庭庭长。1943 年当选为行宪国民大会代表，同年 7 月被免去最高法院院长之职。1948 年 4 月间，南京召开国民代表大会，夏勤为国大代表。1949 年新中国成立以后，夏勤去香港，不久因病逝世。参见“法学家夏勤”，载 http://www.tznet.cn/Get/wh/ldmx/056270912489684.htm。

② 黄源盛：“民国初期近代刑事诉讼的生成与开展——大理院关于刑事诉讼程序判决笺释”，载《政大法学评论》1999 年 6 月第 66 期；转引自王兆鹏著：《刑事诉讼讲义（一）》，台湾元照出版有限公司 2003 年第 2 版，第 3 页。

度的设计，皆为发现真实，如以前的刑求制度，目的即为了发现真实，无论东、西方皆然。”① 虽然关于刑事诉讼目的有不同学说，“无论是控制犯罪和保障人权，还是自由与安全，抑或是实体真实与程序正当，都是刑事诉讼的重要目的，当它们之间发生冲突的时候，不应片面选择一个而抛弃另一个，而应当根据案件的具体情况具体权衡，作出应当以何种目的为优先的选择，进而实现刑事诉讼效益的最大化。”② “刑事诉讼制度的设计，主要在于实践实质真实之发现、基本人权之维护、迅速之裁判以及法治国原则的实现。”③ 从上述观点来看，刑事诉讼目的呈现出多元化的趋势，并非单一目的。鉴于刑事诉讼目的的多元化，应根据案件情况进行平衡，以实现刑事诉讼效益的最大化。具体可从以下两个方面来看：

第一，追求惩罚犯罪和保障人权的平衡。惩罚犯罪自古以来乃刑事诉讼活动的主题，也是刑事诉讼制度的应有之意。刑事诉讼要对犯罪者课以相应的刑罚，要使刑事实体法的抽象规定得到正确的评价。“盖法律秩序或生存利益之保护，均属于公共福祉，故为实现司法正义起见，不能不适当处罚侵害法律秩序或生存利益者。但处罚犯人虽有必要，却不能因而害及被告之基本人权，否则为处罚犯罪而侵害被告的人权，反致司法正义未能真正获得实现。故公共福祉的维持固然重要，但基本人权的保障更不可忽视。如何在不侵害被告的人权前提下，发现实质之真实，进而对于有罪者科以应得的刑罚，是刑事司法的目的所在。故各国刑事诉讼法规定，对于刑事诉讼程序的进行，均要求严格遵守法定的程序，及允许被告为自

① 王兆鹏著：《刑事诉讼讲义（一）》，台湾元照出版有限公司 2003 年第 2 版，第 4 页。

② 刘金友主编：《刑事诉讼法》，中国政法大学出版社 2007 年版，第 10 页。

③ 张丽卿著：《刑事诉讼法理论与运用》，台湾五南图书出版股份有限公司 2007 年第 10 版，第 23 页。

己利益而防御，注重法律安定性与程序公正维持。”[1]“刑事诉讼的两个目的常发生冲突，刑事诉讼法的规定以及解释，因而也在‘人权保障’以及‘有效追诉犯罪’的两个理念下徘徊，找寻平衡点。”[2]惩罚犯罪和保障人权的平衡是刑事诉讼追求的目标。在强调秩序维护时期，注重犯罪的惩罚，随着人权观念的深入，人权保障问题开始受到各国刑事诉讼所关注并体现在立法和司法中。

第二，追求实体真实和程序正义的平衡。“刑事诉讼在于决定国家刑罚权是否存在，故应以真实的事实为裁判的依据，才能对犯罪者科以应得之刑罚，而避免罚及无辜，因此‘实质真实原则’遂成为刑事诉讼之原理。”[3]可见，发现实体真实是刑事诉讼的重要目的，不过发现真实并非唯一目的。在刑事诉讼中，“程序正义的最基本要求是：与诉讼结果有利害关系或者可能因该结果蒙受不利影响的人，都有机会参与到诉讼中，并得到提出有利于自己的主张和证据以及反驳对方提出的主张和证据的机会。刑事诉讼旨在以适当的方式确定国家对刑事被告人刑罚权的有无及范围，其进行以限制、剥夺刑事被告人的特定权利为条件和目的。犯罪嫌疑人及被告人处于被追诉者的地位，国家追诉机关发动刑事诉讼的直接目的即在于通过对犯罪嫌疑人、被告人的追诉，使那些在法律上构成犯罪的人受到定罪、判刑，剥夺其财产、自由乃至生命。因此，他们面临着被定罪的现实危险，与案件结果有着直接的利害关系。为了实现程序正义，在刑事诉讼中必须赋予犯罪嫌疑人、被告人提出有利于己的主张和证据以及反驳对方的主张和证据的机会。不仅如此，这种机会还必须是实质性的，否则犯罪嫌疑人、被告人对诉讼的参与便不具有任何实际的意义。因此，除了获得听审的机会外，

---

① 张丽卿著：《刑事诉讼法理论与运用》，台湾五南图书出版股份有限公司2007年第10版，第23页。

② 同上，第24页。

③ 同上，第23页。

刑事诉讼中的程序正义要求至少还应包括以下几个方面：法官公正、提供判决理由和形式正义。”① “为当事人提供反驳不利证据的机会，是程序正义要求的一个重要方面。对此，仍然有工具主义和非工具主义两方面的解释。从工具主义的角度来看，一个人如果失去了反驳不利证据的机会，那么判决据以做出的证据就可能是很不充分的。没有充分的证据，事实认定和判决都可能不正确。从非工具主义的角度来看，即使判决正确，没有获得反驳所有不利证据的机会的当事人也不会相信正义已经获得实现。”② 刑事诉讼中需追求实体真相和程序正义的平衡，发现实体真相并对犯罪者进行惩罚是刑事诉讼的目的之一，但同时也不得违背程序正义的要求。如上所述，程序正义要求赋予辩方提出于己有利的主张和证据的权利，并给予反驳对方主张和证据的机会，违反程序正义要求未给予反驳所有不利证据的机会，会使正义实现的可能性降低，也会降低司法公信力。

刑事诉讼所追求的并非一元目的，也并非多元目的之间均等的并重，而是多元平衡的格局。这对于刑事诉讼制度、权利的设计和安排具有指向意义。本书所讨论的辩方证明权问题在进行权利保障的制度建构时必须朝着实现刑事诉讼目的的方向努力，否则将成为毫无意义的研究。刑事证据制度是为实现刑事诉讼目的而设，因此刑事证据制度的目的与刑事诉讼的目的相同。辩方证明权着重于保障人权，在程序正当的基础上使得辩方能积极参与诉讼，从而达到协同发现事实真相的目的。辩方充分参与诉讼，行使证明权符合刑事诉讼目的所追求的惩罚犯罪与保障人权、实体真实与程序正义平衡的要求。辩方证明权与刑事诉讼目的的关系在辩方证明权保障的功能中可清楚地看出。

---

① 宋英辉著：《刑事诉讼原理》，法律出版社 2003 年版，第 40 ~41 页。

② 同上，第 44 页。

## 二、辩方证明权的功能

辩方证明权的主要目的在于：在保障人权和程序正义的基础上，确保真实的发现。辩方证明权不是抽象的原则，研究辩方证明权必须明晰其功能。所谓功能，是指事物或方法所发挥的有利的作用和效能。[①]“研究法律自然离不开条文的分析，这是研究的根据。但仅仅研究条文是不够的，我们也应该注意法律的实效问题。条文的规定是一回事，法律的实施又是一回事。某一法律不一定能执行，成为具文。社会现实与法律条文之间，往往存在着一定的差距。如果只注重条文，而不注意实施情况，只能说是条文的、形式的、表面的研究，而不是活动的、功能的研究。”[②] 可见，功能分析至关重要，功能不明将使研究失去意义。“可以说，法律的生命，在于其功能的实现，在于行动中的法律。法学研究的视野，不能不关注于此。刑事诉讼法学研究也是如此，不仅应当研究刑事诉讼法律条文本身，而且应当研究其功能，研究其功能的实现”。[③]因此，功能研究的意义决不局限于其自身，而在于功能的实现，关键是其功能能得到制度保障并实现。

不论从保障实体法实施的角度，还是从刑事程序法直接实现宪法规定的作用来看，刑事程序法对实现法治国家的功能是不容忽视的。刑事程序法的功能体现在两个方面：一是使刑事实体法得以实施；二是实现自身的独立价值。刑事程序法不仅可以保障刑事实体法实施，而且还具有阻却或影响刑事实体法实现的功能。[④] 刑事程序法可使刑事实体法实施的轨道从“单轨”向“多轨”方向发展，不仅要促进发现真相和惩罚犯罪，而且要实现程序正义和保障人

---

① 《现代汉语词典（修订本）》，商务印书馆 1996 年版，第 438 页。

② 瞿同祖著：《中国法律和中国社会》，中华书局 1981 年版，第 2 页。

③ 宋英辉、李忠诚主编：《刑事程序法功能研究》，中国人民公安大学出版社 2004 年版，第 1 页。

④ 同上，第 8 ~ 14 页。

权。辩方证明权作为辩方在刑事诉讼中的一项重要权利，必须体现刑事诉讼制度的需要，必须充分保障刑事诉讼目的的实现。我国台湾地区学者认为，在刑事诉讼中，使被告人在判决形成的诉讼过程中（特别是审判阶段的调查程序）得通过证据声请权之行使方式，陈述对于待证事实及有关证据之主张，进而达成参与法院调查证据范围之决定，影响法院作成符合实质真实之正确裁判之目的。在于肯认被告人之诉讼程序主体性，以落实确保宪法中诉讼主体权所包含被告人之听审请求权及武器平等原则及提升裁判之信服度。① 关于辩方证明权的功能，具体表现在以下几个方面：

一是保障被追诉者的基本人权。由于刑事程序法规范和限制了国家权力，因而成为保障公民基本人权和自由的基石。而国家权力得以规范行使与公民基本人权和自由得以充分保障，正是法治国家的基本标志。② 辩方证明权及其保障机制的设置的出发点在于确立证明的权利，而这项权利是犯罪嫌疑人、被告人基本人权的组成部分，而且该项权利的保障还具体涉及辩护权的具体落实。辩方证明权具有宪法地位的原因即在于其为辩护权的重要组成部分，也体现了依法裁判请求权的要求，而证明权具有宪法地位的重要作用即在于对犯罪嫌疑人、被告人基本人权的保障。通过确立证明权，赋予辩方在诉讼中的自行调查取证权、申请调查取证权、证据保全申请权、鉴定启动权、证据开示请求权、举证权、质证权、心证公开请求权等，促使程序正义的实现，从而达到在保障人权的基础上实现刑事诉讼的目的。

二是提升被追诉者的程序主体地位。强调以人为本，就要尊重人民主体地位，尊重和保障人权，依法保证全体社会成员平等参与的权利。这些要求体现在刑事诉讼中则需保障人权，保障犯罪嫌疑

① 吴祚丞、许辰舟著：《刑事证据法则理论体系与实务之研究》，台湾地区“司法院”秘书处2003年印行，第47页。

② 宋英辉、李忠诚主编：《刑事程序法功能研究》，中国人民公安大学出版社2004年版，第10页。

人、被告人的诉讼主体地位。在刑事诉讼中，被追诉者的程序主体地位体现在程序进行的各个环节。以法的主体性原则的理论来考察宪法法理与诉讼法的关系，不难看出，欲使宪法规定的基本权利获得程序保障，就应在一定范围内肯定国民的法主体性，并应对被告人及程序关系人赋予程序主体权，即程序主体地位。这就是所谓的程序主体性原则。这一原则，是立法者从事立法活动、法官运用现行法以及程序关系人（包括诉讼当事人）进行程序上行为时均须遵循的指导原理。在适用此项原理的程序上，其程序当事人及利害关系人，不应沦为法院审理活动所支配的客体。相反，应赋予对程序的进行有利害关系的人相当的程序保障。亦即，就涉及该人利益、地位、责任或权利义务的审判程序，“应从实质上保障其有参与该程序以影响裁判形成之程序上的基本权；而且，在裁判作成以前，应保障该人得能适时、适式提出资料、陈述意见或为辩论之机会；在未被赋予此项机会之情况下所搜集之事实及证据，应不得径自成为法院作成裁判之基础。”① 被追诉者应有权参与诉讼且能直接影响裁判的形成，这是程序主体性的要求。通过赋予辩方证明权，使其有权取证、举证、质证以提升辩方的程序主体地位。程序主体性原则要求程序制度的构思、设计以及运作应当符合程序关系人的主体意愿，应当赋予程序主体充分的程序参与权以及程序选择权，同时还应有助于提升主体对程序制度内容及其运作的信赖度、信服度和接纳度。② 在刑事诉讼中，被追诉者的诉讼主体地位应当得到充分尊重，被告人参与程序的权利、利用证据材料辩论以制约法院裁判形成的权利，应当得到充分保障。保障辩方证明权，赋予辩方取证、举证、质证等权利，有利于提升被追诉者的诉讼主体地位。关于犯罪嫌疑人、被告人诉讼主体地位问题，前文已有详细论述，此处不再赘述。

---

① 邱联恭著：《程序制度机能论》，台湾三民书局1996年版，第207页。

② 江伟：“市场经济与民事诉讼法学的使命”，载《现代法学》1996年第3期。

三是促进有效辩护的实现。前文中谈到，辩方证明权是辩护权的重要组成部分，且有利于促进有效辩护的实现。有效辩护需要树立并贯彻控辩平衡和武器平等原则。辩护是犯罪嫌疑人、被告人依法享有的一项重要权利。有效辩护指辩护过程和辩护效果相统一，强调辩护的有效性与实质性。现代诉讼的民主性和科学性要求刑事诉讼构造的平衡和协调，强调控辩双方诉讼地位平等，在武器平等的基础上对抗。鉴于犯罪嫌疑人、被告人实际进行辩护能力的有限和困难，律师辩护在现代辩护制度中扮演重要角色。因此，辩护律师在诉讼中的介入并切实发挥作用，对于维护犯罪嫌疑人合法权益，制约监督侦查权力依法行使，具有重要意义。武器平等原则要求在诉讼的审理上，平等给予双方当事人陈述其主张的机会。武器平等原则是对抗制诉讼的需要，是控辩平衡的体现。当然刑事诉讼与民事诉讼中的武器平等是不同的，这在于刑事诉讼和民事诉讼所追求诉讼目的的不同。在现代刑事诉讼中，为促进平衡，注重人权保障和程序正义，在当前控辩不平衡、武器不平等的状况下，辩方证明权的确立及其保障有利于促进控辩平衡、武器平等，从而达到有效辩护的目的。赋予辩方证明权能使控辩双方获得平等的攻击防御方法，甚至在当前辩方证明能力弱、刑事诉讼以发现真实为中心的情况下，法院还应积极保障辩方有利证据的收集。有效的辩护必须要“有理有据”，因此赋予辩方证明权将能使辩方获得有关证据，从而促进有效辩护的实现。

四是促使辩方权利得到实质保障。从诉讼公正的角度看，评价某一诉讼程序是否公正的标准在于这一程序是否真正为讼争双方当事人提供一个公平论战的机会，即通过诉讼制度的合理设计使当事人的诉讼权利获得程序保障。如同缺乏制约的权力必然导致腐败一样，缺乏保障的权利不是真正意义上的权利。[①] 因此，刑事诉讼在

① 汤维建：“论司法公正的保障机制及其改革”，载《河南省政法管理干部学院学报》2004 年第 6 期。

实现当事人权益的过程中应当考虑当事人间能力的差距，要协助社会上、经济上的弱者，不应只强调形式的自由和平等，而要维持实质上的机会均等，藉以调整社会各阶层及团体之间的矛盾。理想的诉讼制度应当在不平等的当事人之间提供一种补偿性的平衡，贯彻武器平等原则。“新修订的律师法规定，律师申请调查取证权以及不需有关单位和个人同意的自行调查取证权，这对于保障律师调查取证的权利有了较大的进步。但是，接受本报记者采访的部分律师坦言，仅有此规定，很多调查行为他们依旧不敢做出。原因有两个：其一，仍然是对刑法第306条顾忌；其二，在实践中，律师常常碰到有关单位和个人不配合律师调查取证，而新律师法并未规定此时有关单位和个人该承担怎样的责任。因此有律师认为，没有基础和保障的权力（应为“权利”——笔者注）无异于‘画饼充饥’。”① 可见，停留在原则层面的调查取证权若要实现，还是要加强制度的保障。证明权的确立是一项前提，而要实现必须需要相关制度的保障。通过辩方证明权的确立和保障能够使得辩方的权利得到实质性保障。

五是保障事实真相的发现。被追诉者在诉讼中能否有效地行使辩护权，刑事诉讼能否顺利进行，案件真实能否得以发现，与辩方是否拥有充分的证据以开展有效的辩护活动有着很大的关系。辩方通过行使证明权，积极收集各种促进事实解明的证据，并在法庭上提出，这有助于发现事实真相。“如果脱离对冲突事实真实状况的揭示，程序公正就失去了事实前提。真实地回复冲突事实的过程与经历，是实现程序公正的首要条件。”② 辩方证明权的保障不仅从实体与程序上力图保证审判的公正，而且给予了辩方以最充分的尊重，因此它可以使事实得到最大限度的依赖证据予以解明，以防止

---

① 张有义：“高风险致使辩护率低刑事辩护律师面临六难题”，载《法制日报》2008年1月6日第1版。

② 顾培东著：《社会冲突与诉讼机制》，法律出版社2004年版，第75页。

案件事实真伪不明时而不得不依举证责任分配规则作出裁判。“法院如果让与案件有利害关系的当事人参与到查明案件事实的程序中来，法院就更有机会发现案件的事实真相。”① 证明权不仅使辩方享有了取证、举证、质证等权利，而且还使其有了申请调查取证权。前已述及，辩方无强制取证权，使其取证、举证能力大幅降低，不利于事实真相的发现。事实上，当案件经检察官之举证以及法院依职权调查证据后，被告人在意识到法官逐渐形成不利于其之心证之际，被告人基于宪法上所保障之听审请求权及武器平等原则，自得享有陈述意见及提出足以动摇法院心证之事证藉以促使法院做出有利于机制判决的防御权。② 这时其积极进行诉讼防御是有利于事实真相查明的。笔者认为，赋予辩方证明权，对事实真相的发现是积极的，所谓“兼听则明，偏听则暗”，虽然辩方的积极防御在控方看来无异于是诉讼进程的阻碍，但就发现事实真相和实现司法公正的“大局”来看，是有“推进”作用的，可见辩方证明权能促进事实真相的发现。所谓“该罚则罚”、“当放则放”，在事实真相查清的基础上，准确地惩罚犯罪或开释无辜，才能做到“罚”的“心服口服”、“放”的“心悦诚服”。

六是促进司法公正高效权威的有机统一。“正义是社会制度的首要价值，正像真理是思想体系的首要价值一样。”③ 法律的公平正义价值需依赖司法公正来具体体现。司法公正是程序公正和实体公正的统一。其中，程序公正强调诉讼过程的公正，实体公正强调诉讼结果的公正。通过赋予辩方证明权并加以保障，能在程序正义的基础上促进事实真相的发现，从而实现实体正义。但正义并非诉

① ［德］托马斯·魏根特著：《德国刑事诉讼程序》，岳礼玲、温小洁译，中国政法大学出版社 2004 年版，第 151 页。

② 吴祚丞、许辰舟著：《刑事证据法则理论体系与实务之研究》，台湾地区“司法院”秘书处 2003 年印行，第 46 页。

③ ［美］约翰·罗尔斯著：《正义论》，何怀宏等译，中国社会科学出版社 1988 年版，第 3 页。

讼追求的唯一价值。正义需要在具有效率的基础上实现，不能不顾效率而去追求所谓正义。公正是权威的获得途径，权威是公正的有力保障，通过确立辩方证明权并加以保障，促进实现公正、高效、权威的有机统一，纯粹追求公正、高效不符合新时期司法制度改革的要求。因此，必须正确认识公正高效权威的辩证关系，科学设计辩方证明权并加以切实保障。

七是提升司法裁判的社会认同度。对于任何一个制度而言，获得社会的认同是非常重要的。正如美国学者博登海默所指出的："一个法律制度之实效的首要保障必须是它能为社会所接受，而强制性的制裁只能作为次要的和辅助性的保障。"① 否则，"这种制度的存在也不可能被期望维持多久，因为要少数政府官员将一个不为人们接受的法律制度强加给广大人民实是极为困难的。"②"诉讼理论之构筑及审判实务之运作，亦应致力于扩充利害关系人参与裁判形成过程之管道，提升诉讼制度使用者（当事人）对于程序内容之信赖度以及对于裁判之信服度、接纳度，而不宜沿袭向来的裁判观，依然固步认为法院行使公权力所下裁判自有强制当事人受其拘束以解决纷争之效力，何需多事寻求促使当事人信服裁判之途径云云。"③ 就刑事诉讼而言，当事人和社会公众对司法裁判的认同度也是值得重视的方面。通过赋予证明权并加以制度保障，使得犯罪嫌疑人、被告人能充分参与到诉讼中，并使其能通过行使权利以切实影响裁判的作出，从而使其无论是"平反昭雪"，还是"身陷囹圄"都能"心服口服"，达到提高司法权威的目的。当然，法院固然为审判程序最后之决定者，但是由于决定判决之依据并非诉诸决定者（法官）之权威，毋宁是以具有高度说服力及可信度之说理为基础，因此即便在判决的最后一刻不得不承认以法院之认知结果

---

① ［美］博登海默著：《法理学——法律哲学和方法》，邓正来译，中国政法大学出版社 2004 年版，第 364 页。

② ［美］同上，第365 页。

③ 邱联恭著：《程序选择权论》，台湾三民书局 2000 年版，第 140 页。

作为判决内容之依据，但仍不能因此而否定在形成决定前的认知过程中，被告基于程序参与者之身份，协同法院探求实质真实，彼此交换心证，以期形成共同认知的可能性，此种对话式的事实认知模式，具有提升判决信服度之效果。[①] 笔者认为，由于辩方被明确赋予证明权后能充分地参与到“透明”的诉讼进程中，无论最后结果如何，这个过程已使其充分享受到了法律的“关怀”，其更易接受最终的裁判。可见，提高司法权威，促进公正高效权威的有机统一是辩方证明权的重要功能。

八是推进优化司法职权配置的进程。中央强调要深化司法体制改革，优化司法职权配置，规范司法行为。中央新一轮司法改革意见已经发布，要使司法改革取得成功、获得实效，就必须要切实安排好司法职权的配置。由于刑事诉讼涉及侦控辩审四方的权力（或权利），这就意味着任何一方的权力（或权利）的调整都会涉及其他各方，出现“此消彼长”的问题。现在正值优化司法职权配置工作进行时期，我们应以此为契机，确立证明权并确立相关保障制度可推动司法职权配置的优化。2007 年 10 月 28 日对律师法的修订就是明证，其对辩护律师权利尤其是会见权、阅卷权和调查取证权的改革必然影响到未来立法，并进而推动相关司法职权的重新配置。

① 吴祚丞、许辰舟著：《刑事证据法则理论体系与实务之研究》，台湾地区“司法院”秘书处 2003 年印行，第 47 页。

# 第二章　证明权与刑事诉讼模式

## 第一节　刑事诉讼模式及其发展

诉讼模式转型是完善诉讼制度、优化职权配置的一项重要任务。当事人主义和职权主义诉讼模式其实都不能完全适应中国社会纠纷解决的需要。和谐、协同理念在民事诉讼中的引入已渐成现实，那么协同主义在刑事诉讼中是否可行尚待研究。笔者主张，协同主义导入刑事诉讼之中是必要的，关键是导入后，如何安排控辩审三方的关系和地位。随着人类法制文明的逐步发展，诉讼制度渐渐确立。无论是刑事诉讼，还是民事、行政诉讼，诉讼的启动、运行和终结都离不开当事人和第三方在诉讼中的地位和三者相互之间的关系。在刑事诉讼中，裁判者、控诉方与被追诉者在刑事诉讼中的地位、三者之间的关系及其体现形式的总体系，被称之为刑事诉讼模式。① 刑事诉讼在法制文明史上不同的历史时期存在不同的诉讼模式。在相同时代，不同国家和地区的诉讼模式也不尽相同。诉讼模式同其他社会制度一样，是动态的，总是处于改革发展状态下。从宏观上看，从非理性走向理性，从野蛮走向文明；从微观上看，不同的国家总在寻求一种适合于自己、适合于发展需要的刑事诉讼制度。

---

① 汪海燕著：《刑事诉讼模式的演进》，中国人民公安大学出版社2004年版，第1页。

## 一、我国刑事诉讼模式

刑事诉讼制度因各国立法例的不同，有的采职权主义模式，有的采当事人主义模式。由于关于职权主义和当事人主义诉讼模式的研究较多，此处仅简要介绍二者的典型特征。

关于职权主义诉讼模式，“职权进行原则的主要特色是，法官对于诉讼的进行积极介入，全面主导。最具体的情况是，法官主动调查证据，法官对于证人、鉴定人积极询问，当事人则随后询问。因刑事诉讼，与国家刑罚权之行使有关，诉讼程序一经开启，即应由国家司法机关本于职权依法进行刑事程序，诉讼标的不容自由处分，调查证据非由当事人主导，故检察官为侦查主体，其所为不起诉处分、缓起诉处分或撤回起诉，均需以书面叙述理由，如为裁量不起诉或缓起诉，并须受一定限制，自诉人撤回自诉之程序虽较为宽松，但仅以告诉或请求乃论之罪为限方可撤回，而于调查证据之顺序及范围方面，则由法院主导，在于显示职权进行之原则。”① 可见，在职权主义诉讼模式下，法院处于主导地位，而控辩双方却处于相对消极的地位，这种设置减轻了控方的责任，加剧了控辩双方的不平衡，而且致使辩方有效辩护的难度加大。

关于当事人主义诉讼模式，“当事人进行主义，是指诉讼的进行或中止过程中，法官只扮演中立与被动的角色。在此制度下，当事人对自己所主张的事实，负担证据的搜集与调查义务；当事人双方各传呼对自己有利的证人，当一方对自己的证人询问完毕后，由他造对证人诘问。当事人双方对证人诘问完毕后，即使法官对事实仍有不明了之处，基本上也不可直接询问证人。法官在庭只听不问，若只由检察官发问之证据不能采用之，因此乃片面之证据，故传闻证据不得采之，所有证据须于公判庭提出。所以，以公判为中

① 张丽卿著：《刑事诉讼法理论与运用》，台湾五南图书出版股份有限公司 2007 年第 10 版，第 39 页。

心于公判前不得调查证据，亦不得声请调查，集中审理，‘传闻证据’原则上不得采为证据。因此，在英美法系国家审判前并不先行调查证据。”① 可见，在当事人主义诉讼模式下，法院处于消极、中立、被动的地位，控辩各自举证支持自己的主张，这种设置保持了形式上的控辩对抗和平衡，但实质上基于司法权的配置的原因，辩方收集证据的能力等无法与控方抗衡，因此不利于辩方权利的保障和真实的发现。

我国台湾地区2002年修正后的“刑事诉讼法”所采取的诉讼模式为“改良式当事人进行主义”。这种改良式当事人进行主义模式定位了检察官的当事人属性，弱化了法官的主动性，以当事人主导为中心，尊重被告人的程序主体地位。但检察官的当事人化不是绝对的，其仍负有客观性义务，法院仍负有澄清案情的义务。

我国目前的刑事诉讼模式是包含当事人主义合理因素、以职权主义为基调的混合式模式，随着司法体制改革的深入，当事人主义的因素在增多。近些年来，我国理论界和实务界在理念上对英美法系当事人主义的偏爱已经逐步超出了对大陆法系职权主义传统的认同感。然而，我国刑事诉讼模式虽然引入了当事人主义的合理因素，但总体上仍以职权主义为基础。目前的刑事诉讼模式在刑事司法实务中仍然存在着一些问题。然而，一律采取当事人主义模式与我国国情并不相符。诉讼模式的转型必将带来相关制度、原则的“连锁反应”，因此在优化司法职权配置过程中应慎重对待。

## 二、协同主义基本理论

协同主义也称作协力主义、合作主义，其内涵是：在民事诉讼中不绝对强调辩论主义，由法官和当事人协同完成诉讼资料的搜

① 张丽卿著：《刑事诉讼法理论与运用》，台湾五南图书出版股份有限公司2007年第10版，第39～40页。

集，以发现案件真实。即原则上由当事人提出事实主张及诉讼资料，在必要的情况下法官则依据职权进行证据调查。就主体层面来讲，协同主义既包括法官与当事人之间的合作，也包括当事人之间的合作；就其内容来讲，这种合作关系渗透到以发现案件真实为中心的各种民事诉讼法律关系当中。①“协同主义”（也有译为“协动主义”）一词，最早于1972年由德国学者Bettermann采用，其实质就是合作，原文是Cooperation的意思。1978年德国著名法官瓦塞曼（Rudolf Wassemam）出版了《社会的民事诉讼——社会法治国家的民事诉讼理论与实务》一书，瓦塞曼认为：“社会法治国家中的民事诉讼之模型是以‘作业共同体’为其特征的。这种法院与当事人之间的协力既可构成一种行动倾向，亦可将其主义化为‘协同主义’”。② 这些是关于协同主义的经典论述，由此可知，协同主义涉及当事人与法院在诉讼中的作用分担问题。

在协同主义诉讼模式下，“法官不能再袖手旁观也不能大包大揽，而是充分发挥其能动作用，如使双方享有实质对等的公平辩论机会，同时双方当事人之间也要合作共同发现真实、澄清事实。该诉讼模式下，在当事人之间对抗的同时强调他们之间的合作与协同，在法官与当事人之间相互制约的同时强调他们各自发挥积极作用协同促进诉讼。协同主义诉讼模式可界定为：民事诉讼中，充分发挥法官与当事人的积极作用，法官与当事人之间以及当事人相互之间协同推进诉讼的一种诉讼模式。应强调的是，该诉讼模式下当事人与法院的权限配置绝不是将民事诉讼的三角结构改变为合作博弈结构，也绝不是模糊当事人与法院的作用分担。当事人与法院的

① 王福华：“民事诉讼协同主义：在理想和现实之间”，载《现代法学》2006年第6期，第137页。

② ［德］瓦塞曼：《社会的民事诉讼——社会法治国家的民事诉讼理论与实务》，［日］森勇译，日本成文堂1990年版，第110页；转引自张珉：‘协同主义诉讼模式：我国民事诉讼模式的新选择”，载《国家检察官学院学报》2005年第6期，第126页。

具体权限配置是明确的，其作用发挥也有主次之分。”① 协同主义在调和当事人与法院的作用分担方面，尽管强调两者责任的融合，但当事人仍然是事实解明主要的责任承担者，或者说当事人对案件事实的解明承担第一责任。协同主义认为，关于事实关系的解明的主要责任或者说第一次责任，仍是由当事人来承担。协同主义的第二层含义，是法官对案件事实的解明负第二次责任，或者称为辅助责任。与职权主义的思想相同，协同主义也倡导尽可能地追求诉讼中实质意义上的真实。② 协同主义是诉讼义务的聚合体。协同主义下的诉讼义务是：当事人的真实和完整的陈述义务；法官的阐明权（义务）；当事人的诉讼促进义务。③ 由此可见，协同主义理论下，当事人和法院均承担着一定责任，旨在解明事实、推进诉讼。其中，当事人要担负起事实解明的主要责任，而法院则对事实解明负有辅助责任。协同主义能够促使法官与当事人的积极能动作用得到充分发挥，使得法官与当事人之间以及当事人相互之间协同推进诉讼。

在民事诉讼制度中，“两大法系不约而同地走向了协同主义，加强当事人和法院之间的协作，促进法官在事实发现方面的能动性。而协同主义主要是从当事人、法官相互之间的作用而言的，并不是要完全抛弃传统辩论主义，它主要是改变传统辩论主义之下法官的消极地位、克服其弊端而出现的，是在法官和当事人之间产生的一种崭新的诉讼结构。”④ “天地公理”是中国自然法理念的浓

---

① 张珉：“协同主义诉讼模式：我国民事诉讼模式的新选择”，载《国家检察官学院学报》2005 年第 6 期，第 126 页。

② 唐力：“辩论主义的嬗变与协同主义的兴起”，载《现代法学》2005 年第 6 期，第 82～83 页。

③ 王福华：“民事诉讼协同主义：在理想和现实之间”，载《现代法学》2006 年第 6 期，第 140～142 页。

④ 肖建华：“构建协同主义的民事诉讼模式”，载《政法论坛》2006 年第 5 期，第 32 页。

缩，[①] 是中国法制理想最为简洁的表述。在建设社会主义法治的背景下，与绝对中立的角色相比，法院能动地运用司法权力能更好地实现这一理念。在中国，社会本位与个人本位之间，确定何者为先，往往皆有所失。最理想的状态当是“一、平常时候，维持均衡，不落一偏；二、于必要时，随有轩轾，伸缩自如”。[②] “协同主义本身就有达致当事人之间对抗的实质均衡、并通过法院必要时行使阐明权而实现自然正义的意思在，它由法官根据案件的具体情况在社会与个人之间实现利益平衡，对于实现实体公正、避免实质正义与程序正义的对立有重要作用。”[③] 可见，协同主义通过确立当事人和法院的协同推进诉讼的各项义务，从而实现了促进和谐、达至均衡、发现真实的目的，契合了程序正义与实体正义衡平的理念要求。

诉讼制度中引入协同主义理念是确保人民安居乐业、社会安定有序、国家长治久安的客观需要，是建立公正、高效、权威的社会主义司法制度的重要内容。在这一诉讼模式下，法官与当事人之间是一种互动和协作的关系，诉讼是法官与当事人共同促进的作业。法院和当事人之间以及双方当事人相互之间的自主对话与交流、充分协商与沟通，是和谐主义诉讼模式运作的基本机制。和谐主义诉讼模式代表一种新型的正义观，它体现了双方诉讼地位的实质性平等和当事人的真实自由，充分兼顾司法公正和司法效率的平衡。总的来看，传统的当事人主义和职权主义诉讼模式已因其不能适应中国转型时期社会纠纷解决的需要，而逐步需要引入和谐、协同主义理念。协同主义诉讼模式要求法官、原告、被告须共同促进诉讼。协同主义诉讼模式代表一种新型的正义观，它体现了双方诉讼地位的实质性平等和当事人的真实自由，也充分兼顾司法公正和司法效

① 梁漱溟：《中国文化要义》，台北里仁书局 1982 年版，第 119 ~ 120 页。

② 同上，第 94 页。

③ 肖建华：“构建协同主义的民事诉讼模式”，载《政法论坛》2006 年第 5 期，第 32 页。

率的平衡。协同主义理念虽然未在具体立法和司法解释中所直接规范，但在司法实践中其实处处可见。一方面最高司法机关强调司法和谐，强调“调解优先，调判结合”，注重“案结事了”等无疑都需要各方当事人乃至法院协同促进才能实现，另一方面多元纠纷解决机制的探索和逐步落实也是各方协同的体现，而且协同理念在一些领导讲话或指导性文件中也直接或间接地有所涉及。

## 三、协同主义在刑事诉讼中的引入

笔者认为，诉讼法理念是相通的，协同主义理念在民事诉讼中的引入对刑事诉讼有许多可资借鉴的经验。事实上，无论是司法政策还是司法实践，我们都在强调司法和谐，这似乎并不局限于民事诉讼，刑事诉讼中也较为注重“案结事了”。刑事司法关涉到社会秩序和稳定，关涉到被告人和被害人的人权保护，所以中央强调要宽严相济的刑事政策，这个宏观的司法政策在刑事司法的全过程中已经得到明显的反映，刑事和解即是其最明显的代表。将协同主义理念引入刑事诉讼是从诉讼模式的角度落实和谐社会建设的要求。在中国这个幅员辽阔的大国的国情下，无论诉讼模式以后如何改革，改革后叫什么名字，引入协同主义都是非常必要的。

证明活动涵盖了刑事诉讼各阶段，在刑事诉讼中，导入协同主义有利于证明活动的开展和诉讼目的的实现。“证明程序之第一步骤乃证据资料之取得，基于实质真实发现之目的及诉讼权之保障，应由所有程序参与者于诉讼程序中协同完成之”。[①] 协同主义也称作协力主义、协动主义、合作主义。笔者认为，协同主义诉讼模式与和谐诉讼模式具有相同之含义，只是后者更具有中国特色，更为本土化。协同主义诉讼模式是建设和谐社会的要求，是确保人民安居乐业、社会安定有序、国家长治久安的客观需要，也是建立公

---

① 吴祚丞、许辰舟著：《刑事证据法则理论体系与实务之研究》，台湾地区“司法院”年报2003年11月第23辑第12期，第17页。

正、高效、权威司法制度的重要内容。德国学者 Hassemer 教授从法治的观点出发认为，将单纯由法院决定或当事人间得到的实际上的共识便认为是足以担保真实性的一致见解，此种想法显然是一种误解而不应容许，他认为唯有透过“理想的对话情况”方能形成真正足以担保真实的一致意见，因此他主张在刑事诉讼程序中应要求更多的“了解”与“对话”，依照 Hassemer 教授的想法，法官应从高高在上的平台走下来，而和其他的程序参与者一起在圆桌上处理案件，并强调在圆桌上进行没有权威色彩的讨论，对此他提出了包括：解放、机会均等、全体参与、瓦解法官权威、将诉讼程序转换为讨论式的对话形式，强化对话的权能等概念。① 笔者认为，Hassemer 教授的观点实际上是对两种诉讼模式下发现真实的反省，认为法官与程序参与者对话、协同有利于发现真实，这与本书所主张的协同主义诉讼模式是具有同等内涵的。笔者认为，协同主义在刑事诉讼中的引入是必要和可行的，具体可从以下几个方面来看：

第一，现实国情要求诉讼模式向协同主义转型。过于强调职权主义诉讼模式使得法官不堪重负，而过于强调当事人主义诉讼模式，也容易出现诉讼迟延、诉讼成本增加、实体不公、不利于人权保障等缺陷。在现实国情下，倡导为大局服务、为人民司法成为新时期人民法院工作的主题。在这一背景下，法院、控方、辩方之间应努力形成一种互动和协作的关系，旨在推动事实真相的探知。法院和控辩双方相互之间的自主对话与交流、充分协商与沟通，是协同主义诉讼模式运作的基本机制。协同主义诉讼模式代表了一种新型的正义观，它体现了控辩双方的实质上的平等，充分兼顾司法公正和司法效率的平衡。社会大环境、现实国情决定了刑事司法将逐步向协同主义模式转型。

---

① See Vgl. Hassemer Winfried, Einfuhrung in die Grundlagen des Strafrechts, 1981, S. 121ff. 转引自吴祚丞、许辰舟著：《刑事证据法则理论体系与实务之研究》，台湾地区“司法院”年报 2003 年 11 月第 23 辑第 12 期，第 47 页。

第二，当前诉讼模式需要进一步完善。1996 年刑事诉讼法的修订从诉讼结构上进行了完善，弱化了强职权主义因素。表现在：加强了对被追诉者的权利保障，强化了被追诉者的主体地位；强化被追诉者权利的同时弱化了侦控方的追诉权力；淡化了审判机关的追诉色彩，加强了其中立色彩。修改后的刑事诉讼法吸收了当事人主义的一些内容，特别是审判方式的改革向当事人主义靠拢，但从实践来看，很难说当时的修订就是科学的，更难说制度在实践中作用发挥得有多大，许多问题还需要进一步结合实践进行调整。

第三，市场经济发展促使诉讼模式转型。“计划经济以权力干预为特征，而市场经济虽然有宏观调控，但其强调的是市场调节，本质上是一种自由经济。这种自由经济无疑需要主体个性的张扬，同时要求人的主观能动性在许可范围内得到淋漓尽致的发挥。很显然，压抑个性、压抑自由的诉讼模式与我国市场经济的精神内核相冲突。反而言之，市场经济的建立为强职权主义刑事诉讼模式的转型提供了可能性。”① 市场经济社会的发展强调人的主体性，要发挥追诉者和被追诉者的主观能动性，促进诉讼模式的科学转型。

第四，司法职权的优化配置为诉讼模式转型提供了契机。当前的司法改革既然要优化司法职权配置表明决策层认为当前的司法职权配置不够合理，需要进一步“优化”。优化司法职权配置就要调适审判权、检察权。如果要强化被追诉者的人权保障，那么必然涉及审判权、检察权的限制或弱化，因为它们之间是此消彼长的关系，所以以优化司法职权配置为契机，积极促进诉讼模式的转型和发展。

第五，“改良式当事人进行主义”导入了“协同主义”理念。

---

① 汪海燕著：《刑事诉讼模式的演进》，中国人民公安大学出版社 2004 年版，第 476 页。

我国台湾地区的“改良式当事人进行主义”体现了“协同主义”理念的要求。我国台湾地区的刑事诉讼制度2002年前“沿袭大陆法系的职权主义，法律虽然规定检察官对被告犯罪事实，有举证责任，但也同时要求法官应依职权调查证据，由于这样的制度设计并不很恰当，再加上检察官人力调度的问题，实务操作的结果，常常出现检察官没有能够切实地到法庭实行公诉，法官必须全程主导证据的调查，主动搜集对被告不利证据的情形，民众看到的是法官不断地以对立的立场质问被告，调查对被告不利的事证，致法官与检察官的权责分际产生严重的混淆，审判的公正性也因此饱受人民的质疑。”[①] 鉴于此，2002年2月台湾地区修正“刑事诉讼法”，刑事诉讼制度改采“改良式当事人进行主义”。“改良式当事人进行主义的重点在于贯彻无罪推定原则，检察官应就被告犯罪事实，负实质的举证责任，法庭的证据调查活动，是由当事人来主导，法院只在事实真相有待澄清，或者是为了维护公平正义以及被告重大利益时，才发动职权调查证据。故‘改良式当事人进行主义’除了可以厘清法官与检察官的权责分际、彰显公平法院的理念外，更有助于‘发现真实’”。[②] 刑事诉讼制度中关于取证工作之“任务”分配体系，即分别透过公诉人于起诉阶段负担“举证责任”、起诉后法院为求实体真实发现，依职权原则负担之“澄清案情义务”，以及审判程序中，诉讼参与者发动“证据声请权”，协同完成证据搜集之工作。[③]“关于程序主体部分，即便以法官为最终之裁判者，可以确保实质真实发现之澄清案情义务，亦无从否认检察官扮演公诉人之角色，负有证明犯罪之举证责任，及被告作为诉讼主体，其

① 张丽卿著：《刑事诉讼法理论与运用》，台湾五南图书出版股份有限公司2007年第10版，第40页。

② 同上，第40～41页。

③ 吴祚丞、许辰舟著：《刑事证据法则理论体系与实务之研究》，台湾地区“司法院”年报2003年11月第23辑第12期，第5页。

诉讼权应获保障，而享有以证据声请方式，协同法院发现真实之权利。”① 可见，在我国台湾地区“改良式当事人进行主义”下，法院负有“澄清案情义务”而依职权调查证据；控方除就犯罪事实负有实质举证责任外，还有协同发现真实义务；辩方负有参与诉讼以协同发现真实的义务，而且辩方作为诉讼主体协同发现真实义务也是其诉讼权获得保障的表现。我国台湾学者在论述控方、辩方对法院发现真实的义务是多用“协助”“协力”等表述，基于前面对协同主义理论的分析，我国台湾地区的“改良式当事人进行主义”体现了协同主义理念的要求。这表明协同主义理念在我国台湾地区刑事诉讼中已经得到了引入，只是称为“改良式当事人进行主义”而已。这些为我国大陆刑事诉讼模式导入协同主义提供了可资借鉴的经验。

第六，诉讼模式趋同和平衡是国际趋势。传统的职权主义诉讼模式，强化法院主导地位，而弱化了控辩双方的作用和地位，加剧了控辩双方的不平衡，不利于人权保障。传统的当事人主义诉讼模式，过于弱化法院的地位，而辩方无法与控方形成有效对抗，不利于真实的发现和人权的保障。传统的诉讼模式走向了两个极端，无法为现代法治国家原样采纳。事实上，现在世界各国都没有绝对采纳哪一种诉讼模式，传统的职权主义诉讼模式国家开始吸收当事人主义的合理内核；传统的当事人主义诉讼模式国家逐步增强了法官的职权。各国诉讼模式中只是存在某方面因素占主导地位的问题，而非不同诉讼模式的绝对对立。各国均对其诉讼模式进行调适，诉讼模式呈现趋同、平衡的发展态势，这种国际发展趋势对于诉讼模式的转型是值得注意的。

综上所述，刑事诉讼中引入协同主义理念是必要和可行的。笔者认为，刑事诉讼中的协同主义是指由法院、控方、辩方协同完成

① 吴祚丞、许辰舟著：《刑事证据法则理论体系与实务之研究》，台湾地区“司法院”年报2003年11月第23辑第12期，第10页。

诉讼资料的收集，并促进案件真实发现的模式。根据刑事诉讼基本原则的要求，刑事诉讼由控方提出事实主张及诉讼资料；在必要的情况下，法官依据职权进行证据调查；辩方在特殊情形下或基于证明的必要提出证据、申请调查证据或证据保全等。协同中的合作关系渗透到以发现案件真实为中心的各种关系当中。将协同主义理论导入刑事诉讼并非是对刑事诉讼立法和现状的完全否定，而是在尊重立法、现状和国情的基础上与时俱进，不仅确认现状，而且以一种开放的心态导入协同理念以实现诉讼模式的优化。

此处需要说明的是：我国侦查体制与其他国家和地区不同，在我国侦查和起诉是分立的，而刑事诉讼模式不仅涉及审判阶段，还包括侦查、起诉阶段，协同主义如果作为诉讼模式就必须导入到整个刑事诉讼过程中。似乎这里存在一道障碍，即协同主义能否导入到侦查阶段。事实上，从本质上来看，侦查活动是控诉行为的重要组成部分，侦查目的有二：查明有犯罪嫌疑以决定控诉；查明无犯罪嫌疑人以决定不控诉。对于用于控方的侦查活动而言，从事实上来说，实际上这本身就属于控方追诉工作的一部分，而且案件事实的解明最终仅指控辩审三方的作用，因此协同主义应包含侦查机关的侦查行为。对于不用以控诉的侦查活动，即使在其他诉讼模式下，也并未作为讨论焦点。本文中所指协同主义诉讼模式包含了侦查机关用于控诉的侦查行为。在我国台湾地区，检察机关承担着侦查和起诉职能，其同时负有客观性义务，在诉讼证明活动中负有协力的证明义务。

## 第二节 法院与案件事实的解明

为了贯彻刑事诉讼澄清真相及“毋枉毋纵”的目的，要求法院负有注意一切有利、不利于被告人事实的客观性义务，并且无论检察官是否已尽证明义务，法官仍有依职权调查真相的职责调查原则。可见，在刑事诉讼中，法院负有“澄清案情义务”。

## 一、现行立法和司法实践

我国刑事诉讼法第158条规定："法庭审理过程中，合议庭对证据有疑问的，可以宣布休庭，对证据进行调查核实。人民法院调查核实证据，可以进行勘验、检查、扣押、鉴定和查询、冻结"。《最高人民法院关于执行〈中华人民共和国刑事诉讼法〉若干问题的解释》第55条规定："人民法院对公诉案件依法调查、核实证据时，发现对认定案件事实有重要作用的新的证据材料，应当告知检察人员和辩护人。必要时，也可以直接提取，复制后移送检察人员和辩护人。"这两项即为有关法官庭外调查权的规定。庭外调查有利于法官尽快澄清审判中的疑点，及时审结案件，提高诉讼效率。但却易于损害法官的中立地位，因此须加以限制。英美法系国家的法官不承担司法调查的职责。大陆法系各国虽保留了法官的司法调查权，但同时予以严格的程序限制。①

对于这两项规定，虽然"我国法官庭外调查证据的范围原则上只限于控辩双方已出示的证据，至于控辩双方对特定事实未出示的其他证据，一般不能主动进行职权调查，只有在必要时可以直接提取新的证据材料。这一规定总体来说是比较合理的，因为在对控辩双方出示的证据难以取舍时进行庭外调查是非常必要的，而在控辩双方对特定事实未出示任何证据时就主动依职权进行调查则混淆了法官作为裁判者与检察机关作为控诉者以及被告方作为辩护者在诉讼角色上应有的区别。法官在庭外调查过程中收集的证据要么有利于控诉方，要么有利于辩护方，所以上述解释对法官直接提取的新的证据材料要求复制后移送检察人员和辩护人。在我国，由于法官普遍具有较强的追诉倾向，因而司法实践中法庭经常在控方举证不充分时积极协助调查，而在辩护方未能收集到有利于本方的证据

① 陈卫东、刘计划："我国刑事诉讼中法官司法调查权的变化"，载《法学评论》1998年第2期。

时则消极懈怠，不愿进行调查，导致法官实际上承担着大量的控诉职责，甚至沦为‘第二公诉人’，损害了法官应有的客观公正的形象。”[①] 可见，立法总体上是合理的，但司法实践中却出现了“第二公诉人”的问题，这实际上是从一个极端走到另一个极端所导致的不适应问题，即认识到法官庭外调查权过大，而引入当事人主义因素，削弱法官庭外调查权，不主动调查证据，但这显然是不符合我国司法实践的。事实证明，这条规定在实践中无法实施。在强化人权保障的大环境下，基于控辩的武器不平等，法院对于有利于公平正义、有利于被告人的事实应积极澄清案情以还事实本来面貌。

## 二、法院负有“澄清案情义务”

法院除依申请调查证据之外，对于维护公平正义、与被告人利益有重大关系的事项，应积极担负起“澄清案情义务”，主动依法进行调查。依据证据裁判主义，犯罪事实应依证据认定之，且无证据不得推定犯罪事实，证据证明程序乃确认犯罪事实唯一且必经之途径。既然应依证据认定犯罪事实，且缺乏证据即应为被告无罪之判决，则证据由何人负责提出？如事实真相有所不明，应如何澄清？法院为发现真实，得依职权调查证据，但于公平正义之维护或对被告之利益有重大关系事项，法院应依职权调查之，至其他诉讼参与者，亦得于审判阶段透过行使证据声请权，促使法院调查证据。在刑事诉讼中，起诉后法院为求实体真实发现，依职权原则负担“澄清案情义务”。[②] 当检察官本于举证责任而将案件起诉于法院后，由于举证之内容已经达到通过起诉审查之要求，关于证据之调查则改由法官处于较主动之地位，本于调查原则澄清案情，且随

① 奚玮、吴小军：“论我国法官庭外调查证据的范围——以刑事诉讼为中心”，载《政治与法律》2005 年第 5 期。

② 吴祚丞、许辰舟著：《刑事证据法则理论体系与实务之研究》，台湾地区“司法院”年报 2003 年 11 月第 23 辑第 12 期，第 5 页。

着调查证据之结果，法院并负有进一步搜集证据以补充检察官继续协同法院探求事实真相之任务，亦即检察官于审判中仍应积极地参与法官在证据调查程序中之心证形成过程，并与法院作证据之辩论以及心证之交换。一方面，使其起诉之际所举出用以证明犯罪之证据方法，在事后认定犯罪事实的过程中，能够获得法院之相同评价而加以采用为论罪科刑之基础；另一方面，则在必要时，以提出证据声请方式，促使法院进一步为证据之搜集或调查。[①] 随着诉讼进程的推进，控方履行其相应责任和义务后，法院对于公正之维护或对被告人利益有重大关系的事项，应依职权调查，也可在审判阶段根据申请调查证据，这样有利于事实真相的发现，这是法院澄清案情义务的要求。

法院“告知”被告人提出有利证据是“澄清案情义务”的体现。在民事诉讼中，法官有阐明权（义务），在刑事诉讼中，基于辩方的弱势地位，法官在法定情形下应行使阐明权，也是履行阐明义务，更是“澄清案情义务”的要求。在特殊情况或法律规定之下，虽然没有免除或减轻法院澄清义务，或检察官的举证责任，但在法院确信被告有犯罪构成事实的存在，而产生不利于被告的心证倾向者，为了充分保障被告人权，而被告就其有利事实如有主张时，亦必然伴随举证的必要性，以协助法院发现真实，此时法院应告知被告得提出有利之证明方法。[②] 我国台湾地区“刑事诉讼法”第288条之一第2项条文规定“审判长应告知被告得提出有利之证据”。法院依法有告知义务。惟，法院违反此项告知义务，是属诉讼程序进行之事项，因此当事人不得声明异议，故一旦被驳回被告

① 吴祚丞、许辰舟著：《刑事证据法则理论体系与实务之研究》，台湾地区“司法院”年报2003年11月第23辑第12期，第27~28页。

② 陈宏毅：“改良式当事人主义下被告在刑事诉讼程序中的举证问题”，载台湾地区《刑事法杂志》2006年6月第50卷第3期，第84~85页。

无法提出抗告。[①] 当被告于调查证据程序中，就其有利于己的事实有所陈述或主张时，法院有告知提出证据的义务，而告知义务的时间应指事实审法院于调查证据程序中被告提出有利于已的事实之主张时，须提出证据以充实其主张。[②] 经调查证据程序完毕后，审判进入到言词辩论程序中，当事人就事实及法律进行辩论，法院确信被告犯罪构成事实是否存在的心证问题，可能已形成一定的心证基础，自无须告知被告得提出有利于已的证明方法，以免法官心证提早暴露，易造成审判不公的现象。所以，审判法院应告知："被告就其提出有利于已的事实，须负有提出证据之负担"，应限于正式审判期日的调查证据程序中，始符合实质正当法律程序。[③] 基于法院澄清案情义务的设置正是为了公正之维护和与被告人利益有重大关系事项的查明，因此被告人提出于已有利之事实主张时，除其应在符合条件时依职权调查之外，应及时"告知"被告人提出证据，因为对于有的被告人，尤其是在没有辩护律师的帮助下，其并无提出证据的意识。可见，法院"告知"被告人在提出有利事实主张时应提出证据是非常有必要的。

### 三、"澄清案情义务"与案件事实解明

就我国台湾地区采用的"改良式当事人主义"而言，法院依职权调查证据前，应践行当事人陈述意见之程序，以贯彻当事人查证之主导意见，确保法院补充介入之超然以及中立的地位。所以，审判程序之进行必然是由当事人先主导证据调查完毕后，举证仍有不足者，法院始自动依职权介入调查，以期发现真实，亦即此刻法

① 陈宏毅："改良式当事人主义下被告在刑事诉讼程序中的举证问题"，载台湾地区《刑事法杂志》2006 年 6 月第 50 卷第 3 期，第 61 页。

② 杨云骅："刑事诉讼法下检察官之举证责任及法院调查义务"，载《月旦法学杂志》2002 年 10 月第 89 期，第 235 页。

③ 陈宏毅："改良式当事人主义下被告在刑事诉讼程序中的举证问题"，载台湾地区《刑事法杂志》2006 年 6 月第 50 卷第 3 期，第 62 页。

院认为事实未臻明仍待澄清时，始得介入而无待当事人之声请，主动依职权调查证据。因之，法院在证据调查上是居于辅助的地位，此台湾地区“刑事诉讼法”新修正后的诉讼结构。[①]“只有在当事人的举证没有能够让法院形成心证，或者是为了维护社会公义及被告重大利益时，法院才需要介入调查，以发现真实。”[②] 可见，在刑事诉讼中法官不能绝对的消极中立，通常而言法官可以消极、被动地主持案件审理，但在符合法律规定的情形下，基于“澄清案情义务”的要求，为发现案件真相，法官有必要积极调查证据，所以“澄清案情义务”是处于辅助地位的。法院在案件事实解明问题上的辅助责任决定了其在刑事诉讼中的作用更多出于公正之维护和被告人利益之保障，而非与控方一起进行追诉。

## 第三节　控方与案件事实的解明

法官需要探知真相、毋枉毋纵，控方也不例外，负有客观性义务。法院因其“澄清案情义务”而应依职权调查证据，但这并不因而解除控方之证明责任，法院并不负有控诉义务。控方应恪守控诉方在诉讼中应尽的责任与义务，其应就被诉事实是否达到有罪判决“门槛”进行举证，而且还应负客观真实义务，以尽力协助法官探知真相，这称为“协力的证明义务”，以便和检察官就被诉事实已达起诉门槛所负之“独力的证明义务”相区别。[③] 因而，控方在案件事实的查明上所负有的是“协力的证明义务”。

---

① 陈宏毅：“改良式当事人主义下被告在刑事诉讼程序中的举证问题”，载台湾地区《刑事法杂志》2006 年 6 月第 50 卷第 3 期，第 62 页。

② 张丽卿著：《刑事诉讼法理论与运用》，台湾五南图书出版股份有限公司 2007 年第 10 版，第 41 页。

③ 林钰雄著：《严格证明与刑事证据》，台湾学林文化事业有限公司 2002 年版，第 207 页。

## 一、现行立法和司法实践

根据我国刑事诉讼法及相关司法解释来看，控方必须依照法定程序，收集能够证实被追诉者有罪或者无罪、犯罪情节轻重的各种证据，这些证据包括有利于被告人和不利于被告人的证据。这些证据应当在法庭上出示。这实际上表明在我国，控方负有证明责任和客观性义务，只是立法未能对二者进行明确，导致实践中重视支持指控犯罪的证据的收集和提供，而忽视了控方所本应承担的客观性义务。

## 二、控方负有“协力的证明义务”

控方在审查起诉阶段负有的是“独力的证明义务”，而在审判阶段则负有“协力的证明义务”。在刑事诉讼中，控方负有证明责任，这是毋庸置疑的。控方所负有的就查清案件事实所负有的“协力的证明义务”包括证明责任所要求的“协力的证明义务”和检察官客观性义务所要求的“协力的证明义务”。具体分析如下：

第一，控方负有证明责任，不协力推进诉讼探明真相，将面临诉讼上的危险。检察官有协助法官使案件达到有罪判决之确信程度之义务，未达此程度时，法官固不得弃守法定澄清义务，然而在此前提下，此种诉讼上危险的责任则应由检察官来承担，较符合实质程序的正当性。基于此，我国台湾地区“刑事诉讼法”修订后，其第161条第1项对检察官实行公诉应负举证责任，予以明文化，要求检察官善尽其“提出证据责任”与说服法院的“实质之举证责任”。[1] 实质的举证责任分配使得控方必须要使其举证能使法官形成有罪之心证，否则将会面临诉讼上的危险。

第二，检察院、法院身为平行的国家司法机关性质应协力发现

① 陈宏毅：“改良式当事人主义下被告在刑事诉讼程序中的举证问题”，载台湾地区《刑事法杂志》2006年6月第50卷第3期，第63页。

真实。我国台湾地区学者以大陆法系之德国为例，分析认为，检察官对于实质真实发现，负有与法院相同之义务，因此，在刑事诉讼程序中除了法院的职权调查义务外，透过负有客观中立义务之诉追机关的共同参与则可以进一步强化藉由程序使得真实案情得以澄清并进而确保公平正义之实现之作用，德国法治关于检察官在证据调查程序之参与，主要先透过课予检察官举证责任，于起诉时将侦查期间搜集调查之证据移送于法院，该证据方法并在审判阶段作为法官于证据调查程序中应行调查之对象，因此课以检察官之举证责任一方面可以理解为对检察官提起公诉之限制，因为基于检察官之举证责任，法院于检察官举证不充分时得以裁定命令检察官为更多之举证行为，仅于被告因检察官之举证足认其确有充分之犯罪嫌疑时，法院始裁定开始审判，此等规定将有效地遏止不必要之公诉（滥诉）；另一方面，检察官既定位为国家实行刑罚权而与法院并为平行之国家司法机关，透过举证行为始得以共同参与犯罪事实之澄清，而真正实现由审检共同协力发现真实之目的。[①] 这在我国具有现实意义。在我国现行司法权分配体制下，检察院、法院均是国家司法机关，二者对于探明真相均有法定责任，笔者认为二者不是“接力棒”的关系，而是“共同协力”的关系。

第三，检察官的客观性义务要求其负有“协力的证明义务”。台湾地区学者林钰雄认为，就检察官的客观性义务而言，此项义务乃对于弱势被告最为重要的“补偿措施”，贯穿检察官全程之诉讼活动，尤其是到庭活动。准此，到庭时检察官固然应尽前述之证明义务，但其目标不在确认其起诉，而在于追求公正的裁判。检察官不是、也不该是“打击犯罪的追诉狂”，而是有利与不利一律注意的“法律守护人”，因此无论是对被告有利或不利的证据，检察官皆应提出。同时，到庭检察官亦应随着案件审理过程之推移，凭其

---

① 吴祚丞、许辰舟著：《刑事证据法则理论体系与实务之研究》，台湾地区“司法院”年报2003年11月第23辑第12期，第27页。

在审理程序所得之直接印象逐渐修正或补充陈述内容，据以为论辩及求刑的基础，并不受其起诉见解之拘束，如此才能“协助”法官形成合乎真实与正义的审理结果。[①] 检察官的客观性义务决定了检察官在诉讼中并非单纯的“一造当事人”，单纯的一造当事人与他造当事人对立，并无为对造当事人利益奔命的“权”或“益”。检察官在刑事诉讼法上，与法官同为客观法律准则及实体真实正义的忠实公仆，“毋纵”之外还要“毋冤”，“除暴”之外还要“安良”，并非也不该是片面追求攻击被告的狂热分子。[②] 检察官的客观性义务要求其不仅要提出不利于被告人的用以证明犯罪的证据，也要提出有利于被告人的证据，在诉讼过程中，检察官应协助法官探明事实真相，此即协力的证明义务之要求。

第四，检察官的任务乃协助法官形成客观正确之裁判。在刑事诉讼中，最能显现检察官客观性义务的表征为何？乃审判程序主张被告人无罪也。本来，检察官之任务乃协助法官形成客观正确之裁判，因而法律虽未言明，但检察官仍应依审理过程中形成之直接印象，具体求刑，以资法官参考。在与客观性义务并列观察之下，如果检察官依审理期日所得之心证，认为被告无罪，则检察官应请求法院为无罪判决，不受起诉见解之拘束，这才是一个客观的法律守护人应有之作为。检察官请求为无罪判决的必要性，在德国19世纪确立检察官客观性义务之时即已同时确立，学说上并无争论，实务上也予践行。[③] 检察官代表国家进行追诉，并非单纯意义上的控方，与对方绝对的对立、绝对的对抗，所谓“大人大度”，即强大的国家机器在与弱小的被追诉者之间应形成“追诉”和“客观”

---

① 林钰雄著：《严格证明与刑事证据》，台湾学林文化事业有限公司2002年版，第207页。

② 林钰雄著：《检察官论》，台湾学林文化事业有限公司1999年4月1版，第31页。

③ 林钰雄著：《检察官论》，台湾学林文化事业有限公司1999年4月1版，第31~32页。

的双重氛围。国家追诉并非个人恩怨，要尊重事实，不能出现违背客观事实的错误裁判，要力求形成客观正确的裁判。国家追诉的性质决定了检察官的任务即是协助、促进法官形成客观正确的裁判。

## 三、“协力的证明义务”与案件事实解明

在刑事诉讼中，除了法院的职权调查义务外，透过负有客观性义务的控方共同参与，则可以进一步强化经由程序使得真实案情得到澄清并进而确保司法公正的实现。刑事诉讼中，赋予控方实质的举证责任，将侦查期间收集调查的证据移送于法院，该证据在审判阶段作为法官审查判断的对象。控方若不能使其证明促使法官形成有罪心证，则面临诉讼上的危险。

从审判权特征来看，法官虽负有“澄清案情义务”，但该义务处于补充和辅助的地位，而不能代行控诉或辩护，否则有悖于诉讼架构的安排。

从控辩平衡角度来看，控方和辩方应平等进行对抗，但控方处于显著优势地位，法律应课予其较大责任和义务。现代诉讼的民主性和科学性要求刑事诉讼构造的平衡和协调，强调控辩双方诉讼地位平等，在平等的基础上对抗，然而我国目前刑事诉讼中侦控权力过大，辩方防御性权利、对抗力量弱小。

从无罪推定角度来看，控方应负担证明被告人有罪的责任，辩方不负有证明自己有罪和无罪的责任。控方举证不能使法官形成有罪的心证，即应承担相应的诉讼危险。

从司法权力分配来看，检察机关是司法机关性质，负有客观性义务，其依靠强大的国家机器，有完备的条件协助法院探明事实真相。而且这些条件甚至是处于中立地位的法院所不具备的，更不用说辩方有无此能力之问题。

基于上面的分析，控方的“协力的证明义务”在案件事实的查明上处于主要地位。

## 第四节　辩方与案件事实的解明

在刑事诉讼中，基于无罪推定原则的保护，辩方原则上并不负有证明责任。然而在刑事诉讼中，控方提供了证据对其主张进行了证明，履行了“协力的证明义务”，法院为探明真相也履行了“澄清案情义务”，但此时仍难以探明真相，怎么办？对于定罪方面于辩方不利的事实，根据无罪推定原则的要求，辩方自无协助发现的义务；对于于辩方有利的事实，法院致力于探明真相而履行澄清案情义务之时，辩方应予以协助，此即辩方的“协同发现真实义务”，也是辩方的“协同发现真实权利”，为强调辩方的权利，避免其被课予不当的义务，着重考虑其权利成分。

### 一、现行立法和司法实践

为了保障被告人及其辩护人充分行使自己的举证权利，刑事诉讼法、律师法及其相关司法解释明确了被告人及其辩护人的诸多权利并逐步完善，包括：会见权、阅卷权、自行调查取证权、申请调查取证权、申请重新鉴定等。但由于立法和司法解释过于笼统，加之对被告人诉讼主体和证明主体地位的忽视，被告人的作用未能充分发挥，其权利也未得到充分保障。

### 二、辩方“协同发现真实”的权利和义务

刑事诉讼程序中对于被告本不发生举证责任的问题，然而法院已尽其澄清义务后，被告在特殊的情况下，应就其主张有利的事实有举证之必要，此为诉讼上危险负担的问题，但仍非被告之举证义务。总之，当具体的诉讼案件，已进行诉讼程度而显然不利于被告时，而审判法院又已尽其澄清义务后，这种诉讼上危险负担的问题，似乎有必要由被告来承担，较符合实质程序之正当性，亦合乎

被告平等参与诉讼，以协助法院发现真实之原则。[①] 辩方在具有举证之必要、主动申请调查取证或证据保全等情形下应积极进行一定诉讼行为以协助法院探明事实真相。在这些特殊情形下，如果辩方不积极协同法院发现真实，将可能在法院尽“澄清案情义务”后无法探明有利于辩方的真相。因为在证据裁判原则下，当控方举证能使法官达到有罪心证，法院履行了“澄清案情义务”后，如果辩方不积极协同法院发现有利于他的事实，将可能面临诉讼上的不利益。从这个意义上来说，辩方应负有“协同发现真实义务”。如果我们从“义务”的角度去研究辩方在协同主义刑事诉讼模式下的诉讼行为时，必然要使人产生诸多“担忧”。如上所述，为了避免“担忧”的产生，也因为辩方协同发现真实在更大程度上应为权利的原因，笔者认为应称为协同发现真实的权利。也就是说，“协同发现真实”对于辩方来说是权利和义务的集合体，包含有“义务”的内涵，只是“权利”更为符合刑事诉讼的特征而占据主要位置。

辩方协同发现真实的权利具体到诉讼中即为“积极的诉讼防御权”。案件进入法院审判后，法官固有依职权澄清案情之义务，然此同时，检察官依其公诉人之公益角色，纵令无从如同侦查中以强制处分权为手段，主动搜集证据，但仍有延续侦查结果，就被告是否有罪，督促法院进一步调查证据澄清案情之义务，至被告作为诉讼主体，其诉讼权应获保障，亦应享有于审判程序中以证据声请方式，协同法院发现真实之权利。[②] 可见，在刑事诉讼中，刑事被告人作为主体，负有参与诉讼并“协同发现真实义务”，当然依前所述，参与诉讼与协同发现真实更大程度上则是辩方的权利。我国台湾地区学者认为，发现犯罪真实非属被告的义务，缘于人民必须

① 陈宏毅：“改良式当事人主义下被告在刑事诉讼程序中的举证问题”，载台湾地区《刑事法杂志》2006 年 6 月第 50 卷第 3 期，第 66 ~ 67 页。

② 吴祚丞、许辰舟：《刑事证据法则理论体系与实务之研究》，台湾地区“司法院”年报 2003 年 11 月第 23 辑第 12 期，第 179 页。

面对国家机关随时可能发动刑罚权的压迫，为了抗衡国家机关的权力滥用与误用，被告得保持缄默，但是于必要时，被告人为保护自己应有的权利仍得积极地实施诉讼防御，故我国台湾地区“刑事诉讼法”规定被告得提出有利于己的证明，在法律的解释上，这种诉讼行为的性质应属被告的权利，可称之为“被告积极的诉讼防御权”，并不会抵触到无罪推定原则。[①] 因此，辩方在刑事诉讼中参与诉讼并协同法院发现真实，更大程度上表现为积极的诉讼防御权。

在刑事诉讼中，既然认为辩方协同法院发现真实是“积极的诉讼防御权”，同时还具有一定的“义务”性质，那么若辩方不协同发现真实，不积极进行诉讼防御，不积极提出证据，是否意味着辩方须承担诉讼上的危险或不利益呢？笔者认为，这要从两个方面来看：

第一，辩方主张于己有利的事实时应有机会就其主张提出证据。“审判长于调查证据程序中被告主动提出有利于己之事实，法院应告知得提出有利证据，不是在犯罪事实不明的情况下，由当事人之一方承担败诉之危险（民事诉讼法的举证责任的观念不适用刑事诉讼程序），而是指在证据调查程序中被告在罪证明确之下，法院确信有罪之心证已经形成，基于实质程序之正当性要求，于此特殊的情况下，被告仍主张其有利于己事实时，法院应给予被告一个机会（或称一条生路），以就其主张提出证据，此乃被告积极诉讼防御权的保障下当然的解释。”[②] 可见，在犯罪事实不明、法官未形成有罪心证的情况下，不应促使辩方提出证据，否则有悖于无罪推定原则的要求。在犯罪事实不明、法官已形成有罪心证的情况下，辩方提出于己有利的事实时，即使法院已进行职权调查，也应

---

① 陈宏毅：“改良式当事人主义下被告在刑事诉讼程序中的举证问题”，载台湾地区《刑事法杂志》2006 年 6 月第 50 卷第 3 期，第 84 页。

② 同上，第 65 页。

给予辩方提出证据证明其主张的机会。这是尊重辩方积极诉讼防御权的表现。

第二，辩方主张于己有利事实伴随着提出证据的利益，而非不利益。“被告既然提出有利于己的主张时，亦必然伴随着被告有提出证据之利益，此时被告提出证据之必要，是属被告诉讼利益的问题，而非对法院或对检察官的义务行为。换言之，被告为协助法院发现真实，既愿提出对己有利事实，而提出证据之利益，无须承担对己的诉讼风险，亦非对于他造当事人的义务行为。”① 在刑事诉讼中，辩方为了寻求于己有利的事实得到认定，即伴随着提出证据的利益，此时辩方即有提出证据的必要，这显然属于诉讼利益，是权利的范畴，不应因此而承担于己不利的诉讼风险。已达有罪标准的案件会被法官作出不利于辩方的裁判并非是因为辩方主张的不利后果，而是即使不主张也会产生的后果，提出了于己有利的主张若能提出证据加以证明则可能改变既定的诉讼格局，辩方正因此具有诉讼利益。

### 三、“协同发现真实”与案件事实解明

辩方的“协同发现真实”无论是权利，还是义务，其对案件事实的解明的作用都处于次要的辅助地位，也就是说，它的作用次于检察院“协力的证明义务”和法院“澄清案情义务”在案件事实解明上的作用。依此，在协同主义诉讼模式下，对于案件的解明，控方的“协力的证明义务”处于主要地位、法院的“澄清案情义务”处于辅助地位、辩方的“协同发现真实”则处于次要的辅助地位。这种格局的安排符合和谐司法与发现真实的需要，符合刑事诉讼的特征，也是人权保障的要求。之所以认为辩方“协同发现真实”处于辅助地位，是从人权保障的角度考虑的，因为当

① 陈宏毅：“改良式当事人主义下被告在刑事诉讼程序中的举证问题”，载台湾地区《刑事法杂志》2006年6月第50卷第3期，第66页。

辩方主张于己有利事实时，如果法院履行了“澄清案情义务”也无法探明该事实主张，那么辩方因其主张具有诉讼利益即应具有积极进行诉讼防御的权利，有权提出证据。此时前提是法院已履行“澄清案情义务”。“被告就对己有利的事实提出主张后而发生举证之诉讼利益，此诉讼之实益似乎应发生在：法院已尽澄清义务之后，为保障被告积极诉讼防御权之行使，所为之当然解释，较符合刑事诉讼法目的之正当性。因此，当被告主张有利事实而伴随着提出证据之利益，此未尝不是对于被告人权之一种保障。”① 可见，法院履行“澄清案情义务”之后，辩方仍具有提出证据证明于己有利事实之诉讼利益，保障其提出证据以“协同发现真实”是保障人权的体现。既然是人权的保障，而非义务之履行，辩方“协同发现真实”应在控、审的义务履行之后，处于辅助地位。

① 陈宏毅：“改良式当事人主义下被告在刑事诉讼程序中的举证问题”，载台湾地区《刑事法杂志》2006 年 6 月第 50 卷第 3 期，第 66 页。

# 第三章　证明权与无罪推定、不强迫自证其罪原则

## 第一节　辩方证明权与无罪推定原则

### 一、无罪推定原则

无罪推定，是有罪推定的对称，指在刑事诉讼中，任何被怀疑犯罪或者受到刑事控告的人在未经司法程序最终确认为有罪之前，在法律上应假定其无罪或推定其无罪。无罪推定是刑事诉讼特有的原则，建立这一原则的基本出发点在于确定被告人在刑事诉讼中的地位，并据此设定被告人的诉讼权利和义务，设定控辩对抗的现代诉讼机制。① 无罪推定原则是贝卡利亚率先提出的，他在《论犯罪与刑罚》一书中指出："在法官判决之前，一个人是不能被称为罪犯的。只要还不能断定他已经侵犯了给予他公共保护的契约，社会就不能取消对他的公共保护。"② 无罪推定原则是刑事诉讼法的铁则，也是落实保障人权的最根本的原则。由于无罪推定原则是《世界人权宣言》第11条、《联合国公民权利和政治权利公约》第14条所揭示的重要基本权利之一，必须将之落实于法的规范与实

① 卞建林、杨宇冠著：《联合国刑事司法准则撮要》，中国政法大学出版社2003年版，第56页。

② ［意］贝卡利亚著：《论犯罪与刑罚》，黄风译，中国大百科全书出版社1993年版，第31页。

务中。在刑事诉讼法中，宣示“无罪推定原则”就刑事诉讼法保障被告人权提供坚实的基础，以符合法治国刑事程序之原则，并导正社会上仍存有预断有罪之旧念。[①] 联合国刑事司法准则对无罪推定原则的确立和发展，对各国刑事司法制度改革具有积极的指导意义。我国1996年修改刑事诉讼法时，在该法第12条规定：“未经人民法院依法判决，对任何人都不得确定有罪。”根据该条和其他相关规定，我国法律明确了控方的证明责任，规定了疑罪从无的要求，体现了无罪推定的基本精神。但由于未规定沉默权规则以及相关配套制度，我国的无罪推定原则与法治发达国家、国际刑事司法准则关于无罪推定原则的要求仍有不同。

无罪推定原则的基本内容包括两个方面：一是控方提供确实充分的证据证明被追诉者实施了指控的行为；二是法院依照法律程序对被追诉者是否实施指控行为进行认定。第一方面包含以下内容：(1) 提供证据证明被告人有罪的责任由控方承担；(2) 控方履行证明责任必须达到法律规定的定案要求，若控方不能证明被告人有罪或证明不能达到法律的要求，则应判定被告人无罪；(3) 控方不得采用酷刑或其他非法方法收集证据，以刑讯逼供等非法手段获得的口供、证人证言、被害人陈述等不得在诉讼中作为证据使用；(4) 被告人有辩护的权利，却没有证明自己无罪的义务，不能因为被告人不能或没有证明自己无罪而认定被告人有罪。第二方面包含以下内容：(1) 最终有权确定被告人有罪的只能是法院，其他任何机关，包括警察机关和检察机关都无权确定公民有罪；(2)对被告人的审判必须由合法的、独立的、无偏倚的法院进行；(3)法院只有经过公开公正的审判后才能确定被告人有罪。[②]

无罪推定是现代刑事诉讼设计的有利于被追诉者的保障机制。

---

① 张丽卿著：《刑事诉讼法理论与运用》，台湾五南图书出版股份有限公司2007年第10版，第348～349页。

② 刘金友主编：《证据法学（新编）》，中国政法大学出版社2003年版，第273～274页。

由于控辩在刑事诉讼中处于实际不平等地位，为了避免不平等状况的加剧，法律预设了有利于被追诉者的无罪推定原则。在无罪推定原则的支持下，加上法律赋予被追诉者的其他保障机制，包括本书所讨论的证明权，被追诉者与侦控机关对抗的能力得到了增强，这有利于程序正当和人权保障。

## 二、辩方证明权与无罪推定原则的关系

在刑事诉讼中，刑事被告人处于被追诉的地位，其往往会受到拘留、逮捕、羁押、搜查等，因而处于较为“痛苦”的状态。对于处于“痛苦”境地中的刑事被告人，国家给予其符合正当程序要求的制度上的支持是非常必要的。因此需要设置无罪推定原则对刑事被告人进行制度支持。当然，无论如何将刑事被告人与处于自由状态的人完全等同是不现实的，其必然会受到刑事诉讼程序的制约。既然无罪推定原则从正当程序要求出发对辩方进行支持和保护，那么辩方举证是否违反无罪推定原则的要求呢?

辩方举证符合正当程序要求，有助于协同法院发现真实。台湾地区学者对此有专门论述，认为：为了免除法院或检察官发现事实的困难在有其必要性之场合，而由被告负担举证的问题，在法理上符合实质程序的正当性。换言之，被告虽无举证义务，但仍有协助法院发现真实之必要，所以在特殊情况或是法律有规定的情况下所产生的举证利益的问题较符合公平性。仍须强调的是，尽管被告就特殊情形发生举证利益的问题，但此时并没有因此而减轻或免除检察官就犯罪事实的举证责任，从特殊例外情形可以知道，无论是法律上或事实上的推定，与其他例外情形并无违反无罪推定原则。另外，在被告罪证明确的情况下，而法院确信有犯罪构成事实的存在者，或者是在具有法律上及事实上推定的情况下，被告主张有利事实者必然伴随着被告举证利益的问题，此时被告举证的问题应为被告诉讼之利益，似乎比较符合实质的程序正义。因此，被告在例外情形之下对于一定特殊事由则有举证的必要，不仅符合诉讼经济原

则，也没有违反无罪推定原则或罪疑唯轻原则。[①] 可见，辩方举证不仅符合程序正当性的要求，也符合诉讼经济原则的要求，符合无罪推定原则规定。

笔者认为，无罪推定原则作为对待犯罪嫌疑人、被告人的保护性原则，只不过是从平衡的角度尽量对其自由给予一定的尊重，无罪推定原则明示了具有较高法律意义的谁负有举证责任的规范。辩方证明主要不是因为责任和义务，而是因自身利益和权利，与无罪推定原则并不矛盾。因为在此情形下，提供证据证明有罪的责任仍由控方承担，被追诉者有辩护的权利，且没有证明自己无罪的义务，符合无罪推定原则的要求。具体理由可从以下各个阶段来看：

第一，法官尚未形成有罪心证时。控方提出证据证明被告人犯罪事实尚未使法官形成心证时，被告人提出证据证明于己有利事实是“积极防御行为”。“只要犯罪事实不能得到充分证明，被告人就是‘无罪’，换句话说，无罪推定意味着由检察官承担证明被告人有罪的举证责任。与由当事人分配举证责任的民事诉讼不同，刑事诉讼的被告人处于受动当事人的地位。当然，被告人对检察官的主张、举证可以进行反驳，或者自己提出主张、进行举证。在被告人的不作为有时会给自己带来不利的意义上，被告确实有事实上的举证负担。但是，积极的反证活动不是被告人的义务，尽管这是辩护人的义务。这样来看，虽然被告人的地位应作为一种受动的地位来把握（彻底贯彻弹劾结构），但这与允许被告人为维护自己的利益进行有力的反击活动（当事人追行主义）并不是矛盾的。”[②] 发现犯罪真实究竟非被告的义务，缘于人民必须面对国家机关随时可能发动刑罚权的压迫，为了抗衡国家机关的权力滥用与误用，被告

① 陈宏毅：“改良式当事人主义下被告在刑事诉讼程序中的举证问题”，载台湾地区《刑事法杂志》2006年6月第50卷第3期，第82~83页。

② ［日］松尾浩也著：《日本刑事诉讼法（上卷）》，丁相顺译，中国人民大学出版社2005年版，第245页。

得保持缄默，但是于必要时，被告为保护自己应有的权利仍得积极的实施诉讼防御，故我国台湾地区“刑事诉讼法”规定被告得提出有利于己的证明，在法律的解释上，这种诉讼行为的性质应属被告的权利，可称之为“被告积极的诉讼防御权”，并不会抵触到无罪推定原则。① 可见，由于控方在此阶段担负举证责任，被告人受到无罪推定原则保护，其举证行为显然是权利的行使，是行使积极的诉讼防御权，这与无罪推定原则不矛盾。

第二，法官未能形成有罪心证时。控方举证不能使法官形成犯罪事实成立的心证时，基于无罪推定原则的保护，被告人无须举证。在无罪推定原则下，追诉者担负证明有罪的责任，而被追诉者则不负此等责任。事实上，“被追诉的被告对于犯罪事实的成立与否，本不需为任何之举证，此一负担本系追诉者当为之事，盖追诉者一方面受到‘无罪推定’的拘束，其唯有朝向‘有罪举证’方得以使审判者为事实成立之认定，此时追诉者对于所诉追之事实，本须穷其举证义务，以使得事实的成立得以确认，倘若经举证之后，仍无法使得审判者形成事实成立确认的心证，则本于无罪推定原则，当视为事实不成立，此种情形下，被告根本不须为任何阻却事实成立之举证，盖无法证明正面之事实成立时，仅能视为不成立，根本毋庸为人和阻却之举证作为。”可见，控方自身未能使法官形成犯罪事实成立的心证下，自应承担不利后果，被告人没有必要举证，证明不利事实的不存在，此时被告人受到无罪推定原则的保护。②

第三，法官已经或即将形成有罪心证时。控方举证已经或预期到将使法官形成犯罪事实成立的心证时，此时被告人基于证明之利益而举证与无罪推定原则不矛盾。为了维护自己的利益所进行的防

---

① 陈宏毅：“改良式当事人主义下被告在刑事诉讼程序中的举证问题”，载台湾地区《刑事法杂志》2006年6月第50卷第3期，第84页。

② 黄东熊等著：《刑事证据法则之新发展——黄东熊教授七秩祝寿论文集》，台湾学林文化事业有限公司2003年6月版，第124页。

御活动不能视为与无罪推定原则相互矛盾，因为在此情形下，不再是无罪推定的假设状态，而即将进入认定犯罪事实的环节之中，所以此时基于其证明利益而进行举证，也不存在与无罪推定原则相矛盾的问题。对此我们可从以下两个方面来看：

其一，法官已经或即将形成有罪心证的情况下，辩方举证是行使积极诉讼防御权的需要，而非责任或义务。对此，我国台湾地区有学者指出，在特殊的情况或法律规定之下，虽然没有免除或减轻法院澄清义务，或检察官的举证责任，但在法院确信被告有犯罪构成事实的存在，而生不利于被告的心证倾向者，为了充分保障被告人权，而被告就其有利事实如有主张时，亦必然伴随举证的必要性，以协助法院发现真实，此时法院应告知被告得提出有利之证明方法，如此一来，被告才有举证的负担问题发生，以此观点来讨论被告举证负担的问题，事实上并没有抵触无罪推定原则，以另依观点来看，这问题也是在探讨无罪推定原则的范围与极限的问题。换言之，被告并无举证责任，只有在特殊的例外情形之下，被告主张对己的有利事实，而行使积极诉讼防御权，才有举证之问题，以协助法院发现真实，此乃我国台湾地区刑事诉讼制度上的被告举证负担问题。但必须强调的是，此种举证的负担仍非被告诉讼上的义务，通常被告即使举不出有利于自己之事证或举出的事证无法推翻本证，在我国台湾地区刑事诉讼程序上法院仍有依职权澄清案情之义务，被告未必会受到法院不利的判决，只有在特殊情况被告有举证之必要乃基于国家立法者之裁量，权衡诉讼利益之结论。因此，国家在发现真实与人权保障的利益权衡之下，被告虽无举证责任，但在特殊情形之下仍有举证的必要，以协助法院发现真实。此并非被告之义务，被告在特殊情形下发生举证的问题时，而证明的程度被告仍须提出优势的证据，其证明之程度只需达到使法院有合理的怀疑即可，亦即法院有合理的怀疑认为：被告极可能有无辜的情形发生即可，以保障被告人权。[①] 由于积极进行诉讼防御是行使权利，而非责任或义务，权利可以放弃，不存在违背无罪推定原则的问题。辩方只是基于发现真实与人权保障的利益权衡下，基于证明的利益有证明之必要，有协助法院发现真实的权利。

其二，法官已经或即将形成有罪心证的情况下，不因辩方消极防御而作不利推定。在法官根据现有证据已经或即将形成有罪心证的情况下，即使辩方消极对待诉讼，不积极收集提供证据，也不能因此被作出不利益的推定。正如学者所云，被告人自始拒绝陈述或保持缄默，法院不得以其拒绝陈述或保持缄默而为不利于被告人犯罪事实认定的资料，此为违反不利益推定之禁止原则。换言之，法院在犯罪事实的认定上，不得以被告人自始缄默或拒绝陈述而以此作为不利益认定之资料。不过，被告人既然自始拒绝陈述或保持缄默，在被告罪证明确的情况下，而法院确信有犯罪构成事实的存在，而形成合理而不利于被告之心证。此际，无须强调要被告人做出不利于己的供述，或须提出任何不利于己证据。但是，法院亦应告知被告得提出有利于己的事实或提出有利于己的证据。[②] 在法官已经或即将形成有罪心证的情况下，辩方固无义务提出于己不利的证据，但基于辩方有提出于己有利主张或证据的权利，法院应及时告知其提出于己有利的事实或提出于己有利的证据，可见辩方在法官已经或即将形成有罪心证的情况下进行举证，纯属基于自身利益而行使权利，与无罪推定原则并不矛盾。

综上所述，无罪推定原则是从保护被追诉者权利角度设立的，被追诉者在诉讼中积极进行诉讼防御、积极进行举证与无罪推定原

---

① 陈宏毅："改良式当事人主义下被告在刑事诉讼程序中的举证问题"，载台湾地区《刑事法杂志》2006年6月第50卷第3期，第84~85页。

② 陈连顺："刑事默秘权之比较研究"，载《法学丛刊》第30卷第123期，第3、117页；转引自陈宏毅："改良式当事人主义下被告在刑事诉讼程序中的举证问题"，载台湾地区《刑事法杂志》2006年6月第50卷第3期，第83页。

则并不违背，相反正是无罪推定原则支持的结果。“无罪推定原则为被告人确立了一系列的程序性保障制度，以增加其在刑事诉讼程序中的对抗性，从而使他与国家追诉机关原本不平等的地位得到平衡和纠正。此外，这一原则还通过证明责任的分配制度使检察官承担起了证明被告人有罪的责任，为国家的追诉活动设置了种种障碍，从而使国家的权力受到了有益的、合理的制约，避免了权力的滥用。有利于保证被告人的权利不受无端的损害。”“由于被告人对抗手段和防御能力的实质性的加强，其参与诉讼的程度也得到了加深。被告人真正摆脱了诉讼‘客体’的地位而成为刑事诉讼的主体。他可以通过程序的保障对庭审进行充分的准备，提出具有实际效果的证据和辩护理由，并对控诉方的指控作出有力的回击。”①可见，通过确立证明权并予以制度保障，从而增强了控辩的对抗性，在使控方负有证明责任的前提下，辩方基于其诉讼主体地位，积极进行诉讼防御而提出证据证明自己的主张或反驳控方的指控与无罪推定原则并不矛盾。

## 第二节　辩方证明权与不强迫自证其罪原则

### 一、不强迫自证其罪原则

不强迫自证其罪原则是现代法治国家刑事诉讼制度的一项重要内容，是犯罪嫌疑人、被告人能否真正享有辩护权的基础之所在。联合国《公民权利和政治权利国际公约》第 14 条第 3 款（庚）项规定：“不被强迫作不利于他自己的证言或强迫承认有罪。”不强迫自证其罪是针对一般意义上的“任何人”讲的，但是由于犯罪嫌疑人、被告人在刑事诉讼中处于被追诉的特殊地位，所以此原则

---

① 卞建林、杨宇冠著：《联合国刑事司法准则撮要》，中国政法大学出版社 2003 年版，第 69 页。

对犯罪嫌疑人、被告人具有特殊意义。联合国《禁止酷刑和其他残忍、不人道或有辱人格的待遇或处罚公约》（以下简称《反酷刑公约》）[①] 第12条规定："每一缔约国应确保在有理由认为在其管辖的领土内有施用酷刑的行为时，其主管当局应立即对此进行公正的调查。"第13条规定："每一缔约国应确保任何声称在其管辖的领土内遭到酷刑的个人有权向该国主管当局申诉，其案件应得到该主管当局迅速而公正的审查。应采取步骤确保申诉人和证人不因提出申诉或提供证据而遭受苛待或恐吓。"第15条规定："每一缔约国应确保在任何诉讼程序中不得援引任何确属酷刑逼供作出的陈述为证据，但这类陈述可引作对被控施用酷刑逼供者起诉的证据。"根据国际刑事司法准则的这些要求，对任何人不得采取酷刑、强迫等非法方法收集证据，不得强迫自证其罪，对于强迫自证其罪取得的证据应予以排除。

不强迫自证其罪原则包含以下几层含义：一是被告人没有义务向法庭提出任何可能使自己陷入不利境地的陈述和其他证据，追诉方不得采取任何非人道或有损被告人人格尊严的方法强迫其就某一案件事实作出供述或提供证据；二是被告人有权拒绝回答追诉官员或法官的讯问，有权在讯问中始终保持沉默；三是犯罪嫌疑人、被告人有权就案件事实作出有利或不利于自己的陈述，但这种陈述须出于其真实的意愿，并在意识到其行为后果的情况下作出。不强迫自证其罪原则是犯罪嫌疑人、被告人的特权（privilege），相对一方的追诉官员则负有相应的不得侵犯并予以保障的义务。[②] 不强迫自证其罪原则增进了证明权的合理性，为证明权的进一步完善提供了基础。

---

① 该公约于1984年12月10日由联合国大会第39/46号决议通过。我国七届全国人大常委会于1988年9月5日第3次会议时批准。

② 宋英辉著：《刑事诉讼原理》，法律出版社2003年版，第96页。

## 二、辩方证明权与不强迫自证其罪原则的关系

辩方证明权与不强迫自证其罪原则不矛盾。不强迫自证其罪原则明确了刑事被告人不受强迫陈述和不受强迫做出于己不利的陈述。被告人基于其证明之利益而进行举证等诉讼行为以协同发现真实与不强迫自证其罪原则不矛盾。“倘若追诉者已经举证足以证明追诉事实之存在时，欲推翻此种事实的认定，恐就不是无罪推定所能拘束，而需由被告承担举证来推翻，唯此种被告举证之必要性者，并非违背不自证其罪原则，而系证明关系使然，固然被告得以提出有利于己的证据，然此种证据提出系属于任意性之作为，并非严格拘束被告，或直接作不利被告之认定，此种证据之提出与主张者，并非举证的全部，盖在举证的概念下，除任意性举证之外，尚有严格的举证观念存在，对于严格性举证的情况，倘若举证的分配系在被告，而被告未为举证之时，则仍应受到不利益的认定。”①即使在证据证明的事实已经达到认定有罪之前提下，刑事被告人基于其利益考虑而提出证据进行证明并不违背不强迫自证其罪的要求，这种“危险”状态不应视为某种“强迫”，但可视为促使被告人积极防御的“动力”，因为这里面有了“利益驱动”。

刑罚事实是否存在是追诉方需要证明的事项，辩方的举证属于任意性举证。对于刑罚规范是否被行为事实所实现，则属于追诉者所须举证之事项，这种刑罚事实的存在与否的问题，本是追诉者所需完全加以证明的对象，倘若对于刑罚事实无法证明其确实存在，则基于无罪推定原则的要求，自然仅能视为其不存在，此时被追诉者，因受到不强迫自证其罪原则的保护，而不需对于行为事实不存在进行证明。此种刑罚事实的存在与否的正、反两面关系，完全是追诉者必须举证之事项，刑事被告人虽亦可提出于己有利的证据以

① 黄东熊等著：《刑事证据法则之新发展——黄东熊教授七秩祝寿论文集》，台湾学林文化事业有限公司 2003 年 6 月版，第 125 页。

证明不存在犯罪事实，但这种举证属于任意性举证。并不会因刑事被告人不提出证据而更蒙受不利益的后果。倘若刑罚事实的存不存在，并非单纯的正反两方面关系，而是法定的否定关系者，则通常事实存在，却具有否定的法律效应关系，使得事实必须转向评价，此时主张刑罚事实存在且成立的追诉者，本须证明其所诉事实的存在与成立，但如追诉者所诉事实经证实成立时，被告如未有举证以造成评价转向，甚而推翻评价关系者，仍须认定追诉者所诉追之事实成立，此时被告不举证则必然承受不利益之后果，并无自证已罪或无罪推定原则之适用。[①] 主张存在刑罚事实的追诉者的应负证明责任，辩方如欲使评价转向，则需举证，但即使其举证，也不会减轻追诉者的责任，在追诉者履行责任并达到要求之前，其有积极证明或不证明的权利，因此这与不强迫自证其罪原则是不矛盾的。

综上所述，不强迫自证其罪原则的出发点是保障刑事被告人的权利，但当追诉者已使所诉事实达到了有罪证明标准的要求时，将使法官形成有罪心证，这时无罪的“假定”即将成为“现实”，此时刑事被告人为举证之行为纯属维护自身利益，而非受迫所为，未违反不强迫自证其罪原则的要求。协同主义理论下，刑事被告人不仅是追诉对象，还是诉讼主体、证明主体，享有证明权利，有协同发现真实之权利，这些正是不强迫自证其罪原则支持和保障的结果。

---

① 黄东熊等著：《刑事证据法则之新发展——黄东熊教授七秩祝寿论文集》，台湾学林文化事业有限公司 2003 年 6 月版，第 125 ~ 126 页。

# 第四章　证明权与证明责任

## 第一节　证明责任制度基本理论

证明责任概念是刑事诉讼的基本理论之一，有“诉讼的脊梁”之称。对于证明责任问题，各个国家和地区在立法和理论上都有着不同的规定和认识。我国台湾地区“刑事诉讼法之新制‘改良式当事人主义’，此制度勇敢地承认：当事人为诉讼之主体，法院不再过度介入，以当事人互相攻击、防御为法庭活动主轴，任何证据之声请及主张，应让他造当事人充分明了，使其得于审判期日前，预为充分准备，并调整攻击、防御的态势，使审判程序公开化。正因为如此，有关当事人在诉讼程序上的主张与举证的问题，就成为无法回避的研究课题。”① 当事人尤其是刑事被告人在刑事诉讼程序中主张与举证的问题值得进行研究，而且有澄清与讨论的必要，以彰显当事人在诉讼上的主体性。本书主要探讨证明权问题，对于证明责任问题主要着重分析辩方证明权与证明责任的关系。

### 一、证明责任的界定

证明责任翻译成英文为“burden of proof”。“burden of proof”并不是一个非常严谨的证据法概念，学者对于此用语之定义，亦不尽相同。英美法刑事法学者，向来认为“burden of proof”一语，

① 陈宏毅：“改良式当事人主义下被告在刑事诉讼程序中的举证问题”，载台湾地区《刑事法杂志》2006年6月第50卷第3期，第56页。

至少应该包含两个内涵不同的概念：其一，控方为证明被告有罪所负担之整体证明义务；其二，即控方或辩方为主张某一事项存在或不存在时，为使主张或抗辩得以成立，所应负之个别证明义务。前者一般称为说服责任（persuasive burden，burden of persuasion，legal burden），乃是举证义务的重心概念。后者又称提出证据责任［burden of producing（or adducing）evidence，burden of going forward，evidential burden］，简称提出责任，其意义及功能颇受误解，其重要性也常被忽略。采此分类的证明责任，可称为广义的举证责任。[①] 现在刑事诉讼中，关于证明责任的概念的用法不同。在本书中，证明责任又称举证责任，是指当事人对自己提出的诉讼主张，须提供证据证明，否则将负担不能依其主张进行裁判的危险。[②] 本书中证明责任和举证责任无特别说明，采相同含义。“所谓举证责任，乃当事人请求依其主张为裁判，须就其主张待证之事实，有举证证明之负担。详言之，乃当事人凡欲依其主张为裁判，须就其主张之特定，必要而有关联之待证事实，举证证明之。如不能举证证明，则负担不能依其主张为裁判之危险。”[③] “无论采行何种诉讼程序，难免会产生为法律争端的基础事实至最后审理时点，仍未获得完全澄清或重要事证无法查明之情形。由于法官不得拒绝裁判，即不得以事实未臻明为由拒绝适用法律，因而诉讼法上必须有特别的操作规则，以帮助法官在事实不明时为裁判。这个规则，便是‘证明负担的规则’，也称为‘举证责任的（分配）规则’。由此可知，只有当审理后待证事实仍未臻明时，才有所谓举证责任问题，若审理后待证事实已经相当明确，法官当即以该明确事实为裁判基础，与举证责任的问题无关。此外，法官适用或解释‘法律’

---

① 蔡秋明：“举证责任——兼论刑事被告之地位及其举证义务”，载《台湾本土法学》2004 年 2 月第 55 期，第 109 页。

② 刘金友主编：《证据法学（新编）》，中国政法大学出版社 2003 年版，第 205 页。

③ 李学灯著：《证据法比较研究》，台湾五南图书出版公司 1992 年版，第 356 页。

产生疑义时，也不能依举证责任来解决。因此，举证责任论，也可以说是解决‘待证事实最后不明时法律效果如何分配’的理论。”[①] 准确界定证明责任的意义在于明确，在事实未臻明时，由负担证明责任的一方承担不利裁判的危险。

两大法系和我国学界对于证明责任的含义往往进行分层理解，有的将证明责任分为主张责任、提出证据责任、说服责任，有的将证明责任分为客观的证明责任和主观的证明责任。此处对证明责任的各层含义进行分析：

(一) 主张责任、提出证据责任、说服责任

证明责任有广义与狭义之分。广义的举证责任，除主张事实的责任外，还包括说明责任［即证据的提出（burden of producing evidence）及说服责任（即举证的证明）（burden of persuasion）］。狭义的举证责任是指：说明责任与说服责任两个层次的责任。最狭义的举证责任是指：说服责任。举证责任在性质上虽然不同于主张责任。但是，一般而言，当事人的主张责任与当事人的举证责任之间必然立于不可分离之关系，主张责任与举证责任常相结合而归于某一造当事人。公诉案件之原告检察官于审判期日出庭陈述起诉要旨，就其主张的起诉事实，成为法院审判的对象，参照有关规定，检察官就被告犯罪事实应负举证责任，并指出证明之方法，实行公诉之检察官的主张责任与举证责任是不可分离的关系，殆无疑义。[②] 主张责任，是指当事人负有的提出主张事实的责任，当事人未进行主张的事实不作为裁判的根据。提出证据责任，是指当事人在诉讼进程中，应当根据诉讼进程，就其主张的事实提供证据加以证明。说服责任，是指当事人须提出证据说服法官确信其主张事实，否则将承担不能依其主张进行裁判的危险。广义的证明责任包

① 林钰雄著：《严格证明与刑事证据》，台湾学林文化事业有限公司 2002 年版，第 190 页。

② 陈宏毅：“改良式当事人主义下被告在刑事诉讼程序中的举证问题”，载台湾地区《刑事法杂志》2006 年 6 月第 50 卷第 3 期，第 57 ~ 58 页。

括主张责任、提出证据责任和说服责任；狭义的证明责任指提出证据责任和说服责任；最狭义的证明责任仅指说服责任。

由于主张责任、提出证据责任和说服责任内涵不同，因此必须要区别开，不能混淆。如上所述，在刑事诉讼中，主张责任与证明责任不可分离地归属于控方。控方在案件中负有主张责任、提出证据责任和说服责任。这里需要分清的是提出证据责任和说服责任。这两种责任是各自独立的，但既有联系，也有区别。笔者这里分析如下：

第一，履行提出证据责任是就此证据履行说服责任的前提。如上所述，提出证据责任是当事人根据诉讼进程，就其主张的事实提供证据进行证明，而说服责任是当事人提出证据说服法官确信其主张事实否则将承担不能依其主张进行裁判的危险。当事人一方履行提出证据责任之后，将存在履行说服责任的问题。如果一方不履行提出证据责任，则根本不存在就此证据履行说服责任的问题。换言之，当事人一方履行提出证据的责任是其就此证据履行说服责任的前提，不履行提出证据责任，履行说服责任即成了“无米之炊”。

第二，未履行提供证据责任不代表必然承担败诉法律后果。上述“当事人提出证据说服法官确信其主张事实否则将承担不能依其主张进行裁判的危险”，这里用的是“说服”，也就是说，不是履行了提出证据责任即可解除败诉危险，也并不意味履行了提出证据责任即履行了说服责任。只有当事人一方没有履行说服责任，才可能承担败诉的后果。即使未履行提供证据责任，法院还可能依职权调查证据，因此在当事人一方未履行提出证据责任的情况下，并不代表必然承担败诉法律后果。

（二）客观的证明责任和主观的证明责任

德国学者尤里乌斯·格拉查（Julius Glasser）于1883年率先

提出了证明责任概念的分层理论。[①] 证明责任概念在证据法理论上，分为客观的证明责任和主观的证明责任。前者又称为实质的证明责任、结果责任，指事实真伪不明时承担证明结果的风险责任。后者又称为形式的证明责任、行为责任，指当事人对主张的事实应提供证据进行证明，强调举证的行为。“即若不证明某事实将受到不利的判断的当事人，为避免对其不利，应提出证据证明该事实，又称为提出证据的责任。举证责任是一开始就固定地分配给特定当事人的，并不因诉讼的推进而转移给对方当事人；而举证必要则是随着诉讼的发展在当事人之间来回转移的。前者称为实质的举证责任，后者称为形式的举证责任。”[②] 对于分层的证明责任，从内容上来看，提出证据责任即为主观的证明责任、形式的证明责任、行为责任，而说服责任即为客观的证明责任、实质的证明责任、结果责任。

1. 客观的证明责任。严格来说，证明责任问题有两个截然不同的层次，民事诉讼法学者多半以“客观的证明责任”与“主观的证明责任”来区别两者，但刑事诉讼的文献与实务，经常将两者混为一谈。在客观的证明责任下，如果诉讼程序结束时，构成要件事实仍处于真伪不明、存否不定之时，由于法官不得拒绝裁判，必须根据客观证明责任的要求确定案件的胜败结果。详言之，证明责任的重心与本质，在于“客观的举证责任”（objective beweislast，直译为“客观的证明负担”），即待证事实至审理最后时仍然无法确定或未经证明时的法律效果问题。无论采行何种的诉讼模式，也无论诉讼当事人是否尽力为举证活动，都可能产生待证事实最后仍然不明时法院应如何判决的法律效果问题，因此客观的举证责任既存在于当事人进行式、亦存在于职权进行式的诉讼程序，只

① 卞建林主编：《刑事证明理论》，中国人民公安大学出版社 2004 年版，第 174 页。

② 宋英辉译：《日本刑事诉讼法》，中国政法大学出版社 2000 年版，第 25 ~ 26 页。

不过两者的分配规则有别而已。在采行当事人进行式的诉讼模式中，如民事财产诉讼，负客观举证责任的一造当事人，必须承受最后事实不明时的不利益负担，即败诉结果，这也是一般所谓“举证之所在、败诉之所在”的意义。但是，纵使是在当事人进行模式之下，客观举证责任与当事人主观的举证活动也无必然联系，因为法院裁判时必须综合审理全程的意旨，因此一造纵使未为举证活动，也可能因为对造自认或认诺而受有利判决。反之，一造纵使尽其能事为举证活动，也可能因为未能使法院产生确信心证而受不利判决。简言之，就客观举证责任而言，法院的裁判直接取决于客观上“什么事被澄清了”，而非主观上“什么人澄清了这件事”；换言之，只要法院审理后，对于待证事实仍未形成明确心证时，则应依举证责任的分配规则，判决负客观举证责任者败诉，因此客观的举证责任也可以说是承担败诉的“结果”责任。① 根据客观证明责任学说的要求，只有负有客观证明责任的一方才负有说服责任，不负客观证明责任的一方不负有说服责任，而只能负有主观的证明责任。

2. 主观的证明责任。主观的证明责任是当事人对主张的事实提供证据进行证明，强调的是举证的行为，是行为责任，亦即负有提出证据责任。就主观的证明责任而言，在当事人进行式的诉讼结构，由客观举证责任进而衍生“主观举证责任”（subjective Beweislast）的概念，即当事人为避免败诉起见，负有以自己之举证活动证明系争事实之责任，此种责任称为主观的举证责任。② 这里所称的主观的举证责任，仅存在于当事人主义的诉讼结构中，因为证据收集的责任由控辩双方承担，控辩双方未使法院形成对己有利的心证，尤其是控方，必须为其主张提出证据，否则即有可能蒙受

① 林钰雄著：《严格证明与刑事证据》，台湾学林文化事业有限公司2002年版，第191～192页。

② 林钰雄著：《严格证明与刑事证据》，台湾学林文化事业有限公司2002年版，第192～193页。

诉讼不利裁判，为此目的而积极进行证明活动的行为责任，即为主观的举证责任。

3. 客观的证明责任与主观的证明责任的关系。主观的证明责任原则上决定于客观的证明责任，但主观的证明责任和客观的证明责任并不必然统一于每个诉讼主体。在当事人进行原则之下，当事人之所以尽主观证明责任，正是受客观证明责任的“压迫”所致。因此，举证责任的本质，根本在于客观的举证责任，主观的举证责任不过是由客观的举证责任所推衍而出，本身欠缺自主性，并且在当事人进行原则之下，主观举证责任的范围也取决于客观举证责任，因而有谓：主观举证责任只不过是客观举证责任通过当事人进行原则之投影而已。[①] 但在刑事诉讼中，由于辩方受无罪推定原则的保护，其原则上不负客观证明责任，但这并不代表其不负有主观证明责任。可见，主观证明责任和客观证明责任并非总是存在于每一个诉讼主体身上。

## 二、证明责任的分配

### （一）证明责任分配的理念

证明责任的分配是证明负担的分配。关于证明责任分配的概念，“说到底是证明效果即证明利益与危险的分配”，[②] 有学者认为：“在刑事诉讼中，证明责任的分配是指被告人有罪、无罪或其他与犯罪有关的特定事项的责任如何在有关机关和个人之间进行配置的问题。”[③] 证明责任理论研究的目的不在于理论本身，而在于证明责任的分配，证明责任分配对诉讼结果有着至为重要的影响。

① 林钰雄著：《严格证明与刑事证据》，台湾学林文化事业有限公司 2002 年版，第 193 页。

② 刘金友主编：《证据法学（新编）》，中国政法大学出版社 2003 年版，第 212 页。

③ 卞建林：“刑事证明责任的分配与转移”，载《证据法学论文选萃》，中国法制出版社 2005 年版，第 182 页。

科学分配证明责任，有利于被追诉者的人权保障，有利于刑事诉讼目的的实现。证明责任理论本身是比较复杂的问题，虽然刑事诉讼证明责任分配不如民事诉讼证明责任分配复杂，但亦非本节、本章甚至本书所能解决，本书的重点也不在于解决此问题。所以这里主要寻找证明责任分配与证明权的结合点进行分析。

如前所述，刑事诉讼中被追诉者受无罪推定、不强迫自证其罪原则的保护。无论是哪个法系、哪个诉讼模式的国家，刑事诉讼证明责任分配都强调：控方承担证明被追诉者有罪的责任，被追诉者不承担证明自己有罪、无罪的责任或义务。这正体现了无罪推定原则的要求。

将无罪推定原则作为证明责任分配的主要标准是没有争议的，问题是：除了无罪推定原则之外，还要不要考虑别的标准？也就是说，是否需要为证明责任的分配设立多元化的参考标准。学界认为除了无罪推定原则之外，还有平衡原则、利益衡量原则、诉讼便利原则等。[①]“举证责任分配虽无绝对标准，但基本上有下列3个原则：（一）主张待证事实者，因其有举证动机，通常会尽力举证，应负举证责任。（二）对于积极主张之事实有特别知识者，因比对方容易取得相关证据，应负举证责任。若由对方负举证责任，不只事倍功半，且容易导致握有证据者将不利证据湮灭以混淆真相。（三）凡事以常态为原则，变态为例外，故主张常态事实者不负举证责任，主张变态事实者负举证责任。”[②] 笔者认为，各种证明责任分配学说在民事诉讼中是可行的，然而刑事诉讼与民事诉讼有着本质区别，刑事证明责任的分配与民事证明责任的分配也有着很大区别，如果说在对抗制模式下控辩双方实现了控辩平衡、武器平

① 参见刘金友主编：《证据法学（新编）》，中国政法大学出版社2003年版，第215~221页；卞建林：“刑事证明责任的分配与转移”，载《证据法学论文选萃》，中国法制出版社2005年版，第186~188页。

② 吴巡龙：“刑事举证责任与幽灵抗辩”，载《月旦法学杂志》2006年6月第133期，第36页。

等，那么依照证据取得难易、便利等进行证明责任分配倒是可行。而事实上，在我国，只是在以职权主义为基点的诉讼模式上“移植”了部分对抗制的因素，辩方取证、举证能力仍极为薄弱，加之被追诉者往往“身陷囹圄”，难以得到律师的有效协助，其即使被分配了证明责任也难以实质性地承担。被追诉者受到无罪推定原则的保护，这是国际人权公约的要求，也是我国刑事诉讼法所接受的，明确将证明责任分配给控方是必要和可行的。由于刑事诉讼追求惩罚犯罪和保障人权的平衡，在一些特殊类型案件里，如果为了过于追求人权保障，而忽视犯罪的惩罚，也不符合刑事诉讼制度设置的初衷。因此有学者提出，在证明责任制度中，在无损于公正审判的前提下应尽可能地由更易于举证的一方当事人承担举证责任，即当被告人证明自己无罪显然易于控方证明被告人有罪时，被告人并不能绝对地免除举证责任。在司法实践中，有些情况只有被告人本人了解，只有被告人易于接触证据来源，而检察官和侦查员是不可能办到或难以证明的，因此将这些问题的证明责任置于被告人一方是合理的。① 这是利益衡量原则的要求。对于基于利益衡量原则要求被追诉者承担证明责任的情形应法定化，不能交由法官自由裁量，除法定情形之外，不得要求辩方负证明责任。

（二）我国刑事诉讼证明责任的分配

依照我国刑事诉讼法的规定，“控方的证明活动与作为辩方的证明活动，在法律地位上并无不同。”② 根据无罪推定原则的要求，我国法律对刑事证明责任进行了较为明确的规定：控方负有证明责任，这里的证明责任包括主张责任、提出证据责任和说服责任；辩方不负有证明责任。与此同时，我国立法基于利益衡量原则的要求规定犯罪嫌疑人、被告人在以下情况中负证明责任：（1）巨额财

① 卞建林：“刑事证明责任的分配与转移”，载《证据法学论文选萃》，中国法制出版社2005年版，第187页。

② 刘金友主编：《证据法学（新编）》，中国政法大学出版社2003年版，第222页。

产来源不明罪。我国《刑法》第395条第1款规定："国家工作人员的财产或者支出明显超过合法收入，差额巨大的，可以责令说明来源。本人不能说明其来源是合法的，差额部分以非法所得论，处五年以下有期徒刑或者拘役，财产的差额部分予以追缴。"在这类案件里，首先要由控方负证明责任证明被追诉者是国家工作人员且其财产或支出明显超过合法收入，差额巨大。然后由被追诉者对来源的合法性负证明责任。(2) 非法持有国家绝密、机密文件资料、物品罪。第282条第2款规定："非法持有属于国家绝密、机密的文件、资料或者其他物品，拒不说明来源与用途的，处三年以下有期徒刑、拘役或者管制。"在本罪中首先要由控方证明被追诉者不应持有而持有属于国家绝密、机密文件、资料、物品。然后由被追诉者就来源、用途的合法性负证明责任。

## 第二节　域外证明责任制度考察

### 一、英美法系国家证明责任制度考察

在英美法系国家，采取当事人主义诉讼体制，诉讼证明是当事人的责任，而法院只进行指导。当事人在诉讼证明中负有主张责任、提出证据责任和说服责任。法院仅负有判断证据的责任。从责任后果来说，仅当事人承担证明责任的后果。如果当事人举证证明不足以说服法院确信其所主张的事实成立，当事人将必然承担其主张的事实不能成立的法律后果。① 英美法系国家实行对抗制审判方式，在这种制度下，被告人也负有一定的举证责任，但这种举证责任无法和检察官的证明责任相提并论。被告人对其主张的证明不用达到"排除合理怀疑"的程度，而只要达到"优势证明"就可以

---

① 刘金友主编：《证据法学（新编）》，中国政法大学出版社2003年版，第195页。

了。此外，被告人的证明即使不能成立，其后果也只是法官对其主张和证据不予采纳，但这种不采纳并不能减轻检察官的证明被告人有罪的责任。在任何情况下，检察官都应负责说服陪审团接受其指控主张，并且这种说服必须达到“排除合理怀疑的程度”，否则就将承担败诉的风险。[①]“控诉方在刑事诉讼中始终负证明责任这一基本原则是英国上议院在 Woolmington v. D. P. P（1935）案件中确立的。”[②] 由于英美法的证明责任以美国最为典型，下面着重对美国法的证明责任进行分析。

（一）提出证据责任

就刑事诉讼而言，美国法要求检察官对犯罪构成要件，有提出证据的责任，且所提出的证据自形式观之，必需说服裁判者到“毋庸置疑”的程度。检察官对构成要件犯罪事实每一要素，必须提供足够的证据，让一般理性的裁判者，能认定构成要件该当到毋庸置疑的程度。亦即根据检察官所提出的证据，无怀疑（合理的怀疑）被告可能为无辜之人。被告若主张阻却违法（Justification）或阻却有责（Excuse）事由时，美国各州一般规定为被告就此主张必须负提出证据的责任。当被告就此事由提出全部证据后，法院必需判断被告是否已提出足够的证据。因美国各州的法律规定不同，有的州要求被告只要提出较些微证据还多的证据（more than a scintilla of evidence）即可，有些州则要求被告必须提出让一般理性裁判者能合理相信的程度。若被告未提出证据，或提出的证据不达法律规定的程度，法官则指示陪审团不得考虑阻却违法或有责的主张，亦即陪审团不得认定阻却违法或有责的成立，如同被告未主张阻却违法或有责。由此可见，在美国，控方负有提出证据责任在各州是统一的，而对于被告人承担提出证据责任问题，虽然一般都规

① 卞建林、杨宇冠著：《联合国刑事司法准则撮要》，中国政法大学出版社 2003 年版，第 57～58 页。

② 卞建林：“刑事证明责任的分配与转移”，载《证据法学论文选萃》，中国法制出版社 2005 年版，第 190 页。

定承担提出证据责任，但各州对提出证据责任所要达到的程度有不同。

此外，在英美法系所谓提出证据责任，就检察官而言是基于义务性；就被告人而言是基于必要性、利益性，二者的性质不同。① 可见，英美法在提出证据责任的分配上也有着不同的内涵。

（二）说服责任和说服程度（证明标准）

在两造皆已尽提出证据责任之后，才有说服责任的问题可言。说服责任乃说服裁判者（法官或陪审团）相信其所“主张事实”为真的责任。美国联邦最高法院判决指出，依宪法“正当程序”（Due Process）的规定，检察官非但对构成要件该当性负有说服责任，且其说服程度必需为“毋庸置疑”的程度。② 也就是说，当两造提出证据后，无论检察官所提出的证据具如何之说服力，若裁判者仍有合理的怀疑（只要有一个合理的可疑即可），怀疑被告可能是无辜之人，检察官等于未尽应有的说服责任，裁判者必须为被告无罪判决。③ 可见，在美国刑事诉讼中，控方对犯罪构成要件事实负有说服责任，且说服程度必须达到“毋庸置疑”程度，否则法官将可能判决被告人无罪。

至于阻却违法或责任事由，每个州对孰应负说服责任，及说服的程度如何则有不同的规定。有的州要求被告就阻却违法或有责之存在，负说服责任；有的州则要求检察官就反驳阻却违法或有责事由的存在，负有说服责任。至于说服的程度，有的州要求被告需说服裁判者到“证据优势”的程度，有的州则要求“证据明确”的

---

① 宋英辉、汤维建主编：《证据法学研究述评》，中国人民公安大学出版社 2006 年，第 324 页。

② 王兆鹏著：《刑事被告的宪法权利》，台湾元照出版有限公司 2004 年第 2 版，第 234 页。

③ See Dressler, supra note 10, at 54 – 61; Mueller & Kirkpatrick, supra note, at 156 – 159. 转引自王兆鹏著：《刑事被告的宪法权利》，台湾元照出版有限公司 2004 年第 2 版，第 234 页。

程度。若被告所主张阻却违法或有责事由，未能说服陪审团到法律规定的程度时，陪审团应不相信被告的主张，而作不利被告的判决。在要求检察官负反驳阻却违法或有责事由的说服责任之州，有要求检察官必须证明到“毋庸置疑”的程度。也就是说，检察官必须说服陪审团被告主张之阻却违法或阻却责任，无可能为真实至无可怀疑之程度始可。若检察官未能说服裁判者到该程度，裁判者必须认定阻却违法有责事实的存在。[①] 对于阻却违法或阻却责任事由，被告人负有提出证据责任，有的州要求被告人负有说服责任，有的要求控方负反驳阻却违法或阻却事由的说服责任，且要求控方必须证明到“毋庸置疑”。

## 二、大陆法系国家证明责任制度考察

### （一）控方负有证明责任，但已被法官发现真实责任所削弱

大陆法系国家对民事诉讼证明责任的研究较多，而对刑事诉讼证明责任则较少进行分类研究。在大陆法系国家，采取职权主义诉讼体制，诉讼证明主要是法院的职权和职责，但当事人仍负有主张责任、提出证据责任、说明责任。法院负有一定的收集证据责任，并负有调查证据责任和判断证据责任。从责任后果来说，当事人不承担举证不足而必然败诉的法律后果，仅为举证不足而承担其主张事实不能被法院认定的危险后果。因为当事人举证不足，而法院仍负有依职权调查证据自由判断证据以发现事实真相的责任。只有当事人举证不足，而法院尽其职责又未收集到相应证据予以证明，这时当事人才必然要承担其主张事实不能成立的法律后果。[②] 可见，在职权主义国家，控方负有证明责任，在其举证不足的情况下，法院也应积极收集证据。

---

① See Dressler, id, at 60; Mueller & Kirkpatrick, id, at 160；转引自王兆鹏著：《刑事被告的宪法权利》，台湾元照出版有限公司 2004 年第 2 版，第 234 页。

② 刘金友主编：《证据法学（新编）》，中国政法大学出版社 2003 年版，第 195 页。

职权主义审判程序中，虽然无罪推定原则也要求检察官承担被告人有罪的证明责任，被告人对此则不予承担，同时具有提出证据、进行辩护的权利。但是在这种制度中，检察官的证明责任已经被法官的职权行为大大地削弱了。因为法官有责任调查证据，否则可能承担判决“事实不清”的审判结果，而且其判决将被上一级法院所推翻。① 此时控方并非不负证明责任，而是其受到法官职权行为影响而被削弱了。

在英美法系国家所谓当事人进行的刑事诉讼制度下，不自证己罪原则对于被告之保障，仅止于被告没有积极配合调查的义务，但是对于被告有利之事实，被告仍必须负担主张及证明的义务。如果被告对于有利自己的事由不加主张，陪审团即无从加以考虑，或被告纵有主张，却不提出证据或说明，支持其主张，则陪审团亦无从认定其主张为真，结果被告必须忍受该有利事由不存在（纵使事实上确存有此有利事实）的不利益。这样的结果，无助于事实的真相的厘清，在职权进行的诉讼制度中，强调实体的真实发现，法官的调查范围，就不受当事人主张的限制。职权进行的诉讼制度中，当事人不必负担的主观举证责任，实际上由于法院有职权调查的义务，而因此免除。故刑事诉讼上被告具有不自证己罪及缄默权，如在职权进行的诉讼制度中，被告在诉讼上也无主观的举证责任，法院不能因为被告不答辩、不提出有利于己之证据，直接就检察官提出之主张及证据调查之，法院应不待被告之主张，依职权调查，或被告仅主张有利事实，却不积极举证时，应由法院进行可能的搜证与调查。例如，被告保持缄默之案件中，检察官举出之证人证述情况，法官发觉有可能正当防御之状况，并不因被告未主张正当防卫，就不得审酌正当防卫之可能性，法官仍应当然依职权就有无正当防卫进行调查，尤其当证人证述内容，尚有事实不明时，法

① 卞建林、杨宇冠著：《联合国刑事司法准则撮要》，中国政法大学出版社 2003 年版，第 57 页。

官仍可依职权调查其他未经声请之有利证据。[①] 所以，在大陆法系国家，刑事诉讼更为注重实体真实的发现，因此控辩双方的证明责任及其地位都受到了削弱。

（二）吸收当事人主义因素的国家开始加强控方的证明责任

在大陆法系国家法官的职权较强，相应削弱了控方的责任。但这也不是绝对的，现在大陆法系国家也都吸收了当事人主义对抗制的因素，而形成了混合式的诉讼模式，如在日本、意大利以及我国台湾地区，控方在其主张事实不能被认定时所承担危险后果较之传统职权主义下有所增大，控方责任加强的趋势符合国家司法准则的有关要求。

（三）被告人在一定范围内承担证明责任

大陆法系的刑事诉讼中，被告人虽原则上不负任何证明责任，只有举证、反驳控诉、证明自己无罪和罪轻的权利，但在某些例外情形下，被告人也需承担一定的证明责任，[②] 如在法国，认为“由检察院负举证责任的原则，在适用时会引起诸多困难”。因而立法及判例确认，在特定情形下，被告方也必须承担一定范围的举证责任：（1）受追诉方主张其存在“正当辩护理由”：如被告方主张其行为属于正当防卫，或者是由合法当局所指挥，或者被告方援引其他可以免除其刑事责任的事由时，这包括制定法明确要求被告方承担举证责任及制定法虽未作规定，但判例要求被告方承担举证责任两种情形。（2）在涉及不可归责于行为人的事由，如受到强制、精神错乱等情形时，判例也要求被告方承担举证责任。（3）如果被告方为了摆脱其责任，援引足以使犯罪实际上不可能存在的事实，对这一事实也应由被告方提出可以证明其存在的证据，如被告方主张其犯罪构成的要件事实是由于某一自动的机械运转故障所引

① 林丽莹：“刑事法上的举证责任——有疑则利被告原则、被告不自证己罪原则”，载《月旦法学杂志》2006年6月第133期，第18页。

② 卞建林主编：《刑事证明理论》，中国人民公安大学出版社2004年版，第201页。

起的，就应当由被告人证明该机械运作不良之事实。[①] 可见，在法国，被告人在一定范围内须承担一定证明责任。

## 三、我国台湾地区证明责任制度考察

### （一）控方负有提出证据责任和说服责任

我国台湾地区原先采用职权主义，检察官在举证方面仅负担提出证据的义务，足使法院得有合理可疑，其形式举证责任已尽，检察官在法庭实行公诉时不负任何说服责任，法院未能依检察官之举证得其确信之心证或其他情形，为发现实体的真实之必要，仍应依职权调查证据。[②] 这实际上形成了"接力担任犯罪侦查的工作"。[③] 2002 年修法后采行所谓"改良式当事人进行主义"，则有所改观。我国台湾地区"刑事诉讼法"第 161 条第 1 款规定："检察官就被告犯罪事实，应负举证责任，并指出证明之方法。"这是关于检察官举证责任的规定。台湾地区采取所谓"改良式当事人主义"，被告人受不自证己罪的保障，纵然不负担主观的举证责任，但是作为控方之检察官，仍对被告人之犯罪事实负有主观的举证责任。上述规定不仅是指客观的举证责任，从"并指出证明之方法"一句亦可得知，上述条文也包括主观的举证责任。[④] 即使依据"刑事诉讼法"第 163 条第 2 款规定的："法院为发见真实，得依职权调查证据。但于公平正义之维护或对被告之利益有重大关系事项，法院应依职权调查之"，法院可依职权调查证据，也不能认为控方因此不承担客观的证明责任。

---

① ［法］卡斯东·斯特法尼等著：《法国刑事诉讼法精义》，罗结珍译，中国政法大学出版社 1998 年版，第 36 ~ 42 页；转引自卞建林主编：《刑事证明理论》，中国人民公安大学出版社 2004 年版，第 201 页。

② 陈朴生：《刑事证据法》，台湾三民书局 1979 年版，第 161 页。

③ 陈宏毅："改良式当事人主义下被告在刑事诉讼程序中的举证问题"，载台湾地区《刑事法杂志》2006 年 6 月第 50 卷第 3 期，第 58 页。

④ 林丽莹："刑事法上的举证责任——有疑则利被告原则、被告不自证己罪原则"，载《月旦法学杂志》2006 年 6 月第 133 期，第 10 页。

与英美法系不同，我国台湾地区法律传统上没有区分“说服责任”与“提出证据责任”，而以“举证责任”一语概之。台湾地区曾有“形式举证责任”与“实质举证责任”之分，往昔认为检察官仅负使法院产生合理怀疑的“形式举证责任”，认为“实质举证责任”属于法院的职责，此观点受到批评。上述立法第161条第1款规定“检察官就被告犯罪事实，应负举证责任，并指出证明之方法”，其立法理由是：鉴于刑诉法制之设计系根据无罪推定原则，以检察官立于当事人之地位，对于被告进行追诉，则检察官对于被告之犯罪事实，自应负提出证据及说服之实质举证责任。这似已引进“提出证据责任”及“说服责任”并加以了区别。[①] 台湾“最高法院”第4次刑事庭会议决议指出：“一、为贯彻无罪推定原则，检察官对于被告之犯罪事实，应负实质举证责任。刑诉法修正后第161条第1项规定：‘检察官就被告犯罪事实，应负举证责任，并指出证明之方法’，明定检察官举证责任之内涵，除应尽‘提出证据’之形式举证责任（参照本法修正前增订第136条之立法理由谓‘如认检察官有举证责任，但其举证，仍以使法院得有合理的可疑之程度为已足，如检察官提出之证据，已足使法院得有合理的可疑，其形式的举证责任已尽……’）外，尚应‘指出其证明之方法’，用以说服法院，使法官‘确信’被告犯罪构成事实之存在。此‘指出其证明之方法’，应包括指出调查之途径，与待证事实之关联及证据之证明力等事项。同条第二、三、四项，乃新增法院对起诉之审查机制及裁定驳回起诉之效力，以有效督促检察官善尽实质举证责任，藉免滥行起诉。”[②] 可见，我国台湾地区已经通过司法机关的文件明确了检察官负有实质举证责任和形式举证责任。

---

① 吴巡龙：“刑事举证责任与幽灵抗辩”，载《月旦法学杂志》2006年6月第133期，第35页。

② “台湾地区‘最高法院’2002年度第4次刑事庭会议决议”，载台湾地区《司法周刊》第1085期。

（二）辩方对积极防御负有提出证据责任

我国台湾地区“刑事诉讼法”第161条之一规定：“被告得就被诉事实指出有利之证明方法。”此系赋予被告主动实施防御之权利，以贯彻当事人对等原则，并非将检察官应负之举证责任转换给被告。虽然刑事诉讼法仅规定检察官就被告之犯罪事实有举证责任，对于被告的举证责任未作明确规定，被告若单纯否认，当然没有举证责任，但被告为避免法官形成有罪心证，有实施防御之权利，若被告进一步提出积极抗辩，被告为证明其抗辩为真实，除法律规定不需举证的情形外（如公众周知、于法院已显著或法院职务上已知的事实），仍须提出相当之证据。[①] 可见，我国台湾地区法律对于证明责任的分配未进行明确规定，但很显然，控方对于指控负有说服责任，同时负有提出证据责任，而辩方有积极防御的权利而进行举证，但不因此承担说服责任，对于其抗辩需提出相当的证据，有形式上的提出证据责任。

## 第三节　辩方证明权与证明责任

我国学界目前关于阻却违法、阻却责任事由以及其他抗辩主张的证明责任问题存在着不同的观点，有的认为辩方负证明责任，有的认为辩方负提出证据责任、控方负说服责任，有的认为辩方有证明的权利。“我国刑事诉讼理论界和实务界之所以在一系列的抗辩理由的证明责任分配问题上纠缠不清，根本原因在于没有明确区分客观的证明责任与主观的证明责任、抽象的证明责任与具体的证明责任的概念。”[②] 因此，笔者下文将在对相关问题分析时，着重厘清界限。

---

① 吴巡龙：“刑事举证责任与幽灵抗辩”，载《月旦法学杂志》2006年6月第133期，第36页。

② 魏晓娜：“论我国证明责任概念之重构”，载樊崇义主编：《诉讼法学研究》第5卷，中国检察出版社2003年版，第279页。

## 一、阻却违法、阻却责任事由以及其他抗辩主张的证明责任

### （一）观点一：辩方负证明责任

主张辩方负证明责任的观点认为，课予辩方证明责任不仅不会损害其权利，反而有利于事实尽快查清，从而有利于权利保护。“被告人不负证明自己有罪的责任这一点是绝对的、无条件的，而被告人不负证明自己无罪的责任这一点却是相对的、有条件的。事实上，在坚持控方对被告人有罪（而不是全部）的要件事实进行证明的基础上，要求被告方对一部分由其证明更为方便的无罪、罪轻的事实也承担证明责任，不仅不会损害对被告人权利保护的力度，而且有利于查清案件事实，提高诉讼效率。但是，根据我国刑事立法及诉讼理论，除巨额财产来源不明罪及非法持有国家绝密、机密文件、资料、物品罪以外，刑事诉讼中的证明责任全部由控诉方承担，辩护方不承担任何证明责任。”① 该观点进一步提出被告人对于以下几类事实应当承担一定的证明责任：制定法明确规定应由被告人承担证明责任的情形或者其他可反驳的法律上的推定；阻却违法性及有责性的事实；被告方的某些积极抗辩主张；被告方主张的程序性事实；被告方独知的事实。② 主张辩方负证明责任的观点认为辩方负有证明责任，上述观点列举的几种辩方承担证明责任的情形未明确是提出证据责任或说服责任，但用了“承担一定的证明责任”，从观点的前后文分析来看，应指完整意义上的证明责任，包含提出证据责任和说服责任，但该观点同时指出：“即使是对于法定的部分应由被告方承担证明责任的辩护理由，在辩方履行证明责任之后，最终反驳其存在的责任仍然是由控诉方承担。……在刑事诉讼中，一旦被告方提出证据对其辩护理由进行证明，并足

---

① 卞建林：“刑事证明责任的分配与转移”，载《证据法学论文选萃》，中国法制出版社2005年版，第202页。

② 卞建林：“刑事证明责任的分配与转移”，载《证据法学论文选萃》，中国法制出版社2005年版，第212～222页。

以在事实裁判者心中产生合理的怀疑或使事实裁判者认为该辩护理由存在的可能性比不存在的可能性更大，被告方的证明责任即已完成。至于辩护理由到底是否存在及是否真实，被告方无须证明。只要控诉方不能以排除合理怀疑的证据证明该辩护理由是不成立的，被告人即可获得如同该辩护理由完全成立一样的法律裁判，宣告无罪或减免责任。”从这段论述来看，论者所主张的辩方承担的证明责任，似为提出证据责任。如果是完整意义上的证明责任，辩方如果不能证明其辩护主张，那么则因此承担败诉后果，而事实上并非如此。

（二）观点二：辩方负提出证据责任，控方负说服责任

关于辩方举证责任问题，一般认为辩方除了在法律规定的特殊情形下需承担说服责任外，只承担提出证据责任。“与举证责任相似，却应同举证责任区别开的，有举证之必要。即若不证明某事实将受到不利的判断的当事人，为避免对其不利，应提出证据证明该事实，又称为提出证据的责任。举证责任是一开始就固定地分配于特定当事人的，并不因诉讼的推进而转移给对方当事人；而举证必要则是随着诉讼的发展在当事人之间来回转移的。前者称为实质的举证责任，后者称为形式的举证责任。”① 在我国台湾地区，“虽然刑事诉讼法仅规定检察官就被告之犯罪事实有举证责任，对于被告的举证责任未作明确规定，被告若单纯否认，当然没有举证责任，但被告为避免法官形成有罪心证，有实施防御之权利，若被告进一步提出积极抗辩，被告为证明其抗辩为真实，除法律规定不需举证的情形外（如众所周知、于法院已显着或法院职务上已知的事实），仍须提出相当之证据。”② 辩方为有效进行诉讼防御，有提出证据之必要。

① 宋英辉译：《日本刑事诉讼法》，中国政法大学出版社 2000 年版，第 25～26 页。

② 吴巡龙：“刑事举证责任与幽灵抗辩”，载《月旦法学杂志》2006 年 6 月第 133 期，第 36 页。

辩方承担提出证据责任主要针对的有两种情况：一是需要同时承担提出证据责任和说服责任的情况（在我国刑事诉讼中，即为巨额财产来源不明案件和非法持有绝密、机密文件、物品案件）；二是仅承担提出证据责任。辩方仅承担提出证据责任占据了主要部分。辩方提出证据责任主要是指阻却违法和阻却责任的事由。违法阻却事由与责任阻却事由等所谓的“犯罪阻却事由”，只要它们没有形成诉讼中的争点就没有必要加以考虑。也就是说，只有被告人提出了显示这些事实可能存在的某种资料，或者诉讼中客观地出现了某种使人能够推测或许存在着构成这些事由的事实那样的状况，裁判所才有必要将阻却事由的存在与否作为争点而纳入审判的对象。不过，阻却事由一旦争点化，也应理解为最终必须由检察官承担其不存在的举证责任。[①] 被告主张有阻却违法、阻却责任事由或为其他积极抗辩时，本于罪疑惟轻之精神，且被告搜证能力较弱，参考美国相关法律，其“说服责任”证明程度应不以“无合理怀疑”为必要，只要到达“过半证据”已经足够。因检察官负有证明被告有刑事可罚性之责任，若被告能提出足够支持其主张之证据，检察官即负有证明没有阻却违法或阻却责任事由之举证责任，为降低误判的可能性，其证明亦应至“无合理怀疑”程度。[②] 可见，在辩方负担提出证据责任的同时，控方则负有证明没有阻却违法或阻却责任的事由，但为了避免辩方“求生”、“求自由”的本能而随意提出抗辩事由，在这些情况下，由其负担提出证据责任，并要求其证明到“可能”比“不可能”更为“可能”后即由控方负担说服责任。

辩方系因积极抗辩而负提出证据责任。刑事追诉的举证责任由追诉者承担。基本上，犯罪事实的追诉本是追诉者当为举证之事

---

① [日] 西原春夫主编：《日本刑事法的形成与特色》，李海东等译，中国法律出版社 & 日本成文堂 1997 年版，第 165 页。

② 吴巡龙：“刑事举证责任与幽灵抗辩”，载《月旦法学杂志》2006 年 6 月第 133 期，第 37 页。

项，故而举凡构成要件该当事实，乃至刑罚成立的事实，都属追诉者应举证事项，如其未为完善之举证，以确认审判者对于事实存在之心证者，必须朝向被告有利之方向思考；唯倘若系属事实的确认并无问题，但却具有评价转向，乃至阻却评价事项存在之主张时，则并非属于追诉者举证之事项，却是被告应为举证事项，此种足以造成评价转向或阻却评价的事项。在实体法中至少有5种类型存在：1. 属于正当事由或紧急危难的情况；2. 同一事实中具有轻评价的类型；3. 不同参与角色之主张；4. 特定刑罚减轻事由之主张；5. 其他犯罪成立条件之特定规范。[①] 前面已经分析到，在刑事诉讼中，检察官对于构成要件该当性（包括客观构成要件、主观构成要件）、犯罪加重要件、处罚条件存在之事实负举证责任，"构成要件该当事实存在时，以有违法性、有责性为常态，可推定违法性、有责性存在，检察官无须再举证；被告主张有阻却违法、阻却责任事由或为其他积极抗辩，因该事由有利于被告，且何处可发现阻却违法或阻却责任事由之证据，被告应比较清楚，若由检察官负没有阻却违法或阻却责任事由的举证责任，被告可能会隐匿相关证据，使真实无法发现，故被告应负有举证责任。"[②] 由于此时，辩方是为了进行积极抗辩而有举证之必要，并不会因此而承担败诉之后果，因而仍属提出证据责任范畴。

辩方是出于举证的必要而负提出证据责任。当"法官的心证已经对被告方极其不利，也就是说，如果被告方再无动于衷的话，正常情况下极可能受到不利的判决。在这一阶段，被告方一般都希望提出一定的辩护事由。例如，正当防卫，或者辩称控方证据为非法证据。但是，如果被告方想要辩护理由对法官心证形成影响的话，就必须提出相应的证据，证明辩护理由的存在具有合理的可能

---

① 黄东熊等著：《刑事证据法则之新发展——黄东熊教授七秩祝寿论文集》，台湾学林文化事业有限公司2003年6月版，第127～128页。

② 吴巡龙："刑事举证责任与幽灵抗辩"，载《月旦法学杂志》2006年6月第133期，第36页。

性，这里提出证据的行为就是在履行具体的提证责任（在英美法里这种责任又称为‘形成争点的责任’，因为仅有辩护理由，而没有证据支持，法官根本不会考虑辩护理由的，只有提出相应的证据的情况下，该辩护理由才能形成诉讼中的‘争点’）。一旦被告方的举证影响到法官心证，即法官认为辩护理由的存在具有合理的可能性，被告方的提证责任即告完成，具体的提证责任又转移到了控方，控方必须否证掉该辩护理由，否则便会遭受不利的判决。”①辩方出于举证的必要而负提出证据责任，并使法官认为具有“合理的可能性”之后，控方即负说服责任。

关于控方负说服责任，也有不同观点认为这容易混淆攻防角色。我国台湾地区“最高法院”2004年台上字第6902号判决认为：“检察官在诉讼上就其起诉之犯罪事实纵应负实质之举证责任，此与被告有得主动向法院提出有利证明方法之诉讼权，系分别处于攻击与防御之关系，并非等同，且在理论上检察官既认被告有犯罪嫌疑而对之提起公诉，请求依刑事诉讼程序确认国家对被告之刑罚权，倘复认检察官于提起公诉后尚有应为被告积极搜证以证明其并无被诉犯罪事实之职责，如此在诉讼程序上即陷于攻防角色混淆之矛盾，自难认与上述规定当事人及其职权或权利架构运作之精神相符。”② 此判例观点首先确认了辩方所享有的提出证据权利，但认为不能同时要求控方负说服责任，否则有悖其职能和角色。但笔者认为，无论是我国台湾地区，还是内地，控方不是单纯的原告当事人，其虽处于公诉地位，但其同时具有司法机关性质，而负有协力的证明义务，同时基于控辩武器不平等的现状，因此要求其负说服责任是妥当的，不能“一叶障目，不见泰山”。

笔者认为，不存在阻却违法或阻却责任事由以及其他抗辩主张

① 魏晓娜：“论我国证明责任概念之重构”，载《诉讼法学研究》第5卷，中国检察出版社2003年版，第279页。

② 林丽莹：“刑事法上的举证责任——有疑则利被告原则、被告不自证己罪原则”，载《月旦法学杂志》2006年6月第133期，第17页。

本身即属于控方客观证明责任的范畴。前已述及，在刑事诉讼中，控方负有客观的证明责任，控方的这种证明责任不能转嫁到辩方，对于阻却违法或阻却责任事由，辩方需通过提出证据使该事由“立”起来，这就需要进行举证证明以形成该争点。“对证据的证明力不能作出肯定或否定的判断时，应当说是事实不清。在这种情况下，检察官不举证时，根据‘疑罪从无’的原则认定无罪。因此，在刑事诉讼过程中，原则上检察官负有客观的举证责任，但这种客观的举证责任不能转嫁给被告人。在不存在违法阻却事由和责任阻却事由的情况下，检察官也有举证责任（通说）。但是，被告人有责任形成上述事由存在的争点（这是主观的举证责任。当然要等待被告人的主张，但认为这些事由存在时，即使被告人不提出主张也可以形成争点）。例如，检察官主张杀人的事实，而被告人主张正当防卫的事实，检察官的客观举证责任就是论证不存在正当防卫事由。另外，检察官对诉讼条件的事实也有客观的举证责任（通说）。”① 可见，不存在阻却违法或阻却责任事由本身就属于控方客观证明责任的范畴，只是基于诉讼效率的考虑，不是每件必证，而是存有争议时才进行证明，其中辩方承担提出证据责任即是一个重要的促使其承担客观证明责任的形式。

（三）观点三：辩方举证是其权利

关于辩方举证是其权利，笔者在绪论和辩方证明性质部分均有涉及，这里主要从辩方证明与证明责任的关系角度进行分析。

1. 辩方举证是诉讼权利。辩方在诉讼过程中，为证明自己无罪、罪轻情节，而积极提出证据以证明存在阻却违法、阻却责任事由以及其他抗辩主张的存在，如前所述，通说认为，此为提出证据责任，个别观点认为辩方就此负有证明责任（提出证据责任和说服责任）。但即使持上述观点的人也认为，辩方提出证据是诉讼权

① ［日］田口守一著：《刑事诉讼法》，刘迪等译，法律出版社2001年版，第227页。

利。有观点指出："控诉方既然提出指控，就必须对诉讼中的每一个问题予以证明，以说服陪审团作出有罪裁决。从这个意义上讲，控诉方的责任是'法定的'或'最终的'责任，是一种无可推卸的义务；而被告方受无罪推定原则的保护，原则上不承担证明责任，但是为了有效反驳控诉方的指控，被告人可能在法庭上提供证据证明自己是无辜的。被告人承担的这种责任，就其性质而言，是'暂时的'、'提证的'责任，可以认为是被告人享有的一项诉讼权利。"[①] 由此论述可得出：辩方积极提供证据证明无辜以反驳指控是提出证据的责任，也是辩方所享有的权利。

2．辩方举证是在行使辩护权。"辩方提出有利于被告人的证据的行为不是在履行证明责任，而是在行使辩护权。也正是无罪推定原则的存在，才真正使辩护行为的性质由责任转变成为一种权利。"[②] "辩方承担'提出证据的责任'、'主观证明责任'完全是一种自愿的、自发的行为，具有权益性。因此，被告人可以放弃这一权利，并且不因此而招致于己不利的后果。"[③] 由此可见，辩方举证具备了权利所包含的各项要素，形成了完整的权利内涵。

3．辩方举证是其积极的诉讼防御权，辩方不举证是其消极的诉讼防御权。我国台湾地区刑事诉讼制度已从"职权主义"迈向"改良式当事人主义"，检察官的举证责任朝向当事人进行主义迈进了一大步，从过去不负责任的公诉官转而成为积极实行公诉的原告当事人。那么，被告在刑事诉讼程序中有无主张责任与举证责任的问题？"基本上，被告在'无罪推定原则'之下有'不自证己罪'的特权，被告无须证明己罪当然就没有举证责任的问题，国

---

① 卞建林主编：《刑事证明理论》，中国人民公安大学出版社 2004 年版，第 200 页。

② 卞建林、[加] 杨诚主编：《刑事正当程序研究：法理与案例》，中国检察出版社 2006 年版，第 15 页。

③ 樊崇义："'你有何证据证明你没杀人？'随感"，载《诉讼法学研究》第 4 卷，中国检察出版社 2003 年版，第 7 页。

家如要求被告负举证责任，显然就违反了‘无罪推定原则’。被告在刑事诉讼程序上不仅可以拒绝任何不利于己的陈述，更有权利保持缄默。因此，被告既然依法可以保持缄默，当然就无须为任何的主张负主张责任，亦无须负举证责任，此乃‘无罪推定原则’下当然的解释，毋庸置疑。前述之情形，可称之为‘被告消极的诉讼防御权’。藉此以观，在刑事诉讼上无论是采用广义或狭义的举证责任，被告都不负任何主张或举证的责任。”① 我国台湾地区“刑事诉讼法”第161条之一规定：“被告得就被诉事实指出有利之证明方法”系赋予被告主动实施防御之权利，以贯彻当事人对等原则，并非将检察官应负之举证责任转换给被告。② 可见，辩方因受无罪推定原则保护，其不负任何主张责任和举证责任，其可不进行任何举证，但也可积极进行举证，因此包括积极的诉讼防御权和消极的诉讼防御权。从积极的诉讼防御角度来看，辩方在刑事诉讼中依法“得”举证，这显然是主动实施防御权的体现，而非责任；从消极的诉讼防御角度来看，辩方在刑事诉讼中可以不举证，可消极对待举证问题，表明此为其权利，而责任、义务是不可放弃的，只有权利可以放弃。

4. 以职权主义为基调的诉讼模式淡化了辩方的举证责任。“‘举证责任’一词是多义词。这个词汇在刑事诉讼中不像在民事诉讼中那样具有实际的重要意义，不过在解释概念方面，两者的重要性是一样的。举证责任的字义是‘举出证据的责任’，即当事人负有进行证明活动的责任。职权主义刑事诉讼体制强调发现真实是法院的责任和义务，这个意义上的举证责任淡化了当事人的‘责任’。旧刑事诉讼法之所以没有规定举证责任，主要的理由就在于此。现行法采用了‘当事人原则’，证明活动中的当事人责任相当

① 陈宏毅：“改良式当事人主义下被告在刑事诉讼程序中的举证问题”，载台湾地区《刑事法杂志》2006年6月第50卷第3期，第58～59页。

② 吴巡龙：“刑事举证责任与幽灵抗辩”，载《月旦法学杂志》2006年6月第133期，第36页。

明确。不过，法院也负有依照职权调查证据的义务，在这个范围内当事人特别是被告人的责任被淡化了。”① 我国台湾地区虽然已较多吸收当事人主义因素而改采“改良式当事人进行主义”，但其仍然赋予了法院职权调查权，而我国内地的制度中，法院的庭外调查权依然存在，这都表明法院并不处于超然的中立地位，辩方的责任是被淡化的。基于前面的论述，辩方有积极和消极的诉讼防御权，法律制度应予以切实保障。

（四）本书观点：辩方既享有举证权，又负有提出证据责任

排除阻却违法或阻却责任事由以及其他抗辩主张属于控方客观证明责任的范畴。在刑事诉讼中，控方既负有客观的证明责任，又负有主观的证明责任；对于阻却违法或阻却责任事由以及其他抗辩主张，辩方需通过提出证据使该事由“立”起来，负有提出证据责任。同时辩方积极进行诉讼防御，协同发现真实也是其权利。因此，笔者认为，辩方既享有举证权利，又负有提出证据责任。

## 二、刑事证明责任的不可转移性

关于证明责任转移问题，不同法系的国家说法不一。② 在我国刑事诉讼法学界，有的学者认为存在证明责任转移，并认为“在证明责任转移的情况下，只是提出证据责任的转移，而不包括说服责任的转移，或者说转移的只是主观的或者行为意义上的证明责任，客观证明责任或曰结果意义上的证明责任始终固定于控诉方。”③ 有的学者认为不存在证明责任转移，认为：“主张证明责任的转移必然导致对‘无罪推定’原则的具体否定。在刑事诉讼中，即使在出现阻却性证据的特殊情况下，证明责任也要由控诉方来承

---

① ［日］松尾浩也著：《日本刑事诉讼法（下卷）》，张凌译，中国人民大学出版社 2005 年版，第 21 页。

② 卞建林主编：《刑事证明理论》，中国人民公安大学出版社 2004 年版，第 225 ~ 229 页。

③ 同上，第 229 页。

担。被告方是不承担证明责任的。如果认为在出现阻却性证据的情况下，证明责任应当转移给被告承担，那是一种误解。如果认为证明责任可以转移，那么则很可能犯‘有罪推定’的错误。”① 笔者这里先从前苏联两位著名刑事诉讼法学者就证明责任移转性问题所进行的激烈争论入手，然后进行分析。由于目前许多观点与此都有一定关系，所以相关问题也一并讨论。

(一) 维辛斯基与斯特罗果维奇的“移转性”之争

在50多年前，前苏联两位著名刑事诉讼法学者就证明责任的移转性问题进行了激烈的争论。这两位学者分别是：维辛斯基与斯特罗果维奇。由于我国与前苏联的特殊历史渊源，近距离认识这场震动前苏联司法界和法学界的“移转性”之争，对于我国的制度构建是不无借鉴意义的。重新回顾这个问题，有助于澄清我国证据理论研究中的某些错误认识。

斯特罗果维奇的主要论证要点包括以下几个方面:② 其一，控方负有实质调查义务，检察长和法院应当而且有义务来调查被告人的这种引证，在实质上调查被告人的辩解。检察长不能对于被告人的辩解持消极的态度，不能只限于向被告人单纯要求“你要证明这不是抢夺而是玩笑，你要提出你的证据”。其二，所谓“证明责任”实为被告人的权利。至于实际上的证明责任，完全不是证明的义务，这是被告人对控诉进行辩护、驳斥控诉，为证明自己无罪而引用证据的权利。其三，证明责任变换原则不适用于刑事诉讼。证明责任变换的原则应适用于民事诉讼，而在刑事诉讼中是不能适用的。苏维埃刑事诉讼法上的证明责任无论何时都不能移转给被告人及其辩护人。

---

① 叶自强：“英美证明责任分层理论与我国证明责任概念”，载《环球法律评论》2001年秋季号。

② ［苏］安·扬·维辛斯基著：《苏维埃法律上的诉讼证据理论》，王之相译，法律出版社1957年版，第287～298页。

维辛斯基的主要论证要点包括以下几个方面：[1] 其一，检察长应当证明自己的控诉证据。检察长控诉某甲犯抢夺罪。因为某甲像任何公民一样，在他的罪行没有证明以前，是推定为无罪的，即因为法律的推定（praesumptio iuris）是于他有利益的，所以论证控诉和证明某甲犯罪的责任就完全落在检察长身上。在这种场合被告人可能只提出单纯的要求："请你证明我是强盗，请你拿出证据来。"检察长提出证据：证据是无疑义的——证明了正是某甲实施了抢夺行为。被告人承认他确实曾从被害人那里夺去了物品，但他肯定说，这完全是预先计划好的把戏，是开玩笑。这时情况就变了，因为说明抢夺的事实已经认定了，那么检察长在这一部分就没有什么再要证明的。这时被告人应当负责证明这不是抢夺行为，而是开玩笑。发生了证明责任的变换，这种变换随同法庭调查的展开，随同诉讼程序的发展，可能是不只一次的。其二，"谁容易提出就叫谁提出的原则"。[2] 如果在被告人那里发现有破坏工具、窃取的物品、钱款以及其他等项，那么证明这些东西的合法来源，证明他占有这些东西与曾经实施的犯罪行为中间并无任何联系，这种证明义务在一定的情况下，应由被告人负担。可能成为这种情况的还有，如足以认定被告人与这一犯罪行为无关的其他事实。……但是在另一种情况下，证明这些物品的构成犯罪的来源、这些物品与犯罪的联系，以及通过这些物品证明被告人与所控诉他的罪行的联系——都是控诉人的义务。……法院所关心的，是要能判明真实情况，是要能借确切判明事实真相使案情完全清楚。这在诉讼上没有被告人的积极参加，将成为不可能，因此如果被告人认为自己是无罪的，他就负有义务向法院提出一切可能驳斥控诉的东西。人们可能说，提出证据来论证被告人所述的情况是被告人的权利，不是他的义

① ［苏］安·扬·维辛斯基著：《苏维埃法律上的诉讼证据理论》，王之相译，法律出版社1957年版，第287～298页。

② 刘金友主编：《证据法学（新编）》，中国政法大学出版社2003年版，第227页。

务。……问题首先归结为究竟是谁——控诉人或被告人——负有义务提出这种事实。我们的理论是，在这种场合确证被告人所提出的论题的事实，应由被告人提出，而不是由在这里无能为力的控诉人提出。其三，证明责任变换原则。得出的结论是：证明责任变换的原则，只能简明规定如下：（1）证明确认控诉罪行的情况是控诉人的义务；（2）证明反驳所控诉的罪行的情况是被告人的义务。认为斯特罗果维奇的“不能移转”主张是没有根据的，指出其在提出这个主张时没有注意到实际上是在支持“受审人不负任何证明义务”的那种法国公式。同时维辛斯基认为，企图把控诉人证明被告人有罪的义务变换为被告人证明自己无罪的义务，是与苏维埃的证明责任的原则绝对矛盾的。

从上面可以看出，斯特罗果维奇与维辛斯基“移转性”之争的焦点是：前者认为证明责任不能由控诉人移转到被告人，后者则主张证明责任可以移转。当时维辛斯基主张证明责任可以移转的观点被前苏联大多数学者和立法所否定。笔者对这场论争作如下分析：

第一，论争未能解决问题。囿于当时历史条件，论争双方虽然都提出了论之成理的主张，但均未能驳倒对方。前苏联立法和学界否定维辛斯基的主张并不表明其观点完全不被认同，也不代表支持斯特罗果维奇的主张。“虽然苏联的刑事诉讼法律和最高法院拒绝了维辛斯基的主张，但是在当时以及其后相当长的时间内，并没有人能够从证据学理上令人信服地解答他所提出的疑点”。[①] 可见，论争的问题在当时未能得到解决。

第二，论争未能厘清提出证据责任和说服责任是问题无法解决的根源。斯特罗果维奇与维辛斯基对自己的观点都有着充分的论证，都以无罪推定原则为基础展开分析，但却得出了不同结论。问题的症结在于未能将证明责任所包含的提出证据责任和说服责任分

① 叶自强：“英美证明责任分层理论与我国证明责任概念”，载《环球法律评论》2001年秋季号。

清。事实上，从论争来看，双方都认可的是控方承担说服责任，同时承担提出证据责任。但对辩方是否承担提出证据责任、是否存在将控方的提出证据责任转移给辩方、辩方提出证据是权利还是义务问题有着不同观点。

第三，维辛斯基观点的可取之处。虽然通常观点批驳维辛斯基时都说其主张证明责任的移转性，但从其在《苏维埃法律上的诉讼证据理论》一书中的论述来看，大家都误会维辛斯基了，他的本意只是转移提出证据责任，并未提出要将说服责任转移给被告人。维辛斯基主张，刑事诉讼不仅要有控诉人、法院的积极性，也要有被告人的积极性。被告人有提出证据的义务，但不能因为被告人在特定情况下负有提出证据的义务，而让被告人承担证明自己无罪的义务。可见，维辛斯基的观点与无罪推定原则并不绝对矛盾，只是当时未将证明责任作提出证据责任和说服责任之分，而造成了难以解释清楚的障碍。维辛斯基所主张的辩方在特定情况下所负提出证据责任，是其义务，是具有合理性的。

第四，维辛斯基观点的错误之处。即使维辛斯基所指证明责任移转所指即为本书所指的“提出证据责任”的移转，也不能发生转移，因为对于控方的控诉，提出证据责任本身即应由其负责，辩方的提出证据责任并非由控方转移而来，这在下文中将要详细分析。

第五，斯特罗果维奇观点的可取之处。斯特罗果维奇虽然同样未能厘清提出证据责任和说服责任，但其提出的主张对苏联法学界阻止证明责任转移给被告人还是具有较大影响的，从而为在厘清相关问题后再合理进行制度建设提供了时间。其观点中尤为可取的是，其坚持了辩方为进行辩护、反驳控诉而“引用证据”是其权利。这对有效平衡控辩双方的地位，加强辩方权利保障是有益的，而且从权利的角度分析易于调动辩方的积极性。此外，斯特罗果维奇还认为“证明责任变换原则不适用于刑事诉讼”、“证明责任无论何时都不能移转于被告人及其辩护人”，这是具有积极意义的。

第六，斯特罗果维奇的错误之处。斯特罗果维奇在提出辩方为进行辩护、反驳控诉而“引用证据”是权利的同时，绝对认为“完全不是证明的义务”，这是不可取的。不能因为其为权利，而绝对否定其责任、义务的性质。辩方在进行辩护、反驳的过程中有提出证据的责任，即使最终的说服责任仍在控方。当然这同样与当时未进行提出证据责任和说服责任有关。

（二）提出证据责任和说服责任皆不可转移

正如本书所主张的，笔者认为，辩方在提出阻却违法、阻却责任事由以及其他抗辩主张时有提出证据责任或义务，同时这也是其权利。笔者既不赞同“证明责任可以转移”，也不赞同“提出证据责任可以转移”的观点。理由在于：

第一，控方之责乃其本职。在刑事诉讼中，控方所负证明责任中的提出证据责任和说服责任皆是其所应“负责到底”的，不能说达到什么程度后转移、转换或变换给辩方的问题。

第二，辩方之责是因其抗辩所生之责。辩方在刑事诉讼中不负证明责任（法定特殊情况除外），这里指辩方既不负说服责任，也不负提出证据责任，仅于其提出阻却违法、阻却责任事由以及其他抗辩主张时才负有提出证据责任，可见辩方的提出证据责任并非控方的责任转移过来的，而是基于其抗辩所应负之责任抑或义务。

第三，辩方受无罪推定、不强迫自证其罪原则的保护不应被转移责任。这两项原则要求控方承担证明责任，而不得转移给被告人。控方在承担其提出证据责任、说服责任之后，如果法官形成有罪心证，而辩方未提出阻却违法、阻却责任事由以及其他抗辩主张时，即形成有罪判决，反之，辩方为了自身利益，而积极进行抗辩时，即有提出证据的责任和权利，此时的提出证据责任不来自于控方。

第四，辩方因抗辩所负提出证据责任也不转移给控方。辩方在提出抗辩事由负有提出证据责任，其在提出证据达到合理的可能性时，即应由控方承担证明责任，因为这本身即属于控方在证明构成要件事实的内容，只是为了避免诉讼效率的下降，而不一律要求控方在进行证明控诉事实时一一加以排除式证明，这也是不现实的。可见，辩方在对其抗辩事由提出证据并证明达到合理可能性时，控方所负证明责任并非移转自辩方，而是其本身责任之所在。

第五，法官的职权调查也是证明责任不发生转移的重要因素。在职权主义为基调的国家和地区，即使在我国台湾地区的“改良式当事人进行主义”下，法官的职权调查也阻止了证明责任发生转移的可能性。法官基于公平正义和辩方利益维护的考虑，而依职权调查，不仅可能代为调查到有利于辩方的证据，也可能是涉及控诉事实的证据，这是法院司法证明职责之所在。

## 三、辩方证明权与提出证据责任的关系

### （一）辩方负有提出证据的责任、义务

辩方负有提出证据的责任、义务。从责任、义务的角度来看，辩方承担提出证据责任，这在上文中已展开论述。辩方的提出证据责任是指当事人提出足够证据或与对方主张之相反事实，使其主张形成争点（issue）之责任。[①] 辩方不仅要提出阻却违法、阻却责任事由以及其他抗辩主张，而且要有合理根据将该争点“立”起来，使法官相信被怀疑的事项更有可能发生，所以提出证据责任即为立证责任。

首先，辩方提出证据应使争点“立”起来。辩方提出阻却违法、阻却责任以及其他抗辩、反驳事由时，应当由辩方提出相关证据或证据线索。辩方要负立证责任，作为一个论题，一个需要证明的问题，一个证明对象必须要立起来。就控方提出证据的非法证据排除而言，关于“证据系非法取得”还是“证据系合法取得”的问题，辩方必须要负有立证责任，如果漫无边际地提出，则不可能

---

① 卞建林主编：《刑事证明理论》，中国人民公安大学出版社2004年版，第228页。

产生“合理怀疑”。[①] 关于辩方举证所要达到的程度问题，被告人并无举证责任，只有在特殊的例外情形之下，被告人主张对己的有利事实，而行使积极诉讼防御权，才有举证之问题，以协助法院发现真实，此乃我国台湾地区刑事诉讼制度中的被告举证负担问题。但必须强调的是，此种举证的负担仍非被告诉讼上的义务，通常被告即使举不出有利于自己之事证或举出的事证无法推翻本证，在我国台湾地区刑事诉讼程序上法院仍有依职权澄清案情之义务，被告未必会受到法院不利的判决，只有在特殊情况被告有举证之必要乃基于国家立法者之裁量，权衡诉讼利益之结论。因此，国家在发现真实与人权保障的利益权衡之下，被告虽无举证责任，但在特殊情形之下仍有举证的必要，以协助法院发现真实。此并非被告之义务，被告在特殊情形下发生举证的问题时，而证明的程度被告仍须提出优势的证据，其证明之程度只需达到使法院有合理的怀疑即可，亦即法院有合理的怀疑认为：被告极可能有无辜的情形发生即可，以保障被告人权。[②] 可见，辩方并非仅提出抗辩主张即可，还需提出证据，有着提出证据的责任与义务，但并非提出证据即可，不能没有任何判断标准。试想，如果只需提出主张即可，而不需负任何提出证据责任，即会出现我国台湾地区所谓的“幽灵抗辩”问题。所谓幽灵抗辩，指“被告于案发后或因不愿据实供述实际行为人，或有其他顾虑，遂将其犯行均推卸予已故之某人，甚或是不存在之人。然因无从让被告与死者对质，其辩解的真实性即尚待检验，而难以立即采信。”[③] 如辩方进行“幽灵抗辩”，将面临是否

---

① 刘金友、余茂玉：“论非法证据排除的证明责任和证明标准”，载《行进在法治勃兴的征途上——纪念中国政法大学成人教育55周年论文集》，中国政法大学出版社2007年版，第356页。

② 陈宏毅：“改良式当事人主义下被告在刑事诉讼程序中的举证问题”，载台湾地区《刑事法杂志》2006年6月第50卷第3期，第84～85页。

③ 吴巡龙：“刑事举证责任与幽灵抗辩”，载《月旦法学杂志》2006年6月第133期，第39页。

认定的问题，一方面无从查证，另一方面确实存疑，由于此时提出“幽灵抗辩”的人应该最清楚情况，因此，应由其负提出证据责任。当然，根据上述论述并根据取证能力等情况，辩方提出证据所需达到的标准应适度放宽，前述之优势证据标准即为比较合适的，只要达到“可能”比“不可能”更“可能”即属已形成合理怀疑。此时其立证责任即已履行，其主张因此而“立”起来成为“争点”。

其次，控方应承担抗辩事由有无的证明责任。辩方提出证据达到使抗辩事由主张有合理怀疑的要求后，其即履行了提出证据责任或义务。“剩下的事情”即交由控方来面对了，控方对此问题负有说服责任，若不能将该抗辩事由证明至排除合理怀疑的程度，即表明其将要接受不利裁判的危险，也就是说，抗辩事由主张是否成立的证明责任最后仍由控方承担。事实上，从其控诉的构成要件事实角度来说，这也是其“分内之事”，正基于此，控方在承担证明责任证明抗辩事由是否成立时要达到排除合理怀疑的要求。

（二）辩方证明权与提出证据责任的关系

举证权是证明权的重要组成部分之一，是辩方在法庭审判过程中，要求将证据收集过程中所取得的证据提交法庭，并与控方证据平等作为证据调查对象的权利。辩方取得的证据应有提交的途径，在符合法律规定的程序性条件的基础上，应被视为证据，且应在经过质证、认证之后作为定案根据。否定辩方收集证据的证据能力，即在于否定辩方的提出证据权，从而否定辩方证明权，而影响到辩护权的有效行使。本书前文已专门对辩方举证的权利性质进行了分析，并以此为基础论证了证明权，而此处是从责任和义务的角度展开论证的。那么提出证据责任和证明权到底是什么关系呢？这是需要解释的问题。

第一，责任与权利相统一，辩方提出证据责任和证明权是统一的。本书第一章对犯罪嫌疑人、被告人的主体地位进行了详细分析、论证。“主体性并不神秘，它不过是指人在自己的对象性活动中所具有并表现出来的特性，如自主、自为、自律等，归根到底是活动者的权利和责任的体现。承认主体的具体地位和作用，坚持主体性原则，必须科学地确立人们在自己的对象性活动中应有的权利和责任的界限，并使二者统一起来。世界上的权利和责任都来自主体的实际地位和作用，它们应该是密切联系、相互规定的，而不是相互分离的。在对象、客体面前，主体的权利所在，也就是其责任所在，反之亦然。任何现实的主体（个人、群体、民族、阶级）既不能在承认对象、客体的客观规律时，否定人们自己自由选择、创造的权利，也不能将权利和责任分割开来。任何使权利与责任相分离，只讲权利不讲责任，只讲责任不讲权利，或‘权利在此，责任在彼’，片面强调一个方面的态度和主张，都是对健全的主体性的背离。……在认识和实践活动中，人们必须充分发挥自己的主体性，以把握事物的本性和规律，并在其提供的可能性空间之内，实事求是地、创造性地工作，这是人的权利，也是人的责任所在。在现实生活、工作中，确立权利与责任统一的、自觉的、清醒的主体意识十分重要。”[①] 可见，只讲提出证据责任，不讲证明权，是无视人的主体性的表现，提出证据责任和证明权都来自犯罪嫌疑人、被告人的实际地位和作用的，有着密切联系，而非相互分离的。但只讲权利，否认责任则是“掩耳盗铃”，有人认为“被告人（辩方）的举证应定位为一种权利而不是责任”，[②] 这实际上是未分清证明责任中提出证据责任和说服责任的区别所导致的错误认识，肯定权利是应当的，但同时也应认清责任。

第二，明确辩方提出证据责任，有利于促进辩方积极行使辩护权，也是辩方享有证明权的理论根源。辩方基于求生、求自由的愿望，在诉讼中可能会为了自己的利益，而“捏造”抗辩事由，如

---

① 齐友：“主体性：人的权利与责任”，载《前线》2002 年第 11 期，第 35 页。

② 王路真：“辩方举证权及其保障研究”，西南政法大学 2004 届硕士学位论文，第 3 页。

果不科以其任何责任，将会使这种现象变得常见，甚至给司法实践带来较大障碍，降低诉讼效率和司法权威，最终影响到司法公正的实现。通过提出证据责任，使其明确自己的义务，从而在提出主张或抗辩时，积极举证，这也有利于事实真实的发现。通过明确辩方提出证据的责任，也能增加辩方积极行使证明权的动力。辩方享有证明权必须以其有一定责任为前提，其若无提出证据之责任，则无所谓提出证据，也就无所谓赋予权利。

第三，明确辩方证明权，有利于辩方的责任履行、人权保障以及真实发现。通过确立辩方的证明权并强化证明权的保障，使得辩方“有证可举”，否则仅课予其提出证据的责任或义务、不赋予权利，将使责任因无法履行而变得“有名无实”。在现代刑事诉讼中强调权利保障，过于强调辩方的提出证据责任，易使其责任被夸大，甚至出现“有罪推定”，这是“要不得的”，人权保障的趋势要求加强辩方权利的保障。通过赋予证明权，不仅有利于其积极履行提出证据责任，而且也使其有了积极参与诉讼的动力，从而促进事实真实的发现。

第四，辩方证明权较之提出证据责任更为“主动”。辩方证明权包括自行调查取证权、申请调查取证权、证据保全申请权、鉴定启动权、阅卷权、举证权、质证权、心证公开请求权等。提出证据责任主要局限于提出证据范围内。而证明权则“看”得更远，不局限于此，更是延至诉讼的全过程中。从提出证据责任角度来说，辩方只需证明至优势证据即表明其“立”了起来，但这个“理想”如果从证明权的角度来看则显然太“低”，证明权“志存高远”，其所追求的不仅是将论题“立”起来，还在于通过收集、提供充分的证据、质证诘问驳倒对方的控诉。相比较而言，证明权更具“主动性”和“攻击性”，而提出证据责任的履行则更显“被动性”和“防御性”。

综上所述，辩方负有提出证据责任，其同时享有举证权。笔者认为，享有举证权与负有提出证据责任是不矛盾的，而且明确举证权有利于促进当事人提出证据责任的履行，而提出证据责任有利于提高当事人行使举证权的积极性、主动性，这也是主张明确证明权的理论根源。总而言之，在犯罪嫌疑人、被告人及其辩护人取证、举证能力弱的情况下，强化证明权的保障，对于刑事诉讼目的的实现，对于人权保障和程序正义理念的彰显都具有十分重要的意义。

# 第五章　证明权与证据收集

确保“有证据”是保障证明权的重要内容，因而证据收集至关重要。没有证据收集制度的保障，证明权将成为“空中楼阁”、“无米之炊”。我国立法和司法实践中，一般将证据收集称为调查取证。在许多人眼中，刑事诉讼调查取证是控方特别是侦查机关的事。笔者无意否认控方收集证据的重要性，也从不漠视控方的强大取证能力，但无论何时都不应否认辩方的调查取证权以及在无法调取的情况下申请调取、在可能灭失或以后难以取得的情况下申请证据保全等权利。辩方对事实的证明有其利益，其显然应是调查取证的主体，可见，调查取证主体不局限于国家专门机关。辩方的调查取证可由犯罪嫌疑人、被告人及其辩护人进行，而由于我国犯罪嫌疑人、被告人羁押率较高，且往往除了“供述和辩解”可作为证据之外基本无证可取，加之取证能力、法律规定等方面的原因，实际上，辩方的调查取证主要是由律师来进行的。调查取证的内涵，有狭义和广义之分。根据现行刑事诉讼法第 37 条的规定，狭义的调查取证是指律师向证人、被害人以及有关单位和个人调查案件事实，收集与本案有关材料的行为。而广义的调查取证是指除了上述调查取证之外，还包括律师调取证据材料、保全证据材料、会见犯罪嫌疑人或被告人、查阅案卷材料、申请鉴定等一系列活动。[①] 也就是说，广义的调查取证权不仅包括自行调查取证权、申请调查取证权，还包括阅卷权等。新修订的律师法第 35 条在调查取证的用

① 赵琳琳、李微：《律师调查取证权应有法律保障》，载《检察日报》2006 年 7 月 21 日。

法上采用的也是“申请调查取证”和“自行调查取证”。

## 第一节 证据收集的基本理论

世界各主要法治发达国家和地区的刑事诉讼制度都强调控辩平等。在现代刑事诉讼中，几乎所有活动都是围绕证据收集和运用展开的，因而控辩双方在收集证据能力上的平等是控辩平等的核心。证据收集是证明权行使的前提，未取得证据，则无从举证，辩方的抗辩就显得很无助，在许多情况下更是难以获得支持。

### 一、证据收集的界定

证据收集的内涵在学术界有不同界定。我国较早的观点认为：“证据的收集，就是指侦查、检察和审判人员，通过侦查和调查，发现、固定和提取与案件有关的各种证据材料。”① 传统观点认为收集证据是司法机关和律师在诉讼过程中依法调查和收取证据的活动。② 有的认为：“证据收集是指为了证明自己的诉讼主张或者查明特定的案件事实，特定的国家机关、律师、一般公民、法人或者其他组织通过一定的行为、采取必要的方法获取和收集证据的活动。”③ 有的将证据收集作为取证制度的主要内容，认为证据收集是指诉讼或非诉讼法律事务中证明的主体运用法律许可的方法和手段，发现、采集、提取证据的活动。④ 有的观点将收集证据与调查收集证据区分开，认为后者是执法机关和律师为了证明特定的案件事实，按照法律规定的范围和程序，收集证据和证据材料的法律活动。而收集证据是一个比较宽泛的概念，指以获得或者取得证据材料为目的的活动，既包括执法机关和法律工作者进行的调查活动，

---

① 张子培等著：《刑事证据理论》，群众出版社1982年版，第150页。

② 陈一云主编：《证据学》，中国人民大学出版社1991年版，第209页。

③ 卞建林主编：《证据法学》，中国政法大学出版社2000年版，第382页。

④ 何家弘主编：《新编证据法学》，法律出版社2000年版，第301页。

也包括一般的公民法人或者其他组织的收集证据材料的活动，但是认为只有调查收集证据才属于证据法调整的范围。① 有的认为，证据收集是证明主体依法直接提取、采集并掌握与案件有关的各种证据材料的诉讼活动。固定和保全证据是收集证据的重要内容。② 证据收集，又称为证据调查，即为通常意义上的证据取得、取证，与法官在庭审过程中的证据调查相区别。“证据调查，因其作用不同，得分形式上调查与实质上调查两种，前者重在证据资料之收集，属于立证范围，后者重在证据态度之发见，属于判断范围。在采当事人进行主义之立法例，不论形式的或实质的调查，均属法院职权范围。”③ 所谓形式上的证据调查即为证据收集，本书中证据收集与证据取得具有相同之内涵。

上述有关观点中关于证据收集内涵界定的区别主要在于主体和客体的区别。在主体方面，有的认为证据收集主体只包括特定机关，有的认为包括律师，有的认为包括诉讼参与人，笔者认为，证据收集主体应作广义理解。在客体方面，有的认为是证据，有的认为是证据材料，笔者认为，这仅是对广义证据和狭义证据的理解问题，且就证据收集阶段而言宜采广义。笔者认为，证据收集是指在刑事诉讼过程中，侦查、检察、审判机关和辩护方依照法定程序提取、采集、固定、保全并掌握与案件有关的各种证据材料的诉讼活动。证据收集具有如下特征：

第一，证据收集主体包括侦查、检察、审判机关和辩护方。我国刑事诉讼法第 43 条规定：“审判人员、检察人员、侦查人员必须依照法定程序，收集能够证实犯罪嫌疑人、被告人有罪或者无罪、犯罪情节轻重的各种证据。”侦查、检察机关收集证据是履行侦查权和检察权的表现。侦查机关为进行立案、采取强制措施、移

---

① 江伟主编：《证据法学》，法律出版社 1999 年版，第 243 ~ 244 页。

② 刘金友主编：《证据法学（新编）》，中国政法大学出版社 2003 年版，第 282 ~ 289 页。

③ 陈朴生著：《刑事证据法》，台湾三民书局 1979 年版，第 331 页。

送审查起诉必须要收集证据。检察机关为提起公诉，需在侦查机关收集的证据基础上进行证据收集，这里包括根据案情进行证据收集和根据申请进行证据收集，也包括收集有利于被追诉者和支持指控的证据材料。审判机关在以职权主义为基调、具有当事人主义因素的中国仍有调查收集证据的职责。前文中提到，法院在刑事诉讼中负有“澄清案情义务”，于保障公平正义和被告人利益的情况下，有依职权调查证据的职责，而且在法定情形下，法院可依申请进行调查取证。对于辩方的证据收集，刑事诉讼法第35条规定：“辩护人的责任是根据事实和法律，提出证明犯罪嫌疑人、被告人无罪、罪轻或者减轻、免除其刑事责任的材料和意见，维护犯罪嫌疑人、被告人的合法权益”。第36条规定：“辩护律师自人民检察院对案件审查起诉之日起，可以查阅、摘抄、复制本案的诉讼文书、技术性鉴定材料，可以同在押的犯罪嫌疑人会见和通信。其他辩护人经人民检察院许可，也可以查阅、摘抄、复制上述材料，同在押的犯罪嫌疑人会见和通信。辩护律师自人民法院受理案件之日起，可以查阅、摘抄、复制本案所指控的犯罪事实的材料，可以同在押的被告人会见和通信。其他辩护人经人民法院许可，也可以查阅、摘抄、复制上述材料，同在押的被告人会见和通信。”第37条规定：“辩护律师经证人或者其他有关单位和个人同意，可以向他们收集与本案有关的材料，也可以申请人民检察院、人民法院收集、调取证据，或者申请人民法院通知证人出庭作证。辩护律师经人民检察院或者人民法院许可，并且经被害人或者其近亲属、被害人提供的证人同意，可以向他们收集与本案有关的材料。”2007年10月28日修订的律师法第34条规定：“受委托的律师自案件审查起诉之日起，有权查阅、摘抄和复制与案件有关的诉讼文书及案卷材料。受委托的律师自案件被人民法院受理之日起，有权查阅、摘抄和复制与案件有关的所有材料。”第35条规定：“受委托的律师根据案情的需要，可以申请人民检察院、人民法院收集、调取证据或者申请人民法院通知证人出庭作证。律师自行调查取证的，凭律师执业证书和律师事务所证明，可以向有关单位或者个人调查与承办法律事务有关的情况。”上述规定虽然主要是关于辩护人尤其是辩护律师的证据收集，但辩护人或辩护律师收集证据的目的都在于维护被告人的合法权益。事实上，对于未被羁押的犯罪嫌疑人、被告人也可自行进行证据收集，因此，这里笼统以辩方称之。如前文所述，辩方虽无证明责任，但其对积极主张、阻却违法或阻却责任等的抗辩事由负有提出证据责任，同时也有证明之利益，因此，有必要进行证据收集。由于我国刑事诉讼中，大部分被追诉者被羁押，加之对辩护方证据收集权的保障不力，辩方的证据收集主要是律师的证据收集。

第二，证据收集必须依法定程序进行。我国刑事诉讼法第 43 条规定：“严禁刑讯逼供和以威胁、引诱、欺骗以及其他非法的方法收集证据。”这是针对侦查、检察和审判机关而言的。而对于辩方的证据收集也不例外，无论其是自行收集证据，还是申请收集证据等，都必须依照法定程序进行。违反法定程序收集的证据，视不同情形将产生不同后果，有的将直接导致证据失去证据能力。

第三，刑事证据收集贯穿刑事诉讼全过程。刑事证据收集贯穿了刑事诉讼的全过程，而且其只有进入到诉讼的视野，方才具有其意义。

第四，证据收集方法多样。刑事诉讼中的侦查、检察和审判机关的证据收集方法，主要是现场勘验、尸体检验、物体检验、询问证人、讯问犯罪嫌疑人被告人、询问被害人、检查、搜查、扣押和鉴定等。辩护方的证据收集方法主要有：（1）通过会见、访问、进行谈话，制作记录。（2）复印抄录资料。（3）拍照。（4）录音录像。（5）鉴定。对于应当鉴定但未予鉴定的问题，或者对案卷中鉴定结论的正确性有所怀疑的问题，除了申请鉴定或重新鉴定、补充鉴定外，还可向有关专家进行咨询，请他作出说明。这种说明作成笔录可作为提请法庭审查的证据。必要时亦可依法聘请鉴定人鉴定。(6)勘验。根据案情进行现场勘验，往往是收集证据的十分重要的手段。(7)实验。这是指实地验证或模拟实验。[①] 可见，无论是国家专门机关，还是辩护方，其收集证据的方法都呈现多样化。

第五，不同主体证据收集权的性质不同。不同证据收集主体根据其立足点不同，其权力（权利）来源和性质不同。对于侦查、检察和审判机关基于其公权力机关的原因，享有的证据收集权力，而辩护方收集证据则基于其权利。本书前面分析到，辩方基于其证明利益，有证明权，正基于此，辩方的证据收集权是权利。

## 二、证据收集与诉讼模式

证据收集与诉讼模式有着比较密切的关系。在当事人主义下，收集证据是当事人的权力（权利）与责任，控辩应当平等，法院不负有收集证据的责任，也无此权力。在职权主义下，辩方无收集证据的必要，而由控方承担证据收集责任，但其即使收集不全，也并不必然影响结果，因为法院负有主要的查明案件事实的义务，因此，主要由其进行证据收集。前文中对辩方证明权和刑事诉讼模式进行了细致分析。我国目前的刑事诉讼模式是包含当事人主义因素、以职权主义为基调的混合式模式，随着司法体制改革的深入，当事人主义的因素在增多，但仍不能适应现实的需要，在“优化司法职权配置”的大背景下，仍需进行改革。笔者在前文中主张，在刑事诉讼法修改的大背景和现实国情下，可考虑将协同主义理念导入到刑事诉讼中来。在控辩审三方的地位问题上，协同主义诉讼模式则更为强调被告人的人权保障、被告人的主体地位和三方的互动、协作。控方应负法定的证明责任并依其客观性义务承担“协力的证明义务”；法院处于中立地位并承担“澄清案情义务”；辩

① 刘金友主编：《证据法学（新编）》，中国政法大学出版社 2003 年版，第 288 页。

方有“协同发现真实”的权利和义务。

协同主义诉讼模式下的控、辩、审三方都有收集证据的必要。我国的诉讼模式不是单纯、绝对的当事人主义，事实上，现在世界上也没有单纯、绝对的当事人主义或职权主义，都是混合的诉讼模式，只是侧重的方面不同。我国现行刑事诉讼模式和笔者构想中的协同主义诉讼模式都是以职权主义为基调的，这是根据中国国情“量身定做”的。控方在刑事诉讼中，担负着证明责任，同时依其客观性义务的要求有“协力的证明义务”，因此应当应积极收集证据。由于我国侦检体制的原因，侦检处于分离的状态下，所以这里控方的证据收集包括了侦查机关的证据收集，而且在刑事诉讼中，控方的证据主要来源于侦查机关的收集。由于侦查机关与检察机关在刑事诉讼中是在“接力”，因此侦查机关不仅承担着打击犯罪的职责，而且也应加强人权保障；不仅承担着收集不利于犯罪嫌疑人的证据，而且也应收集有利于犯罪嫌疑人的证据。在我国目前的诉讼模式下，法院有比较混乱的庭外调查权，在协同主义下，笔者主张法院负有“澄清案情义务”，基于公平正义和被告人利益而主动依职权调查或根据申请调查证据。辩护方虽不负有完整意义上的证明责任，但对其积极主张、阻却违法或阻却责任的事由负有提出证据责任，有“协同发现真实”的权利和义务，正基于此，辩方需要收集证据。

可见，证据收集制度如何安排往往与刑事诉讼模式有着密切的关系。偏重于当事人主义的诉讼模式往往比较强调控辩的平等，注重控辩的证据收集权，而偏重于职权主义的诉讼模式则比较强调控审的证据收集权，忽视辩方的证据收集权。协同主义诉讼模式注重案件事实真相的发现，同时强调人权保障，控、辩、审三方在案件事实解明中都有各自的作用，因此其均有证据收集权，无论是权力还是权利，都应当得到重视。尤其是我国在缺乏关于辩方证据收集制度规定的情况下，更应强化对辩方证据收集权的保障。

## 三、证据收集的功能

证据收集，是指在刑事诉讼过程中，侦查、检察、审判机关和辩护方依照法定程序提取、采集、固定、保全并掌握与案件有关的各种证据材料的诉讼活动。有关证据收集主体“必须为证据收集之理由，乃在于证据有其必要性。证据之必要性可从下列两个角度来观察：从法官之角度言之，法官之任务，主要为认定事实与适用法律，在认定事实方面，为了判断其所未亲自体验之过去的事实之存否，有赖证据作为其判断之资料；同时，在判断事实存否之际，必须仰赖证据作为判断之根据，以担保法官判断之客观性与正确性。在适用法律方面，由于正确的认定事实乃系适用法律之前提，而认定事实有赖证据，故证据对于法官适用法律，自有其重要性。另外，由当事人之立场观察，当事人乃是以胜诉为最终目的。为了获得胜诉，必须使法官形成有利于自己所主张的事实存在之确信，而证据即是为了担保此等事实主张所必要者。”① 现代刑事诉讼实行证据裁判主义，在证据裁判主义下，证据收集尤为必要，法院认定事实、裁判案件主要依赖证据作出。法院在各方都收集证据并在符合条件的情况下进行职权调查后，即依据证明责任的规定进行裁判。对于应当负担客观证明责任的一方而言，如果其不能使案件事实“解明”，而处于真伪不明状态时，即面临败诉的危险。证据收集的意义就在于使得举证、证明变得可能，一切“输赢”都在明处。

### （一）证据收集的功能定位

证明权是辩方诉讼权的重要内容。辩方具有独立的主体地位，在刑事诉讼中既是诉讼主体，也是证明主体。保障辩方的主体地位，一个重要的内容是“有关证据的保障（接近证据，即利用证

---

① 刘玉中：“民事诉讼上证据收集之研究”，台北大学法学系博士班2005届博士学位论文，第51～54页。

据之方便性）亦属于当事人权利内涵之一，裁判上对此等权利之保障，在相关意义上，即为程序保障。证据收集手段之充实，正足以确实达成当事人权之保障或程序保障。证据收集之功能系有助于矫正构造上的证据之偏在、实现实质的武器平等原则、达成实体的真实发见及规范裁判外的当事人行为等。”① 证据收集的功能即在于刑事诉讼目的与基本理念的实现。具体来看，证据收集的功能有以下几个方面：

一是查清案件事实，准确处理案件。证据收集是真实发现之手段。国家专门机关在立案、受理之后，应积极主动采取措施收集确实、充分的证据，使案件事实认定有可靠的证据，使“铁证如山”成为现实。真实发现乃刑事诉讼的基本理念。如本书对协同主义诉讼模式的分析，控、辩、审三方在诉讼中积极收集证据，均是为了行使权力（权利）或履行职责（义务），而这些诉讼活动的目的都在于发现真相。同时基于证据裁判原则的要求，事实认定总是建立在证据基础上的。因此，证据收集是发现事实真相的重要手段。

二是规范证据收集主体的责任和权利。通过规定科学的证据收集制度，使得侦查、检察、审判机关明确了自己的证据收集职责和权力，也使得辩方收集证据成为可能，有了权利保障。

三是确保控辩平衡，促进程序正义的实现。证据收集有助于武器平等原则的实现。现代刑事诉讼强调控辩平衡，因而体现“武器平等原则”的重要性。武器平等原则，是指在诉讼中应平等给予控辩双方陈述其主张的机会。武器平等原则，“实为民事诉讼法上当事人平等原则态样之一，基于法治国原理与宪法上有关平等权与诉讼权之保障，可推衍出诉讼上之当事人平等原则。诉讼上之当事人平等原则表现于谋求当事人与法院之间以及当事人相互之间，

① 刘玉中：“民事诉讼上证据收集之研究”，台北大学法学系博士班2005届博士学位论文，第72页。

在诉讼实施地位上之平等。……是以证据之收集可实质的实现‘武器平等原则’。”① 笔者认为，无论是在民事诉讼中，还是在刑事诉讼中，武器平等原则都是应当予以确立的，赋予对等的证据收集权是刑事诉讼得以顺利开展的重要基础，否则有悖于程序正义的要求。

四是提高司法效率，加快诉讼进程，促进纠纷化解。证据的及时收集能提高效率，使得司法进程加快，从而在查明案件事实的基础上达到高效的要求，促进了公平与效率的统一。“因证据收集可使两造当事人以及法院在诉讼前或审理之初始阶段即共有充分的信息，而得对事件为客观的评价，易以迅速及相互理解之形式达成调解、和解或判决。”② 现在学界主张刑事和解的呼声越来越高，在证据收集的基础上，控方、辩方、被害方对案件情况有一个自己的客观评价，各方可能认为“大势已去”。此时，在诉讼上基于现有证据已经处于弱势地位，推进和解的可能性增大，有利于加快诉讼进程，促进纠纷化解。

（二）证据收集与事实认定

事实认定是法院裁判的重要环节。事实认定是依据证据，由法院依自由心证原则进行认定。关于法院认定事实存在与否的方法，立法上向来有“自由心证主义”与“法定证据主义”之分，当今各国和地区的刑事诉讼法原则上采自由心证主义，而弃法定证据主义。自由心证证据制度又称内心确信证据制度，是指法律对证据的证明力不作预先规定而由法官在审理案件中加以自由判断的证据制度。“内心确信”一词来源于法国，“自由心证”的汉译来源于日本，日本明治二十三年（1890 年）制定的《民法·证据篇》中最早使用“心证”一词，后来在民事诉讼和刑事诉讼中广泛使用起

① 刘玉中：“民事诉讼上证据收集之研究”，台北大学法学系博士班 2005 届博士学位论文，第 73 页。

② 同上，第 72 页。

来。[①] 例如，《德国刑事诉讼法》第261条规定："对证据调查的结果由法庭根据它在审理的全过程中建立的内心确信而决定"。自由心证的核心内容是对各种证据的真伪、证明力的大小以及案件事实如何认定，法律并不作规定，由法官根据理性和良心的指示自由地判断。"自由"仅仅是指法官在判断证据证明力时，不受法定证据的形式规则的约束，可由法官自由判断；法官通过对证据的审查，在内心中形成的信念，就叫做"心证"。"心证"达到无任何合理怀疑的程度就叫做"确信"。

诉讼的过程既是发现、收集、运用证据的客观活动，也是判断、认识案件相关事实的主观活动和法官自由心证方式认定事实的活动。自由心证制度是科学的，自由心证是由法官依照理性判断证据。当然，强调自由心证方式认定事实的科学性时，也不能忽视其"历史的局限性，它不承认追求客观真实目标在诉讼证明中的可能性与必要性，以纯主观的'确信'真实和'盖然性'为依据，使其'真实'的内容缺乏客观的确定性，缺乏接受实践检验的标准的科学性，从而也仍未为主观擅断留下了很大余地"。[②] 因此，现代刑事诉讼要实行"合理心证主义"。

自由心证制度提出的最初宗旨主要是强调心证不受限制，在实践中必然却可能走向擅断心证主义，而这种自由心证制度中的擅断倾向必然给司法公正带来严重的危害，因而也广受人们批评。自由心证主义曾在世界范围内因其擅断心证主义的倾向而受到批判，现在世界许多国家和地区，如日本、法国、德国、意大利、瑞典以及我国台湾地区等均确立了合理心证主义的证据原则。日本理论与实务上已达成了共识，即心证要"科学"、"合理"，即要坚持"合理心证主义"。并为此建立了"合理心证"的保障机制：（1）法官回避制度；（2）合议制度；（3）证据能力制度；（4）起诉状一本主

① 刘金友主编：《证据法学（新编）》，中国政法大学出版社2003年版，第17页。

② 同上，第21页。

义制度；（5）判决记明理由制度；（6）事后审查制度。要求法官：（1）心证必须依据经验法则和逻辑法则，灵活运用科学知识科学作出；（2）心证要遵循当事人主义形成，要依据当事人主义进行证据调查，听取当事人意见，给当事人以充分辩论证据证明力的机会。事实告诉我们，必须要讲如何使这一主观标准不走向擅断而走向"科学"和"合理"，要讲如何保障这一主观标准的实现包含更大的含金量——"实质真实"。[①] 合理心证主义是心证的理性要求。心证既然是权力，就要加以限制，正如孟德斯鸠所言：一切有权力的人都容易滥用权力，这是条万古不易的经验。有权力的人们使用权力一直到遇到有界限的地方才休止。[②] 自由心证既然是事实认定的方式，就是为了发现案件真实，案件真实的认定过程和结果就必须要科学、合理，合理心证主义是心证的必然选择。要心证，而且应当是合理心证，而不是任意性心证，因而必须对心证进行限制。合理心证主义强调科学、合理地形成心证，这显然要建立在证据基础上，并且给予控辩平等的参与权，并且其参与对心证的过程和结果确实产生了积极作用。

如前文所述，证据是指经过查证属实可以作为定案根据，具有法定的形式和合法的来源，能够证明案件真实情况的一切事实。在证据裁判原则下，事实认定必须依据证据。作为事实认定依据的证据必须是经过合乎正当程序取得的证据，而且必须经过法庭的证据调查程序。证据收集主体收集证据均肇始于证据裁判原则，在此原则下，一切事实依凭证据予以认定，同时法官自由心证进行事实认定，必须符合合理心证主义的要求。传统自由心证过于"自由"以致出现擅断心证主义的问题，已经令各国反思而着力构建科学、合理的心证规则。合理心证主义强调心证的形成要建立在事实、证

① 刘金友："坚持主客观标准的统一"，载《人民检察》2003 年第 5 期。

② ［法］孟德斯鸠：《论法的精神》，张雁深译，商务印书馆 1982 年版，第 154 页。

据的基础上，这就需要证据予以支撑。因此，证据收集就尤显必要了。

证据收集是事实认定的前提，而事实认定是证据收集的动因，可见证据收集与事实认定是相互促进的关系。没有证据收集，事实认定就成了“无本之木”；没有事实认定，证据收集也就失去了其意义。尽管基于刑事诉讼价值的衡量，在特定情况下，会依据推定规则等认定事实，但即使如此，也必须依据证据认定一部分基础事实作为前提，因此同样还是离不开证据。可见，“打官司就是打证据”在任何诉讼形态下都是共通的，无证据而空谈诉讼就是“无米之炊”。

## 第二节 自行调查取证权

从长远来看，刑事诉讼改革的大趋势应当是不断强化人权保障、重视控辩对抗。被告人如仍受传统思想影响，仍然寄希望于“青天大老爷”，在现代司法体制下，“青天”由于并不必然“事必躬亲”，其对事实真相的发现可能“心有余而力不足”（职权配置问题），只能依靠证据定案。在此情况下，辩方不宜遇有所谓“冤情”皆归罪于司法不公而申诉上访，其实许多所谓“冤案”很大程度上与辩方自身消极应对有着很大的关系，而非法官“无动于衷”。随着司法体制改革的推进，司法逐步注重主体的自由性，尽管强调检察官的客观性义务，但辩方仍不要过多寄希望于控方的“仁慈”，而应靠自己，所谓“靠天、靠地、不如靠自己”，道理即在于此。辩方应积极进行诉讼防御，基于证明之利益，而积极行使证明权利，法院也应积极保障其权利。自行调查取证权是辩方较易发挥主观能动性的权利，因此应当予以充分保障，从而使辩方能够深挖潜力，有效维护本方权利。

## 一、自行调查取证权理论

### （一）自行调查取证权的内涵

由于现行法律规定，加之司法实践中被告人羁押率高的情况，自行调查取证主要是指律师的调查取证。本节主要研究律师的调查取证权，是指律师向证人、被害人以及有关单位和个人等调查案件事实，收集与本案有关材料的权利。依照我国刑事诉讼法的立法和实务，辩方在起诉和审判阶段本有自行调查证据的权利，只是该权利与控方相比明显不对等。“律师调查取证权，应当受到国家机关、社会组织和公民的尊重、支持。”① 新律师法对自行调查取证权进行了强化。自行调查取证权的强化符合刑事诉讼原理和国际趋势。由于犯罪嫌疑人、被告人自身辩护能力的问题，维护其合法权益的律师的调查取证权尤为重要。

### （二）自行调查取证权的功能

辩方为积极进行诉讼防御，行使证明权，达到协同发现真实的目的，需要进行证据收集。辩方在刑事诉讼中收集“于已有利”的证据是必要的，具体可从以下几个方面来看：

第一，有利于发现事实真相、实现实体公正。实体公正乃结果之公正。律师了解案件事实的重要渠道和辩护的重要手段是调查取证。发现实体真实需要全面收集证据，律师调查取证无疑是一个重要途径。辩护律师与侦查、公诉机关在刑事诉讼中的关注点不同，赋予辩护律师调查取证权有利于全面收集与案件相关的证据，有利于裁判者做到兼听则明，在全面把握案情的基础上依法做出裁判，并使裁判尽可能符合真相。

第二，有利于程序公正价值的实现。程序公正乃过程之公正。程序公正理念的落实和实现是社会公平和正义在诉讼中的体现。程

① 刘金友：“破解‘三难’问题确保律师依法履行职责”，《法制日报》2007 年 6 月 28 日第 3 版。

序公正理念强调程序参与性、机会均等性。程序参与性要求程序的进行和决定的做出都要有律师的充分参与，而充分参与必须有证据作为依托，从而真正而又富有成效地参与诉讼过程。机会均等性要求在诉讼过程中给予控辩双方均等的机会，而均等的机会中重要的一项就是有均等的调查取证权。

第三，有利于建设公正高效权威的司法制度。建设公正高效权威的社会主义司法制度要求在刑事诉讼中不仅要追求公正，还要有高效和权威。赋予自行调查取证权从而协同发现真实，推进诉讼进程，提高了诉讼效率；同时赋予自行调查取证权使得辩方能够平等、有效地参与到诉讼中，能够透明地看到司法的全过程，使其更易服判，提高司法的权威。结合上面对司法公正的促进，这样有助于实现公正高效权威的统一。

第四，有利于刑事诉讼控辩平衡原则的需要。从控辩式审判模式来看，控辩平衡是裁判者发现案件事实真相的一个必要条件，而律师的调查取证也是保障控辩双方平等对抗的重要条件。律师调查取证权的弱化，必然导致控辩力量失衡，既不利于实体公正，也不利于程序公正的实现。

第五，有利于平衡被追诉者程序利益和实体利益的需要。盲目追求程序利益、忽视实体利益，抑或盲目追求实体利益、而忽视程序利益均不正确。律师调查取证权是保障犯罪嫌疑人、被告人程序利益和实体利益的需要。律师虽具有独立之地位，但其是犯罪嫌疑人、被告人的辩护人，从这个意义上来说，充分确保律师诉讼权利也是保障犯罪嫌疑人、被告人诉讼权利的体现。而保障律师权利，就需使得律师权利得到充分行使，律师权利的充分行使和律师作用的充分发挥，则需确立并确保律师调查取证权。控方从控诉的角度收集证据，即使法律赋予其全面收集证据的职责，但无论基于其“公心”还是“私心”，控方一般倾向于收集不利于追诉者的证据。为保障被追诉者的权利，相对应而言，赋予律师调查取证权则易实现“平衡”，律师从保护权利的角度收集证据，使得被追诉者的权利有了保障的证据基础。对于被追诉者来说，程序利益和实体利益是不能“偏废”的，只是在一定时期可基于某种价值方面的考虑而略有偏向，总体上应力求实现平衡，而这需以律师调查取证权得到充分保障为前提。

第六，有利于贯彻无罪推定原则。《世界人权宣言》第 11 条规定的“凡受刑事控告者，在未经获得辩护上所需的一切保证的公开审判而依法证实有罪之前，有权被视为无罪”。被告人为了抵御有罪控诉，必须进行有效的辩护，而辩护的基础就是证据，因而无罪推定原则要求被告人具有调取对自己有利的证据的权利。辩护律师是被告人的合法权益维护者，所以辩护律师应当具有调查取证的权利。

第七，有利于落实有效辩护原则。联合国 1990 年通过的《关于律师作用的基本原则》规定：“要求所有人都能有效地得到独立的法律专业人员提供的法律服务。”辩护是犯罪嫌疑人和被告人依法享有的一项重要权利。有效辩护指辩护过程和辩护效果相统一，强调辩护的有效性与实质性。现代诉讼的民主性和科学性要求刑事诉讼构造的平衡和协调，强调控辩双方诉讼地位平等，在平等的基础上对抗。鉴于犯罪嫌疑人、被告人实际进行辩护能力的有限和困难，律师辩护在现代辩护制度中扮演重要角色。要落实有效辩护原则，就必须要有证据，而且是自己的证据，“看别人的眼色”往往不好“办事”，因此赋予自行调查取证权是落实有效辩护原则的前提。

第八，有利于辩方积极行使辩护职能。赋予辩方自行调查取证权是辩方辩护职能的当然内容。律师取证权一方面来自于律师自身所处的职业地位，另一方面律师取证权还是犯罪嫌疑人、被告人的权利延伸。辩方的辩护职能要求其积极进行取证，以切实履行辩护职能。

第九，有利于对抗式诉讼模式的确立。吸收了对抗制因素的国家，无论其刑事诉讼模式是以当事人主义为基调，还是以职权主义为主流，都必须强调控辩双方的平等对抗。平等对抗强调武器的平等，这就需要赋予律师相应的调查取证权。在笔者所主张的协同主义模式下，不仅要促进控辩的平等对抗，而且还强调事实真实的协同发现，因此更需赋予自行调查取证权。

第十，有利于国际刑事司法准则的贯彻。赋予自行调查取证权是现代刑事诉讼对侦查程序的当然要求，也是国际刑事司法准则的重要内容之一，更是衡量一个国家刑事司法科学化、民主化程度的标志。我国已签署了《公民权利和政治权利国际公约》这一重要的人权文献。《关于律师作用的基本原则》第1条规定："所有的人都有权请求由其选择的一名律师协助保护和确立其权利并在刑事诉讼的各个阶段为其辩护。"第13条规定："律师对其委托人负有的职责应包括：（a）对委托人的法定权利和义务，以及在与此种权利和义务有关的范围内，对法律系统的运作，提出咨询意见；（b）以一切适当的方法帮助委托人，并采取法律行动保护他们的利益；（c）在法院、法庭或行政当局面前给委托人以适当的帮助。"可见，国际人权公约中有关辩方的辩护权有着详细的规定，有效辩护需要收集、提供证据并对证人进行询问。

## 二、自行调查取证权的现状

### （一）现行立法和司法现状分析

我国《刑事诉讼法》第37条规定："辩护律师经证人或者其他有关单位和个人同意，可以向他们收集与本案有关的材料，也可以申请人民检察院、人民法院收集、调取证据，或者申请人民法院通知证人出庭作证。辩护律师经人民检察院或者人民法院许可，并且经被害人或者其近亲属、被害人提供的证人同意，可以向他们收集与本案有关的材料。"《最高人民法院关于〈中华人民共和国刑事诉讼法〉若干问题的解释》第43条规定："辩护律师申请向被害人及其近亲属、被害人提供的证人收集与本案有关的材料，人民法院认为确有必要的，应当准许，并签发准许调查书。"第45条规定："辩护律师直接申请人民法院收集、调取证据，人民法院认为辩护律师不宜或者不能向证人或者其他有关单位和个人收集、调取，并确有必要的，应当同意。人民法院根据辩护律师的申请收集、调取证据时，申请人可以在场。人民法院根据辩护律师的申请收集、调取的证据，应当及时复制移送申请人。"最高人民检察院《最高人民检察院刑事诉讼规则》第 324 条规定："辩护律师向人民检察院提出申请要求向被害人或者其近亲属、被害人提供的证人收集与本案有关的材料的，人民检察院应当在接到申请后七日内作出是否许可的决定，通知申请人。"《人民检察院保障律师执业的规定》第 18 条规定："辩护律师向人民检察院提出申请要求向被害人或者其近亲属、被害人提供的证人收集与本案有关的材料的，人民检察院应当征求被害人或者其近亲属、被害人提供的证人的意见，经过审查，在 7 日内作出是否许可的决定，并通知申请人。人民检察院没有许可的，应当书面说明理由。"第 19 条规定："人民检察院根据辩护律师的申请收集、调取证据时，可以通知申请人在场。"结合有关规定、司法实践和相关论述，① 笔者认为存在的问题如下：

第一，律师在侦查阶段不享有取证权。按照现有规定，律师在侦查阶段不是辩护人身份，仅是法律帮助人，不享有调查取证权。在侦查阶段，律师缺乏调查取证权使得其后的辩护工作很难开展，

① 关于律师自行调查取证权现状的分析和对策，在学术界有大量研究，如吴建坤："论我国刑事诉讼中律师的调查取证权"，中国政法大学 2005 届硕士学位论文；王美丽："律师调查取证的障碍及保障对策"，载《法律科学》1999 年第 3 期；余为青："论辩护律师的调查取证权"，载《社会科学战线》2003 年第 5 期；施杰、江敏："保障律师调查取证全促进控辩平等的实现"，载《中国律师》2003 年第 2 期；白冬："辩护律师调查取证权的程序价值"，载《南都学坛》2004 年第 1 期；龚德云："辩护律师调查取证权探析"，载《中国律师》2003 年第 6 期；周维平："论侦查程序中辩护方的防御权——以辩护方的调查取证权为视角"，载《黑龙江省政法管理干部学院学报》2007 年第 2 期；潘传平、伍始真："刑事诉讼中律师调查取证权之我见"，载《中国律师》2001 年第 5 期；等等。

尽管从理论上和立法上来说，侦查机关会全面收集证据，但基于各自职责的原因，其收集有利于被追诉者证据的积极性远不如作为被追诉者的权利维护者的律师的强烈愿望。在侦查阶段既无自行调查取证权，又无申请调查取证权，在证据收集的关键性的时段，律师没有进行调查取证的权利，这种情况对辩护工作的开展产生了很大阻力。对于有关被追诉者无罪、罪轻的证据材料，律师如果认为侦查机关应收集而未收集，那么只能提请侦查机关取证而不能自行取证，侦查机关若不同意，辩方尚缺乏救济程序予以保障。

第二，向被害人和证人调查要经“双重许可”。如果是向被害人或者其近亲属、被害人提供的证人进行调查访问，那么还要经“双重许可”，既要经被害人一方的同意，还要经检察院、法院的许可。缺少任一条件，则是程序违法，甚至有可能被认为作了伪证。而且刑事诉讼法第 37 条与第 48 条对证人负有作证义务的规定相互矛盾。第 48 条规定：“凡是知道案件情况的人，都有作证义务。”证人作证既然是法律规定证人应承担的义务，为了查清案情，一切了解案件情况的人有作证的义务。如果辩方向证人取证需要设限进行许可，那么是否控方取证也要经过辩方许可呢？显然不需要。这样就出现了严重的控辩不平等的现象，加剧了辩方的不利地位，不符合程序正义的要求。

第三，对律师的刑法罪名限制了辩方取证。当收集的证据与公检法收集的证据不一致时，律师往往被扣上“引诱证人作伪证”、“妨害作证罪”或者是“包庇罪”的帽子而身陷囹圄。实践中，只要律师在会见被告人或证人后，而改变了证言，不管证言改变的错与对，律师都会被怀疑“做了手脚”，在许多情况下，往往是证人改变证言，却为了逃避伪证罪的责任而声称是受了律师的指使，而有关机关也不仔细审查便把律师抓起来并追究刑事责任，这显然是不合适的。

第四，法官重视控方证据而忽视辩方证据。长期以来，法官仅依控方指控的案情与证据定案已形成习惯性做法，辩护律师提供的证据材料很难作为定案根据，辩护意见很难被法官采纳。

（二）2008年6月1日生效的律师法有关规定

于2008年6月1日生效的新律师法（十届全国人大常委会第30次会议2007年10月28日通过）第35条规定："受委托的律师根据案情的需要，可以申请人民检察院、人民法院收集、调取证据或者申请人民法院通知证人出庭作证。律师自行调查取证的，凭律师执业证书和律师事务所证明，可以向有关单位或者个人调查与承办法律事务有关的情况。"

我国刑事诉讼法第37条规定："辩护律师经证人或者其他有关单位和个人同意，可以向他们收集与本案有关的材料，也可以申请人民检察院、人民法院收集、调取证据，或者申请人民法院通知证人出庭作证。辩护律师经人民检察院或者人民法院许可，并且经被害人或者其近亲属、被害人提供的证人同意，可以向他们收集与本案有关的材料。"有关司法解释都是在此基础上提出的。针对律师调查取证要"经有关单位或者个人同意"、实践中基本无人同意的实际情况，新律师法增加规定，律师自行调查取证的，凭律师执业证书和律师事务所证明，可以向有关单位或者个人调查与承办法律事务有关的情况。

依据刑事诉讼法规定，以被调查人的同意作为律师行使调查权的前提条件，为有关单位或个人拒绝律师调查提供了很好的借口。如果是向被害人或者其近亲属、被害人提供的证人调查，要经"双重许可"，即要经被害人一方的同意，还要经人民检察院或人民法院许可。如果是两项条件不同时具备，则是程序违法，甚至有可能被司法机关视为有意作假证。立法如此规定对辩护律师是相当不利的，对被告人无疑也是极其不公平的，将会严重损害辩护职能的发挥，降低辩护效果。刑事诉讼法第37条的规定与第48条的证人作证义务是相互矛盾的。刑事诉讼法第48条规定："凡是知道案件情况的人，都有作证义务。"证人作证是法律规定证人的义务，证人无权拒绝。为了弄清案情，一切了解案件情况的人，都有作证的义务，不能以任何的理由和借口拒绝提供证言。刑事诉讼法第37条规定律师向证人、被害人等人调取证据，必须经他们的同意，而该法第45条第1款又规定："人民法院、人民检察院和公安机关有权向有关单位和个人收集证据、调查取证，有关单位和个人应当如实提供证据"，由此观之，似乎如实提供证据仅是对公安司法机关而言的，而不是面向律师，这无疑加剧了控辩双方取证能力不平衡的问题。对于证人而言，无论是对国家机关还是对辩护律师，只要符合证人作证的条件，就应当有作证的义务，立法应鼓励有关单位、个人向律师提供证据。律师法规定律师"凭律师执业证书和律师事务所证明，可以向有关单位或者个人调查与承办法律事务有关的情况"较具针对性地解决了现存问题，具有积极意义。依据此条规定，当律师自行调查取证之时，公安司法机关不应设置障碍甚至阻止，被调查人或单位也应予以配合。律师的调查取证权，应当受到国家机关、社会组织和公民的尊重、支持。

这里还有个问题，即刑事诉讼法如何与律师法衔接和协调的问题。新修订的律师法于2008年6月1日起生效，而刑事诉讼法相关条文至今未改。律师法与刑事诉讼法相关条文的冲突问题如何解决的呼声自2008年以来至今不绝于耳。按照什么效力等级确定呢？有的认为，刑事诉讼法是基本法，是上位法，但笔者在查阅相关资料和《立法法》后，发现无法表明刑事诉讼法是律师法的上位法，显然二者是同一效力位阶的法律。即使有人认为理论上，基本法律优于一般法律，但由于无法律规定，仍不足为据。笔者认为，应按照新法优于旧法的原则，2008年6月1日起，原律师法自动失效，而对于刑事诉讼法及其他法律法规相关冲突条款，凡是与律师法相违背的内容自动失效，其他条款仍然有效。对于自行调查取证权而言，如果届时刑事诉讼法未进行衔接性的修正，则应依据新律师法关于律师自行调查取证权的规定执行。

律师法的修订和付诸实施，毫无疑问必将推动刑事诉讼法的相关条文，尤其是有关辩方权利的内容的修改。笔者认为，这些权利的立法规定和具体落实是两回事。1996年修订的刑事诉讼法很多条文并非绝对不科学，而是在司法实践中未能得到贯彻，所以关键是配套保障措施，从某种意义上来说，这更显重要。一般认为，我国1996年修订刑事诉讼法时即已引进了对抗制因素。与律师法配套，相关立法应加强保障律师自行调查取证权，这样有利于促进其积极参与诉讼。从修订后的律师法2008年6月1日实施以来的情况来看，制度在落实过程中出现的问题依然不少，有的是理念问题，有的是现实问题，如何解决，对于法学界和法律界都是一个难题。

## 三、自行调查取证权之域外考察

### （一）国际司法准则的要求

1990年8月，我国参加在古巴首都哈瓦那召开的第八届联合国预防犯罪和罪犯待遇大会，我国签署了大会通过的《关于律师作用的基本原则》，该原则第1条规定："所有的人都有权请求，由其选择一名律师，协助保护和确定其权利，并在刑事诉讼的各个阶段为其辩护"。第21条规定"主管当局有义务确保律师能有充分的时间查阅当局所拥有或管理的有关资料、档案和文件，以便律师能向其委托人提供有效的法律协助"。因此，赋予辩护律师在侦查、起诉、审判阶段调查取证权，是保障辩护律师履行职责的最低条件，是当代文明社会辩护律师所享有的最基本的权利，如果对辩护律师的职务活动限制太多，势必会让人们对辩护律师介入诉讼有没有必要和辩护律师能否发挥应有作用产生怀疑。

《公民权利和政治权利国际公约》在刑事司法方面提出了一系列司法准则，对保证司法公正，维护人权，具有重要意义。该《公约》第14条第3款d项规定：刑事犯罪嫌疑人、被告人如果没有聘请律师，主审法院应当为他指定法律援助的律师，如果他没有足够的钱付律师费，那么他应免费享受法律援助。《公约》第14

条第3项规定：辩方有权“询问或业已询问对他不利的证人，并使对他有利的证人有与对他不利的证人相同条件下，出庭和受询问”。这一规定至少包括了两方面的含义：一是被追诉者有权积极主动地向法庭提出于己有利的证据。二是所有的证人都必须出庭并接受控、辩双方的询问。因此，辩方可以提交本方调查的有利于辩方的证据，还可以申请法院通知新的证人出庭，调取新的物证，申请重新鉴定或勘验。

（二）其他国家和地区

美国通过从1932年的鲍威尔诉亚拉巴马州案到1972年的阿吉尔辛格诉哈姆林案的一系列判例，最高法院确立了保障辩护律师能为被告人提供有效辩护的规则。根据现有法律规定，辩护律师在被告人被捕或被指控犯罪时便可以接手对案件进行调查取证。尤其是在一些重大案件中，辩护律师甚至在更早的阶段即可介入。在这种授权下，辩护律师可以雇用私人侦探对案件进行独立的调查，可以雇用物证技术学家或法医进行现场勘查和技术鉴定。当然，由于现场和多数物证都在警方控制之下，所以辩护方要勘查现场和检验物证必须征得警方或检察官的同意，不过法律同时规定后者不得对此设置障碍。《美国联邦刑事诉讼规则》第16条规定：“被告方可以掌握、保管或控制部分证据，包括：（1）书籍、纸张、文件、照片、有形物品或者其复制件；（2）与案件本身有关的身体或精神检查的结果或报告，或者科学检测或试验的结果；（3）被告人所作的陈述，或者由政府方或者辩方证人、或预期的政府方或辩护方证人对被告人、被告人的律师或代理人所作的陈述。”该条说明辩方有权自行取证。

《德国刑事诉讼法典》第136条规定了“初次讯问”要求，侦查机关在第一次讯问犯罪嫌疑人时应当告知其可以申请法官收集对自己有利的证据。被指控人除了法定例外情况，有权在刑事诉讼的任何阶段委托律师。《德国刑事诉讼法典》在“公诉之准备”一章中规定了被追诉人的申请调查证据的权利。这些规定包含以下内容：（1）第163条规定：被追诉人请求收集对他有利的证据时，如果他们具有重要性，应当收集。（2）第220条：被告人自行传唤。审判长拒绝传唤某人的申请时，被告人可以对该人员直接传唤。即使无先行的申请，被告人也有权直接传唤。可见，在德国，被追诉者有权收集证据，并且对于证人也有权直接传唤，具有一定的强制取证权性质。

日本刑事诉讼中的证据主要由当事人收集、提出。犯罪嫌疑人、被告人及其辩护律师为了提供有利于己方的证据，就有必要进行侦查，收集证据。因此，在司法实践中，这种侦查活动是被法律所保护的。在学理上，日本学者石井一正认为：“被告方可以搜集、保全有利于自己的证据，作为证据调查的准备。特别是公审中的当事人主义的强化，公审前的证据搜集更具有重要的意义。在起诉之前，亦即处于嫌疑人的阶段，被嫌疑人还可以将有利于自己的证据作为避免起诉的资料向检察官提交。”① 关于侦查阶段辩方的取证问题，铃木茂嗣主张：“侦查机关也应收集对犯罪嫌疑人、被告人有利的证据，但侦查机关的侦查在这方面是不充分的。因此，与其相对抗的犯罪嫌疑人、被告人、辩护人方面有必要进行独立的侦查，以确保证据的获取。”② 可见，在日本，辩方在刑事诉讼中有权收集有利于自己的证据，而且在侦查阶段，辩方也有权进行独立的证据收集。在日本，辩方收集证据的方法多样。“被告方的证据搜集和保全，采用经关系人同意或协助的任意的方法进行（任意调查），可以听取关系人（包括被告人、嫌疑人）的情况陈述，也可以制作陈述记录书，寻找目击者或能证明被告不在现场的证人，搜集和保管证据文件和证据物，还可以到现场进行实地调查并

① ［日］石井一正著：《日本实用刑事证据法》，陈浩然译，台湾五南图书出版股份有限公司2000年版，第39页。

② ［日］铃木茂嗣著：《刑事诉讼法》，青林书院，1990年版，第85页；转引自吴建坤：“论我国刑事诉讼中律师的调查取证权”，中国政法大学2005届硕士学位论文，第10页。

制作调查笔录、拍摄现场照片。如不能得到关系人的直接协助，还可以通过律师协会要求给予一定的帮助，但对方仅限于政府机关或法人团体。接受律师协会照会的政府机关有义务协助作出报告，但如果政府机关拒绝报告则无强制执行的途径。”[①] 可见，在日本，辩方可积极进行各证据种类的收集，且方法多样，可得到律师协会的帮助。此外，在日本，辩方取证并无强制处分权。“犯罪嫌疑人方面收集对自己有利的证据、向有关人员了解情况、寻找目击证人、取得证据物等，只要手段不过分，就是允许的。但是，与侦查机关不同的是，其没有强制处分的权限。因此，法律规定，当‘如果不事先进行证据保全，就会出现难以使用证据的情况’的场合，犯罪嫌疑人、被告人乃至辩护人可以向法官申请押收、搜查、勘验、询问证人以及鉴定等处分。实际上，具体实施将由辩护人进行。”[②] 与其他国家一样，虽然辩方有调查取证权，其也是与控方平等对抗的诉讼主体，但其无强制处分权，这与刑事诉讼所具有的特殊性有关。

《俄罗斯联邦刑事诉讼法典》第 53 条第 1 款第（2）项规定，自准许参加刑事案件之时起[③]，辩护人有权“依照本法典第 86 条

① ［日］石井一正著：《日本实用刑事证据法》，陈浩然译，台湾五南图书出版股份有限公司 2000 年版，第 39 页。

② ［日］松尾浩也著：《日本刑事诉讼法（上卷）》，丁相顺译，中国人民大学出版社 2005 年版，第 136 页。

③ 依照《俄罗斯联邦刑事诉讼法典》第 49 条第 3 款规定：“自以下时刻起辩护人参加刑事案件：（1）自作出将一个人作为刑事被告人进行追究的决定之时，但本款第 2 项～第 5 项规定的情形除外。（2）自对具体人提起刑事案件之时。（2002 年 5 月 29 日第 58 号联邦法律修订）（3）在下列情况下自实际拘捕被怀疑实施犯罪的人之时起：a. 在本法典第 91 条和第 92 条规定的情况下。b. 依照本法典第 100 条对他适用羁押作为强制处分。（4）自向被怀疑实施犯罪的人宣布关于指定司法精神病学鉴定的决定之时。（5）自开始采取其他诉讼强制措施或实施涉及被怀疑实施犯罪的人的权利和利益的其他诉讼行为之时。”其中第 91、92 条是关于拘捕犯罪嫌疑人的规定，第 100 条是对犯罪嫌疑人选择强制处分的规定。参见黄道秀译：《俄罗斯联邦刑事诉讼法典（新版）》，中国人民公安大学出版社 2006 年版，第 52、84、89 页。

第3款规定的程序收集和提交提供法律帮助所必需的证据”。[①] 第86条第3款规定：“辩护人有权通过以下途径收集证据：(1) 取得物品、文件和其他信息材料。(2) 经本人同意后对人员进行询问。(3) 要求国家权力机关、地方自治机关、社会团体和组织提供证明书、说明书和其他文件，上述机关和团体有义务提交所要求的文件或其复印件。”第86条规定了证据的收集主体，内容为：“1. 证据的收集由调查人员、侦查员、检察长和法院在刑事案件办理过程中通过本法典规定的侦查行为和其他诉讼行为进行。2. 犯罪嫌疑人、刑事被告人以及被害人、民事原告人、民事被告人及其代理人有权收集和提交书面文件和物品作为证据附于刑事案卷。”[②] 可见，在俄罗斯刑事诉讼法中，比较明确地规定了辩方的取证权。当然对于被害人、证人的询问，是以同意为前提的。总体来看，俄罗斯对自行调查取证权是重视的，保障也是有力的，是值得借鉴的。

在我国台湾地区，立法所规定的调查取证是申请调查取证，而对自行调查取证则无法律明确规定，从而使得自行调查取证权利难以得到有效行使。我国台湾地区刑事诉讼制度，虽然声称已采取所谓“改良式的当事人进行主义”，但是在现阶段辩护人无论是在侦查中或审判中，都无法与检察官相抗衡，并无法真正贯彻所谓“当事人进行主义”。这是因为在我国台湾地区现行刑事诉讼制度下，侦查程序完全是由检察官一人主导，其掌握调动一切司法警察的权力，更可随时向各种公、民营机关调阅任何证据资料，在侦查程序中，其侦讯之客体或对象是被告，被告或辩护人仅能客气地尊称检察官为“检座”，以低调、恳求的姿态获取检察官对被告或辩护人声请调查之证据进行调查或为有利于被告人之认定，再加上侦

---

① 黄道秀译：《俄罗斯联邦刑事诉讼法典（新版）》，中国人民公安大学出版社2006年版，第57页。

② 黄道秀译：《俄罗斯联邦刑事诉讼法典（新版）》，中国人民公安大学出版社2006年版，第82页。

查采取“密行不公开主义”，辩护人对于卷宗没有阅览的权利，使得辩护人犹如“在黑屋内找黑物”，困难之程度无以复加。① 可见，在我国台湾地区的调查取证制度主要是申请调查取证，而无明确完善的自行取证制度。由于在台湾地区，辩方有提出于己有利的证据的权利，这必然涉及完善的保障措施问题。法律对自行取证不明确加以规定，必然涉及权利行使难度加大的问题。所以在台湾地区，律师界也是叫苦不迭。当然，台湾地区《检察机关办理刑事诉讼案件应行注意事项》第25点“对辩护人调查证据或证据意见之尊重与征询”规定：“检察官对辩护人所提关于调查证据以供侦查案件参考之声请，应予重视。如讯问被告后认为有必要时，亦应主动提示证物，征询在场辩护人意见。”此条虽规定检察官对于侦查中辩护人得请求调查证据声请，应予重视，但并未明确保障律师在侦查中申请调查证据的权利。可见，在台湾地区刑事诉讼侦查阶段，律师仍得享有一定申请调查取证权，只是这时侯的申请一般只是“关于调查证据以供侦查案件参考之声请”。

## 四、自行调查取证权的完善：对辩方证明权的保障

### （一）明确规定侦查阶段的自行调查取证权

律师的调查取证权可以说是辩护权的核心部分。在刑事诉讼中，应当确立侦查阶段辩护人的诉讼地位，并应赋予律师在侦查阶段的调查取证权，这也是律师履行职责的需要。现代刑事诉讼实行证据裁判主义，律师在刑事诉讼中正确行使权利的前提和保证是调查取证。

一是我国侦查阶段证据收集制度中存在一些问题。如上所述，在我国刑事诉讼的侦查阶段，调查取证是侦查机关的权力，辩方尤其是律师的介入被看成是“绊脚石”，侦查机关对律师持“反感”

① 陈志龙：“辩护人—刑事司法机关—法治国家原则（上）”，载《律师杂志》1997年第209期，第67页。

态度，辩方在侦查阶段完全处于被动讯问状态，讯问时，律师不能在场。随着新律师法的生效，律师在侦查阶段虽不称为辩护人，但已能“自由会见”①，这是比较积极的。在律师法未生效，刑事诉讼法也未予以衔接的情况下，我国侦查阶段证据收集制度存在如下问题：

1. 调查取证权为特定机关所独享，而辩方不享有调查取证权，被排斥在侦查程序之外。这在前文中已有提及。因为在现有的侦查程序中，法定的调查取证权仅为国家专门机关所拥有，此时的犯罪嫌疑人即使没有被羁押也无调查取证的法律依据。依照现行立法，在侦查阶段，犯罪嫌疑人委托的律师不具有辩护人地位，不享有调查取证权。

2. 侦查过程完全不公开，侦查权力缺乏制约。侦查机关不仅可以采取各种侦查行为，而且可以采取各种强制措施。除了逮捕以外，侦查机关的侦查行为几乎不受外部监督，其行为不符合现代刑事诉讼的要求，几乎就是“行政追诉”。侦查机关可为各种调查取证行为，而辩方取证却无依据，且一旦取证还可能面临着公安机关的追究。在这种不符合现代刑事诉讼格局要求的侦查模式下，控辩力量对比严重失衡，几乎无法形成任何对抗。

3. 侦查机关基于追诉倾向往往重视用于支持指控证据的收集。按照刑事诉讼理论要求和法律规定，承担控诉职能的国家机关负有客观性义务，协同主义下的控方还有“协力的证明义务”，侦查机关在我国虽不属于检察官指挥，但其侦查的目的主要是为控诉做准备，因此其证据收集实际上是控诉职能的延伸，侦查机关也有客观性义务，即在收集证据时，全面收集有利和不利被追诉者的证据。但事实上基于其控诉职责和追诉的倾向，侦查机关往往忽视甚至漠

---

① 律师法第33条规定：“犯罪嫌疑人被侦查机关第一次讯问或者采取强制措施之日起，受委托的律师凭律师执业证书、律师事务所证明和委托书或者法律援助公函，有权会见犯罪嫌疑人、被告人并了解有关案件情况。律师会见犯罪嫌疑人，不被监听。”这被学者称为自由会见。

视对被追诉者有利证据的收集，这是不利于案件事实发现和对被追诉者合法权利保护的。当然这里主要是说，侦查机关有这种倾向可能导致证据收集的不全面，并不是说所有侦查机关、所有侦查人员对所有刑事案件都是重视有利于支持指控的证据而忽视有利于被追诉者的证据。

4. 侦查阶段辩方有证也无处可“举”。虽然侦查阶段不是审判，不需要设置举证环节，但为了促进诉讼进程和事实真相的查明，还是应该给予辩方举证的机会。因为在侦查阶段，即使辩方不去积极收集证据，但仍可能有“现成”的证据，有的是“信手拈来”，如果一律不重视，那么是不合理的。按照现行法律规定使得即使辩方即使持有于己有利的证据，也无法及时在诉讼程序中提出，这不利于被追诉者权利的保护。在侦查阶段，辩方即使提供给侦查机关，如果不被其所接受，那么则只能在下一阶段提供给检察机关，若仍然未得到重视，最后只能提供给法庭。

二是侦查中赋予律师自行调查取证权具有可行性。侦查阶段赋予律师自行调查取证权，毫无疑问也具有自行调查取证权所具有的各项功能，而这些功能也同时是侦查阶段律师自行调查取证权的理论基础，此处不再重复。这里重在根据侦查阶段的特殊性分析赋予律师自行调查取证权的可行性。具体来看，有如下几个方面：

1. 刑事诉讼中控辩平衡的需要。刑事诉讼自侦查机关立案开始，侦查机关即已开始积极收集用于支持指控的证据材料，而辩方却无此权利和便利，这导致控辩双方地位的严重失衡。即使在现有法律框架下，辩方还有权进行申诉和控告，而这些都是需要证据的，无任何证据，仅凭“一家之言”恐难说服人。而且，侦查阶段是侦查机关收集证据的最佳时机，这个时机对于辩方来说也是同样存在的。“真相能通过双方对同一问题的强有力的陈述而获得最好的发现”，这正是英美法系对抗制诉讼的理论基础之一。古人云：“两刀相割，利钝乃知；两论相辩，是非乃现。”① 真正有效的对抗植根于双方具有进行对抗的能力，在刑事诉讼中则主要表现为赋予被追诉方以相宜的权利来保障其与控方进行对抗。如果不能达到这样的要求，那么就是有名无实的“对抗”。

2. 协同主义诉讼模式的需要。如上对域外的考察，英美法系国家实行侦查的双轨制，即控辩双方都可进行侦查活动，即侦查机关的罪案调查活动与辩方的防御性的调查活动同时展开。辩方不仅可以聘请某些专门人员包括私人侦探等调查、收集证据，律师在征得同意的情况下还可以勘验现场、检验物证。大陆法系国家实行侦查单轨制，辩方无权开展侦查活动，律师参与侦查，反而会被认为是对侦查的妨碍。1996 年我国修订刑事诉讼法后引入了英美法对抗制因素。笔者所主张的协同主义是建立在此积极因素之上，认为应当强化当事人主义，同时保留职权主义中有利于事实真相发现的机制。在协同主义模式下，辩方应享有一定调查取证权，笔者不鼓励追求与英美法类似的侦辩平等的侦查取证权，而是为了控辩对抗和事实发现所需的调查取证权限。

3. 律师取证并不必然妨碍侦查。侦查机关以强大的国家强制力为后盾，有多种强制取证手段，设备先进，而辩方则无此“特权”。虽然以前侦查处于不公开的状态，但这随着时代的发展，已呈现出诸多问题。大多数律师是经过正规法律专业学习，通过国家司法考试取得法律职业资格证书，并经过培训取得执业证的法律职业群体，其有着较高的法律素养，而且其受到有关部门的严格管理，因此我们有理由相信其知晓妨碍侦查的后果。所以，在侦查阶段不应以“妨碍侦查”为由拒绝赋予自行调查取证权，换句话说，不是是否赋予自行调查取证权问题，而是赋予并如何规制的问题。

4. 符合国际刑事司法准则的要求。联合国《关于律师作用的基本原则》第 1 条规定，所有的人都有权请求由其选择的一名律

---

① 《论衡·书案》。

师协助保证和确立其权利，并在刑事诉讼的各个阶段为其辩护。联合国《保护所有遭受任何形式的拘留或监禁人的原则》第11条第1款规定，被拘留人应有权为自己辩护或依法由律师协助辩护。

5．符合立法趋势。我国在侦查阶段不赋予律师以辩护人地位，一个很重要的原因即担心妨碍侦查，而从律师法的规定趋势来看是加强律师在侦查阶段的参与，因此赋予律师在侦查阶段的取证权是大势所趋。而且即将生效的律师法第35条规定实际上包含了律师在侦查阶段调查取证权的内涵。该条规定："律师自行调查取证的，凭律师执业证书和律师事务所证明，可以向有关单位或者个人调查与承办法律事务有关的情况。"此项规定包含了侦查、起诉和审判阶段的调查取证权。未来刑事诉讼法对此问题必定应予以明确。

三是侦查阶段要切实赋予律师调查取证权。侦查中的律师调查取证权对辩方证明权的保障尤为重要。如上所述，侦查阶段是证据收集的"最佳时机"，为之后的诉讼防御活动提供了可能。辩方证明权的行使不依赖于律师"嘴大"，而依赖于证据，因为事实认定依赖的是证据，而不完全是无根据的所谓"推理"。关于侦查阶段的律师调查取证权，我国立法没有规定，通过上文的考察，我们知道有的国家和地区赋予了律师侦查中的调查取证权。有人认为，赋予侦查阶段律师的辩护人身份即可，笔者认为，这样虽然能够从名称上改变现在律师侦查阶段"不伦不类"之状态，但尚不能从根本上解决律师权利弱的问题，我国台湾地区倒是规定了"得随时选任辩护人"，可在实践中仍存在调查取证难的问题，因此笔者认为应从实质上赋予律师相应的权利，要求侦查机关和有关单位、个人配合和尊重，并设置相应的救济和制裁机制。

（二）刑事诉讼法的修订应与律师法衔接

依照我国刑事诉讼法第37条规定，辩护律师经证人或者其他有关单位和个人同意，可以向他们收集与本案有关的材料，也可以申请人民检察院、人民法院收集、调取证据，或者申请人民法院通知证人出庭作证。辩护律师经人民检察院或者人民法院许可，并且经被害人或者其近亲属、被害人提供的证人同意，可以向他们收集与本案有关的材料。对此规定，根据上面对立法现状的分析，《最高人民法院关于〈中华人民共和国刑事诉讼法〉若干问题的解释》、《最高人民检察院刑事诉讼规则》、《人民检察院保障律师执业的规定》等还进一步规范了具体的“许可”程序。

如上所述，新律师法2008年6月1日生效后一直面临着衔接的问题。律师法第35条第2款规定：“律师自行调查取证的，凭律师执业证书和律师事务所证明，可以向有关单位或者个人调查与承办法律事务有关的情况。”这将面临如何去进一步衔接、规范和保障的问题。笔者认为，在自行调查取证权问题上，应取消现有限制，呈现开放、包容的态度。但基于刑事诉讼所具有的特征和我国的国情，完全放开辩方的取证权是不切实际的，但不对自行调查取证权设置保障措施，让其“空转”也是没有意义的。笔者这里在结合上述分析和域外考察的基础上主张：（1）赋予被追诉者委托或特定机关指定的律师在整个诉讼过程中的调查取证权。（2）律师有权收集与案件有关的证据，包括物证、书证和委托鉴定。（3）经被害人、证人同意后进行询问；若不同意，可采用申请取证的方式予以救济。（4）律师凭律师执业证书和律师事务所证明，向国家机关、企事业单位和其他组织调取或要求提供证明书、说明书和其他文件，上述机关团体有义务提交所要求的文件或其复印件；若不同意提交，则可采用申请取证的方式予以救济。（5）辩方取证不得违反国家有关法律规定的禁止性规定。

## 第三节　申请调查取证权

被追诉方为有效辩护会积极收集证据，但这只是“一相情愿”，关键是能否收集到。实践中，被追诉方收集证据的能力是非常有限的。“为了弥补被追诉方在收集证据能力上的不足，实现控辩双方在收集证据能力上的真正对等，现代许多国家都规定，被追诉方有以强制程序获取有利于本方证据的权利（以下简称强制程序权或强制取证权，即 the right to compulsory process），即对有利于本方的证据，如果依靠自身的力量无法获取，那么被追诉方有权申请法院采用强制手段予以收集。”[①] 鉴于辩方自行调查取证能力有限的情况，有必要赋予其请求特定机关采用强制手段收集“于己有利”证据的申请权。

## 一、申请调查取证权理论

### （一）申请调查取证权的内涵

有人主张辩方享有强制取证权、强制程序权等。美国第六宪法增修条文对强制取证权进行了规定，在使被告有权利取得一切对自己有利的证据时，使陪审团不但能听取检察官的证据，亦能听取被告的证据。[②] Us v. Nixon 案中，美国联邦最高法院表示，被告有权提出一切对自己有利的证据，此为宪法所保障的权利，法院有义务帮助被告调取一切有关联性及具证据能力的证据。[③] 综上可见，所谓强制取证权、强制程序权，即是我国的申请调查取证权，这也是本节讨论的主题。

---

① 陈永生：“论辩护方以强制程序取证的权利”，载《法商研究》2003 年第 1 期，第 86 页。

② The Sixth Amendment provides criminal defendants with the “means of obtaining witnesses so that their own evidences, as well as the prosecutor’s, might be evaluated by the jury.” 参见王兆鹏著：《刑事被告的宪法权利》，台湾元照出版有限公司 2004 年第 2 版，第 182 页。

③ The right to the production of all evidence at a criminal trial similarly has constitutional dimensions. …It is the manifest duty of the courts…that all relevant and admissible evidence be produced. See 418 U. S. 683, 711 (1974). 转引自王兆鹏著：《刑事被告的宪法权利》，台湾元照出版有限公司 2004 年第 2 版，第 182 页。

证据声请[①]（Beweisantrag）系诉讼程序参与者所提出以特定之待证事实及用以证明该待证事实之证据方法为内容，请求法院对该证据方法进行“证据提出”之声请。所谓“证据提出”之内涵，以该证据方法是否已呈现于法院（即已在庭），而可区分如下：(A) 于非在庭之证据方法，透过证据声请，系请求法院加以搜集，包括传唤证人到庭或搜集证人以外之其他证据方法并加以践行法定证据调查程序。(B) 于已经在庭之证据方法，声请法院对之践行法定证据调查程序。无论属于证据声请第一种或第二种内容，论其目的均在透过证据声请，以影响法院证据调查之范围，进而影响法院做成判决之基础。证据声请权即系在审判上证据调查程序中赋予诉讼参与者为达成特定待证事项（主张）之证明，促使法院为一定证据方法之收集与调查之权利。[②] 此项权利对于被告而言尤其重要，不因刑事诉讼证据调查程序采取职权调查原则而受到阻碍。由以上论述可知，在我国台湾地区，证据声请权的内涵包含了证据收集和证据调查（法庭调查）两个方面。前者内容为请求法院收集证据，属于本节所讨论的“申请调查取证权”的范畴，后者内容则为请求法院践行对已收集证据的法庭调查[③]，属于后文中将要讨论的“举证权”范畴。本节的申请调查取证权是指辩方（包括犯罪嫌疑人、被告人及其辩护人）为证明特定待证事项而申请法院调查取证的权利。本节主要笼统地从制度上研究申请调查取证权的规范，对于申请调取可能灭失、以后难以取得的证据等属于证据保全制度范畴的内容，笔者将在下一节中展开分析。

① 本书中，“声请”与“申请”具有相同含义。

② 吴祚丞、许辰舟著：《刑事证据法则理论体系与实务之研究》，台湾地区“司法院”秘书处2003年印行，第44～45页。

③ 在此种情形下，“人证部分已由被告传唤且到庭；人证以外之证据方法，则已由被告搜集取得，因此被告提出证据声请之内容并不包括请求法院搜集该证据方法，而只是系透过证据声请请求法院将该等证据纳入法院调查证据之范围。”参见吴祚丞、许辰舟著：《刑事证据法则理论体系与实务之研究》，台湾地区“司法院”秘书处2003年印行，第45页注释56。

（二）申请调查取证权与诉讼模式

首先，申请调查取证权在当事人主义诉讼模式下是辩方的基本人权。台湾地区的王兆鹏教授认为，强制取证权在职权主义的刑事诉讼制度下，非基本人权。当事人进行主义的刑事诉讼制度，当事人双方自行搜集调查对自己有利的证据，于审判中将证据呈现于法院审判，各自说服法院其主张。法官或陪审团于审判中处于中立、被动的裁判者，既不为检察官调查证据，亦不为被告调查证据。而检察官为侦查机关的主体，有国家的预算作为其财务支援，有全国的警察人员供其调度指挥，于侦察中得请求大陪审团传唤、讯问证人，得请求法院签发搜索扣押票。若被告无强制取证权，无权强制对自己有利的证人出庭作证或提出证据，则审判必呈现一面倒的不公平现象。就发现真实而言，裁判者只看到检察官所搜集对被告不利的证据，对被告有利的证据则无法见闻，不能发现真正的真实。就程序公平而言，被告于审判中处于完全挨打的地位，审判纯粹流于形式，毫无程序公平可言。故被告的强制取证权，在当事人进行主义的刑事诉讼制度下，当然成为基本人权。① 可见，在当事人主义模式下，控辩均自行收集证据，而由于辩方无强制力作为支撑，难以收集某些于己有利的证据，但有的证据不被提出或证人不出庭作证，将显然要出现程序和实体不公平的现象，因此赋予辩方申请调查取证权并予以保障是基本人权的组成部分。

其次，申请调查取证权在职权主义诉讼模式下不是辩方的基本人权。王兆鹏教授认为，在职权主义的刑事诉讼制度下，法官的主要任务为发现真实，应主动搜集调查对被告有利、不利的证据，非如当事人进行主义的法官处于被动的角色。我国台湾地区“刑事诉讼法”规定，法官对被告有利不利之情形，均应予以注意。② 如

---

① 王兆鹏著：《刑事被告的宪法权利》，台湾元照出版有限公司 2004 年第 2 版，第 191 页。

② 王兆鹏著：《刑事被告的宪法权利》，台湾元照出版有限公司 2004 年第 2 版，第 192 页。

前所述，职权主义下，法官往往并不处于消极、超然、中立的位置，往往会积极主动调查证据。对此，王兆鹏进一步指出：对于依法应于审判期日调查的证据而未予调查的则属当然违背法令，是上诉第三审的理由，且对被告有利的证据，不以被告声请为限，凡与待证事实有关的证据，法院均应依职权调查，否则为违法。甚至被告于言词辩论终结后，始请求法院调查对其有利的证据，若有必要，法院亦应再开辩论调查证据，否则亦为违法。足见职权主义将被告的强制取证"权利"，转换为法官的"义务"。被告仅需向法院声请，法院即有义务为被告传唤证人或调取证据。若证人拒绝出庭，法院得强制拘提之；若证据持有人拒绝，法院则得强制搜索扣押之。且被告甚至无须声请，或逾时声请（如言词辩论之后始声请），法官仍有此义务为当事人调查证据。故在职权主义下，强制取证权无理由成为被告的基本人权，诉讼制度与英美法不同，不可相提并论。[①] 由此可见，在职权主义模式下，法院调查取证往往是其责任和义务，并不依据辩方申请而进行，从这种角度来说，不再是辩方的基本人权，甚至连申请都不需要提出，法院即可依据职权调查证据。

最后，申请调查取证权在协同主义诉讼模式下是辩方的基本人权。在当事人主义诉讼模式下，收集证据是控辩双方的责任，也是其权力（或权利），由于控辩取证能力不平等，辩方有申请调查取证的基本人权。在职权主义诉讼模式下，辩方即使不提出证据，也不提出调查证据的申请，法院往往也会基于事实真实发现的需要积极主动地依职权申请调查证据。在笔者所主张的协同主义诉讼模式下，法院负有"澄清案情义务"，同时辩方有"协同发现真实"的权利和义务。基于辩方有协同发现真实的权利，其有证明的利益而享有证明权，因此其为了证明于己有利的事实，有收集证据的必

① 王兆鹏著：《刑事被告的宪法权利》，台湾元照出版有限公司2004年第2版，第192～193页。

要，在取证能力不高，又无强制取证权的情况下，赋予其申请调查取证权是证明权的重要内容，属于基本人权。至于法院所负有的“澄清案情义务”则并非是指法院任意、随意地进行调查取证，其在依据申请进行调查取证之外所进行的依职权调查取证是非常有限的，并不影响辩方的申请调查取证权所具有的基本人权性质。在协同主义诉讼模式下，比较强调控、辩、审三方的协同发现真实，注重对话，尊重各方权力（或权利）。

（三）申请调查取证权的功能

前已论及，证据收集制度有利于查清案件事实，准确处理案件；有利于规范证据收集主体的责任和权利；有利于落实控辩平等地位，促进程序正义的实现；有利于提高司法效率，加快诉讼进程，促进纠纷化解；有利于提升司法权威，促进公正高效权威的统一。对于申请调查取证权而言，其具有何种功能？这往往涉及该制度存在的必要性问题。如上所述，申请调查取证权并非在所有诉讼模式下都是基本人权，因此在现行和未来改革中的诉讼模式下，申请调查取证权有无设置的必要以及如何设置的问题是必须要予以明确的。笔者认为，申请调查取证权比较突出的功能有以下几个方面：

第一，有利于事实真实的发现。王兆鹏教授认为，强制取证权在当事人进行主义下表现两个目的，一在维持程序的公平，使被告与检察官的武器平等；一在发现真实，使对被告不利、有利的证据均能呈现于法院。如前所述，强制取证权在当事人进行主义为被告的权利，但在职权主义，此被告的权利，已转换为法官的义务。故在职权主义下，此时所应关心者，应非程序公平的问题，而是发现真实的问题。[1] 张丽卿认为，改良式当事人进行主义的重点在于贯彻无罪推定原则，检察官应就被告犯罪事实，负实质的举证责任，

① 王兆鹏著：《刑事被告的宪法权利》，台湾元照出版有限公司 2004 年第 2 版，第 194 页。

法庭的证据调查活动，是由当事人来主导，法院只在事实真相有待澄清，或者是为了维护公平正义以及被告重大利益时，才发动职权调查证据。故“改良式当事人进行主义”除了可以厘清法官与检察官的权责分际、彰显公平法院的理念外，更有助于“发现真实”。[①] 虽然该观点是分析当事人主义下的申请调查取证权，但实际上现在任何国家和地区都不是纯粹意义上的当事人主义和职权主义，如笔者所主张的协同主义诉讼模式，即包含了二者，是当事人主义因素明显增多的一种模式，强调三方协同。在此模式下，仍然要注重事实真实的发现，而此时若不赋予辩方申请调查取证权，则意味着很多有利于辩方的证据难以收集并提交法庭以认定事实，因此通过申请调查取证，这个障碍即能化解。

第二，有利于程序正义的实现。如上王兆鹏教授所指出的，申请调查取证有利于维持程序的公平，使控辩的武器平等。“正义是社会制度的首要价值，正像真理是思想体系的首要价值一样。”[②]“……当事人主义之原理，在理论上，的确显得最为合理。当事人主义或许属于人类所能想到之最好的制度。但是，在现代之诉讼，如认为当事人主义具有发见真相之功能，则未免不甚切合实际。倘欲妥善运作当事人主义之制度，则关于搜集证据工作（investigation），必须使两造均具有相等之机会与能力才行。换言之，关于搜集拟提出于法庭之证据，两造亦须具有相等之机会与权限才行；同时，关于在法庭之调查证据与辩论，两造亦须具有相等之口才与技能才行。然而，实际上，关于上述诸事，两造均具有大略相等之资力、机会，及能力之情形，殊属稀见。而且，实际上，亦无法使

① 张丽卿著：《刑事诉讼法理论与运用》，台湾五南图书出版股份有限公司2007年第10版，第40~41页。

② ［美］约翰·罗尔斯著：《正义论》，何怀宏等译，中国社会科学出版社1988年3月第1版，第3页。

其成为相等。”[①] 法律的公平正义价值需依赖司法公正来具体体现。司法公正是程序公正和实体公正的统一。其中，程序公正强调诉讼过程的公正，实体公正强调诉讼结果的公正。在现代刑事诉讼价值理论中，程序价值包含两个基本层面，一是工具价值，主要指为保障实体法的正确实施；二是独立价值，又称目的性价值，指诉讼程序对于满足程序主体就程序本身提出的目标是否有用、有效的价值标准，如公正、尊严、参与等，它是诉讼程序内在、固有的一种优秀品质。这种独立价值与工具价值相比，其对程序结果的影响是不同的。“即使公正、尊严和参与等价值并未增进判决的准确性，法律程序也要维护这些价值。”[②] 程序正义是刑事诉讼的目的价值。在诉讼过程中，程序正义弥补了犯罪嫌疑人、刑事被告人的被动与不利，保障其得到公正的诉讼待遇并能对诉讼结果施以充分、积极的影响，同时程序正义要求国家专门机关在追究惩罚犯罪的同时，必须严格遵守程序规则，慎重谦抑地行使法律赋予的职权。通过赋予辩方申请调查取证权，使其能够得到公平对待，实现武器平等，有利于实现程序正义。

第三，有利于诉讼效率的提高。申请调查取证权对提高刑事审判的效率具有重要的意义。因为如果辩方被赋予申请调查取证权，在庭审前即能够申请收集对本方有利的证据，那么其在庭审时即能针对控方提出的不利于被追诉方的事实和证据及时地提出本方的辩护意见，从而避免庭审的冗长。

第四，有利于司法权威的树立。在我国传统社会中，长老式、家族式的权威较为盛行，家规的威力靠的不仅是严厉的惩罚，还是道德的约束，这种权威往往让人们“心悦诚服”。考察一下“心悦诚服”一词的来历，“心悦诚服”出自《孟子·公孙丑上》，曰：

---

① See Morgan, Some Problems of Proof Under the Anglo – American System of Litigation 34(1956).

② ［美］迈克尔·D·贝勒斯著：《法律的原则——一个规范的分析》，张文显等译，中国大百科全书出版社1996年版，第32页。

“以力服人者，非心服也，力不赡也；以德服人者，中心悦而诚服也，如七十子之服孔子也”。心悦诚服指由衷地高兴，真心地服气或服从。这里笔者并非主张司法适用道德规范，而是认为司法裁判的权威不是靠“距离”、“超然中立”而树立的，司法的公信力是积累的过程，而这个过程需要有当事人的充分参与。司法过程应该受到当事人参与的影响，在刑事诉讼中，辩方的自行调查取证权和申请调查取证权即是比较好的参与方式。赋予辩方申请调查取证权，使辩方本因控方力量强大而失去平衡的“内心”得到了平衡，使他们感觉到“自己虽然能力有限”，但“法院会帮自己”，这与“司法为民”的政策是相符的。

此外，申请调查取证权与其他价值是存在冲突的，关键是如何平衡。王兆鹏教授指出：“不应为发现真实，而牺牲所有‘秘匿特权’所欲保护的秘密或利益。换言之，发现真实未必一定较其他利益更为重要。例如，我国亲不为证，可追溯于周，儒家亦有亲属容隐（即亲属间拒绝作证）之思想。……不应为发现真实而牺牲数千年的传统，亦不应为发现真实而强迫近亲作证。……应采取利益衡量标准，决定得否强制取证。应一方面考虑被告对该证据的需要，另一方面考虑‘秘匿特权’的目的、政策及利益，赋予法院以秘密审查的方式检视证词或证物。”[①] 赋予申请调查取证权的同时，也要设置一些限制性的措施，避免与其他价值发生冲突。当申请调查取证权与公序良俗发生冲突时，需要取其一，进行利益衡量，则可能取后者。如上所述，申请调查取证权的设置应为证人拒证权让路。另外，对于涉及效率的，如一些众所周知的事项、已经查明的事项等即不应赋予申请调查取证权。可见，申请调查取证权与其他价值、权利应调适关系，以达至平衡。

---

① 王兆鹏著：《刑事被告的宪法权利》，台湾元照出版有限公司 2004 年第 2 版，第 195～196 页。

## 二、申请调查取证权的现状

根据我国刑事诉讼法第37条规定，辩护律师可以申请人民检察院、人民法院收集、调取证据，或者申请人民法院通知证人出庭作证。在此立法基础上，司法解释进一步对申请调查取证权进行了规定。《最高人民法院关于〈中华人民共和国刑事诉讼法〉若干问题的解释》第43条规定，辩护律师申请向被害人及其近亲属、被害人提供的证人收集与本案有关的材料，人民法院认为确有必要的，应当准许，并签发准许调查书。第44条规定，辩护律师向证人或者其他有关单位和个人收集、调取与本案有关的材料，因证人、有关单位和个人不同意，申请人民法院收集、调取，人民法院认为有必要的，应当同意。《最高人民检察院刑事诉讼规则》第323条规定，辩护律师申请人民检察院向被告人提供的证人或者其他有关单位和个人收集调取证据的，人民检察院认为需要调查取证的，可以收集、调取。《最高人民法院、最高人民检察院、公安部、国家安全部、司法部、全国人大常委会法制工作委员会关于刑事诉讼法实施中若干问题的规定》第13条规定，在法庭审理过程中，辩护律师在提供被告人无罪或者罪轻的证据时，认为在侦查、审查起诉过程中侦查机关、人民检察院收集的证明被告人无罪或者罪轻的证据材料需要在法庭上出示的，可以申请人民法院向人民检察院调取该证据材料，并可以到人民法院查阅、摘抄、复制该证据材料。第15条规定，对于律师申请人民检察院、人民法院收集、调取证据，人民检察院、人民法院认为需要调查取证的，应当由人民检察院、人民法院收集、调取证据，不应当向律师签发准许调查决定书，让律师收集、调取证据。《人民检察院保障律师执业的规定》第17条规定，辩护律师申请人民检察院向犯罪嫌疑人提供的证人或者其他有关单位和个人收集、调取证据的，对于影响认定案件事实和适用法律的，人民检察院应当依法收集、调取，并制作笔录附卷。

从上述规定来看，我国立法和司法解释所规定的申请调查取证权有以下几个方面的内容：

第一，申请调查取证权的主体是辩护律师。由于在我国刑事诉讼中，控方取证能力强，一般不存在取证难，而需要申请取证的问题，相比较而言，辩方的取证难度则非常大，需要通过赋予申请调查取证权予以保障。但立法对辩方申请调查取证权的规定是指辩护律师的申请调查取证权。

第二，申请调查取证权的保障机关是人民检察院和人民法院。申请调查取证权的保障机关亦即辩方向谁提出调查取证申请的问题。依照上述规定，辩方尤其是辩护律师在审查起诉、审判阶段有权申请调查取证。

第三，即使申请调查取证并不代表法院、检察院必须调取。依照上述规定，辩方提出调查取证申请后，法院、检察院“认为需要”的，应当收集、调取。

第四，对于符合条件的，法院、检察院应自行收集、调取，而不应签发准许调查决定书。根据上述规定，对于辩方申请调查取证的，如果法院、检察院认为应当调取，那么则应自行调取，而不应签发准许调查决定书，将行为转移给辩方。

第五，申请调查取证的对象是证据。按照我国有关规定，辩方申请调查取证的对象是证据，同时为了对证人证言进行有效质证，申请通知证人出庭作证也属于申请调查取证的对象。

应当肯定的是，我国立法和司法解释认识到了辩方调查取证难的问题，也意识到了不保障辩方的调查取证权，刑事诉讼中所导入的对抗制因素也无法有效发挥作用，因此对辩方的申请调查取证权进行肯定并加以保护。对于上述规定，具体分析如下：

第一，将申请调查取证权的主体限定在辩护律师是否合理。如上所述，现行立法和司法解释所规定的申请调查取证权的主体是辩护律师，这个范围是比较窄的，这忽视了犯罪嫌疑人、被告人以及其他非律师辩护人的申请调查取证权问题，也忽视了我国刑事案件辩护率不高的问题。事实上，在我国很多地方律师还是比较紧缺的，尽管目前我国律师队伍逐渐壮大，司法部部长吴爱英 2007 年 6 月 24 日在第十届全国人民代表大会常务委员会第 28 次会议上指出：截止到 2006 年年底，全国共有执业律师 13 万多人，律师事务所 1.3 万多个。[①] 律师数量逐渐增多，法律服务领域逐渐扩大，服务水平逐步提高是事实，但与世界许多发达国家相比，我国的律师数量偏少，按全国人口比例平均 1 万人当中才有一名律师，全国还有 206 个县没有律师。而且地区分布很不均衡，超过半数的律师集中在大城市和东部沿海地区，西部 12 省区市律师总数不过 2.4 万人。在现有从业律师中，有些没有高等院校法学教育基础，难以胜任专业性很强的法律服务工作，司法实践中大量的刑事案件没有辩护律师[②]。所以仅规定辩护律师享有申请调查取证权是不合理的。事实上，犯罪嫌疑人、被告人以及其他非律师辩护人则更需申请调查取证权。

第二，将检察院作为申请调查取证权的保障主体是否合理。有学者认为："将检察机关列为实施强制取证的主体是不合理的。虽然现代各国立法都规定检察机关在刑事诉讼过程中应当坚持客观原则，不得片面追求证明被追诉人有罪，虽然我国立法规定检察机关是国家的法律监督机关，而不是一般的诉讼参与人，但是在刑事诉讼过程中，检察机关毕竟是承担控诉职能的，其直接目标是证明被追诉人有罪而不是证明其无罪。这一特定的诉讼地位决定了其在诉讼过程中难免更注意控诉职能的行使，而不太注意保护被追诉人的合法权益。要求检察机关协助被追诉方收集证明被追诉人无罪、罪轻的证据实际上是要求诉讼的一方（原告）协助对方（被告）获取对抗自己（原告）的武器，这是违反心理学的一般规律及人的

---

① 吴爱英：《关于〈中华人民共和国律师法（修订草案）〉的说明》，载中国普法网。

② 郭晓宇："全国人大常委会律师法执法检查组建议将修改律师法列入年度立法计划"，载《法制日报》，2005 年 8 月 26 日第 3 版。

本性的”。[1] 对此，笔者也认为，控方是控诉机关，其与辩方都会积极寻找自己的“武器”，辩方申请调查取证，确实类似于“与虎谋皮”，但笔者同时认为，在刑事诉讼中，控方负有客观性义务，在协同主义诉讼模式下，辩方有着协力的证明义务，辩方申请时，其有调查取证的义务。如果纯粹从其自愿性的角度来看，控方绝对不会愿意承担客观性义务，但实际上它有此义务，这表明，责任和义务关键在于法律是否明确以及有无具体的法律规范。虽然“与虎谋皮”很难，但如果该“虎”是理性的，当其“生命”受到威胁时，相信“皮”也就无所谓了。当前司法实践中，向检察机关申请调查取证难的原因关键在于没有拒绝调查取证的条件、后果和救济，而只是“认为需要调查”，裁量权过大。因此，笔者认为，将检察机关作为申请调查取证权的保障主体是合理的，关键是如何明确和落实拒绝调查取证的条件、后果和救济机制。

第三，法院、检察院拒绝调查取证无明确的条件和程序。虽然我国立法和司法解释规定了辩护律师可以申请收集、调取证据，但对于相关形式和实质要求规定得过于简略，往往对法院、检察院履行“手续”可行，但对申请调查取证权的保障不起实质作用。这不利于辩方提出申请时把握条件，也容易出现法院、检察院随意认为不需要调查而予以拒绝，忽视被追诉者权利的保护，加剧控辩的不平衡状态。

第四，申请调查取证权适用的诉讼阶段过窄。按照上述规定，辩方申请调查取证只能限于审查起诉和审判阶段，这是不合理的，侦查阶段对于证据收集是至关重要的。

第五，申请调查取证权的救济机制缺乏。上面已经提及，我国申请调查取证权缺乏救济机制，申请人被拒绝时很难再有其他路径以寻求解决取证难的问题。没有救济就没有权利，没有救济的权利

---

① 陈永生：“论辩护方以强制程序取证的权利”，载《法商研究》2003 年第 1 期，第 86 ~ 93 页。

就不是权利。任何国家和地区都存在这个问题，虽然我国台湾地区修法之前“已有规定侦查中之被告得请求侦查机关，‘为有利于已之必要处分’，并且侦查中讯问被告时，检察官或司法警察（官）也负有应先告知被告（犯罪嫌疑人）‘得请求调查有利之证据’的义务。由此看来，检察官虽为侦查主体，但侦查阶段中之搜集、调查证据并非当然由检察官‘垄断’或‘独占’，被告（犯罪嫌疑人）同样可以积极请求调查证据，并因而拥有参与、影响侦查程序的主体地位，换言之，似乎被告在侦查阶段中并非一纯然的‘侦查客体’而已。但事实上，以上这些条文规定并没有多大的实质意义，因为这些规定只是表示被告可以提出这些要求而已，换句话说，若这些要求具有实质意义的话，必须以‘存在证据声请调查权’此一权利为前提才有作用，但实际上，当时的法律并没有就此一权利的实质内容作制度性的规定。换言之，在个案上侦查机关是否受被告请求的拘束而有一定之作为义务？如何判断声请有无理由或必要？如果侦查机关不作为，会发生何种诉讼法上之法律效果？等诸多实际问题均没有进一步的立法规范。因此，这些规定对侦查机关而言可说没有‘法律上拘束力’，而仅有一‘道德的拘束力’而已，对被告在侦查中地位的提升没有实质的助益。”① 可见，没有保障和救济机制的申请调查取证权同样难以执行，仅依赖“道德的拘束力”不能解决问题，必须要有“法律上拘束力”，前者是“软约束”，后者是“硬约束”。我国立法和司法解释只是简略规定了律师有权申请检察院、法院收集、调取证据以及部分程序，对于被拒绝时的救济手段则无规定。司法实践中，法院、检察院对于辩方调查取证申请一般都不予以接受。这些问题必须要加以解决。

2008 年 6 月 1 日生效的新律师法第 35 条规定：“受委托的律

---

① 杨云骅：“侦查程序中证据保全制度之检讨”，载《东吴大学法律学报》2004 年 11 月第 16 卷第 2 期，第 297 ~ 298 页。

师根据案情的需要，可以申请人民检察院、人民法院收集、调取证据或者申请人民法院通知证人出庭作证。”这与我国刑事诉讼法第37条的规定并无很大区别。这就是说，我国立法对申请调查取证权的规定并无突破，也未对申请调查取证权的程序和救济机制进行规定，这是未来必须要解决的。

2008年5月21日最高人民法院、司法部联合出台了《关于充分保障律师依法履行辩护职责，确保死刑案件办理质量的若干规定》（法发〔2008〕14号）。该规定第7条明确指出：“律师书面申请人民法院收集、调取证据，申请通知证人出庭作证，申请鉴定或者补充鉴定、重新鉴定的，人民法院应当及时予以书面答复并附卷。”依照这项规定，律师申请人民法院收集、调取证据的，人民法院应当及时予以答复。这对于辩方来说，其积极行使申请调查取证权将增加了保障，尽管这项规定仅局限于死刑案件中，相信对其他案件的处理也具有重要的推动意义。

## 三、申请调查取证权之域外考察

### （一）国际司法准则的要求

由于申请调查取证权对保护被追诉者的权利具有非常重要的意义，因而国际公约都较为重视。《公约》第14条第3款（戊）项规定，被追诉者有权“询问或业已询问对他不利的证人，并使对他有利的证人在与对他不利的证人相同的条件下出庭和受询问。”如前所引，此条包含了辩方自行调查取证权的内容，虽然没有直接、明确地规定被追诉者有申请调查收集对本方有利的证据，但由于控方对控方证人是有权进行强制的，因而规定被追诉方有权使对自己有利的证人在与对其不利的证人相同的条件下出庭和接受询问，实际上就意味着被追诉方有权申请法官采用强制程序收集对本方有利的证据。

### （二）其他国家和地区

在美国，若传闻陈述符合传闻的例外规定，不违反被告的对质诘问权。但在美国审判实务，最常使用传闻证据者多为检察官。为防止检察官滥用传闻法则，为使被告得对抗检察官，美国宪法增修第6条规定被告的“强制取证权”（right of compulsory process）：“所有刑事被告，有强制对己有利证人作证的权利”，使被告享有与检察官同等的权利，得利用法律上的强制处分，强迫对己有利的证人出庭作证。[①] 如前所引，美国规定强制取证权，在于使被告有权利取得一切对自己有利的证据，使陪审团不但能听取检察官的证据，亦能听取被告的证据。同时被告有权提出一切对自己有利的证据，在美国这是宪法所保障的权利，法院有义务帮助被告调取一切有关联性及具证据能力的证据。可见，在美国为了保障辩方的权利，允许其申请法院调取一切有利于己且符合规定的证据。

在日本，被追诉者的申请取证权被作为一项宪法权利加以规定。《日本宪法》第37条第2款规定：“刑事被告应充分予以对于一切证人询问之机会，并有用公费为自己要求强制手续求得证人之权利。”在日本刑事诉讼法中，被追诉方申请法官收集有利于本方的证据被称作证据保全。《日本刑事诉讼法典》对证据保全作出了具体规定。该法典第179条规定：“被告人、被疑人或者辩护人，在不预先保全证据将会使该证据的使用发生困难时，以在第一次公审期日前为限，可以请求法官作出扣押、搜查、勘验、询问证人或者鉴定人的处分。”[②]

在意大利，被追诉者申请法官收集对本方有利的证据被称作“附带证明”。《意大利刑事诉讼法典》对附带证明的规定非常详尽具体。[③] 法典用整整一章内容对附带证明的适用条件、申请程序、

---

① See Akhil Reed Amar, Sixth Amendment First Principles, 84 Georgetown L. J. 641, 698 - 700(1996). 转引自王兆鹏著：《刑事被告的宪法权利》，台湾元照出版有限公司2004年2版，第181页。

② 宋英辉译：《日本刑事诉讼法典》，中国政法大学出版社2000年版，第40页。

③ 黄风译：《意大利刑事诉讼法典》，中国政法大学出版社1994年版，第140～144页。

法官对申请的决定、附带证明中紧急情况的处理、附带证明的实施、附带证明的效力等作出了全面的规定。初期侦查期间，被调查人可以要求法官采用附带证明的方式进行以下活动：（1）调取某人的证言，如果确有理由认为该人将因疾病或者其他重大阻碍原因而不能在法庭审理时接受询问；（2）调取证言，如果根据具体的和特别的材料确有理由认为，将出现以暴力、威胁、给予或者许诺给予钱款或者其他好处等方式使某人不作证或者作伪证的情况；（3）进行鉴定或者司法实验，如果有关证明涉及其状态将发生不可避免的改变的人、物或地点；（4）进行辨认，如果某些特别紧急的原因不允许将该活动推迟到法庭审理时进行；（5）如果鉴定在法庭审理中实行可能造成60日以上的诉讼停缓，被调查人可以要求进行该项鉴定。这些所谓的“附带证明”，有些属于后文将要讨论的“证据保全”范畴。

在德国，《刑事诉讼法典》规定了被追诉者的申请调查证据的权利。内容包括以下几个方面：（1）被追诉人请求收集对他有利的证据时，如果他们具有重要性，应当收集。（2）被告人的查证申请。被告人要求传唤证人、鉴定人参加法庭审判或者收集其他证据时，应当向法庭审判长提出申请，申请要阐明需要对此收集证据的事实。对申请后法院的安排决定，应当通知被告人。（3）被告人自行传唤。审判长拒绝传唤某人的申请时，被告人可以对该人员直接传唤。即使无先行的申请，被告人也有权直接传唤。（4）只要不是非法所得的证据，则法院依职权应对所有经法院传唤并出庭的证人、鉴定人以及对由法院或检察机关收集的物证，均应加以证据调查。对这种证据的放弃需经检察机关、被告及辩护人的同意。（5）法院对证据调查的义务的扩张只限于，当被告或检察机关提出查证申请时。[①] 通过上述规定可以看到，在德国，被追诉者一方

① 程滔：“辩护律师的诉讼权利研究”，中国政法大学2005届博士学位论文，第111页。

不仅有权自行收集证据，还有权申请调查取证。当然对于调查证据申请，在法定情形下可以拒绝。对于证人及文书证据的申请，属于以下情形的应予以拒绝：a）不许可性。如申请对一公务员为证人询问，但其职务上之上级单位却不准其陈述，或如对警察笔录中有关被告自白部分的朗读的申请。此时，法院不仅是有权对此项证据申请加以拒绝，此更为其义务。b）多此一举的不必要情形。如当待证事实已公开，众所周知；无意义者、已证实或一对被告有利之重要主张被渲染的像真的一样。c）不具目的性的情形。如当证据完全不适当或不能获取时。d）有拖延诉讼程序之意图者。对于鉴定人询问的证据申请，属于以下情形的应予以拒绝：a）即当法院本身即具有必要的专业知识的。b）当案情已为另一鉴定报告说明清楚时。对于勘验所提出的证据申请，法院得本于义务的裁量权而加以拒绝。当提出勘验之申请时，而勘验之目的乃在证明被起诉之犯罪事实非真者，法院如因相信一不利被告之证言而将此申请加以驳回拒绝时，则此应属逾越了其裁量权；相反的，如果场地之勘验因已有照片可充分提供判断之用，那么则该申请即可被拒绝。[①] 可见，在德国，被追诉者有权申请调查取证，并不代表法官必须依申请调查取证，在法定情形下，法官有权拒绝。

在法国，20 世纪 90 年代以前，只有检察官有权要求预审法官收集证据。在 90 年代初期，这一权利扩大到其他诉讼参与人，特别是被追诉方。1993 年 1 月 4 日第 93－2 号法律规定："各诉讼方可以在侦查过程中向预审法官提出书面和附理由的请求，要求法官听取对他的陈述或对他进行讯问或听取证人的陈述，进行对质或改变管辖，或者责令任何一方提供某项有助侦查的材料。"[②]

在我国台湾地区，2002 年修改"刑事诉讼法"之前，"沿袭大

① ［德］克劳思·罗科信著：《刑事诉讼法》，吴丽琪译，法律出版社 2003 年版，第 417～426 页。

② 余叔通、谢朝华译：《法国刑事诉讼法典》，中国政法大学出版社 1997 年版，第 44 页。

陆法系的职权主义，法律虽然规定检察官对被告犯罪事实，有举证责任，但也同时要求法官应依职权调查证据，由于这样的制度设计并不很恰当，再加上检察官人力调度的问题，实务操作的结果，常常出现检察官没有能够切实地到法庭实行公诉，法官必须全程主导证据的调查，主动搜集对被告不利证据的情形，民众看到的是法官不断地以对立的立场质问被告，调查对被告不利的事证，致法官与检察官的权责分际产生严重的混淆，审判的公正性也因此饱受人民的质疑。”① 鉴于此，2002 年 2 月我国台湾地区修正“刑事诉讼法”，刑事诉讼制度改采“改良式当事人进行主义”。我国台湾地区“刑事诉讼法”第 163 条规定了“职权调查证据”。该条内容为：“当事人、代理人、辩护人或辅佐人得声请调查证据，并得于调查证据时，询问证人、鉴定人或被告。审判长除认为有不当者外，不得禁止之。法院为发见真实，得依职权调查证据。但于公平正义之维护或对被告之利益有重大关系事项，法院应依职权调查之。法院为前项调查证据前，应予当事人、代理人、辩护人或辅佐人陈述意见之机会。”②

台湾地区“刑事诉讼法”第 163 条之一对律师“调查证据之程序”进行了明确规定，使得律师申请调查取证真正成为一项权利有了制度和程序保障，该款规定：“当事人、代理人、辩护人或辅佐人声请调查证据，应以书状分别具体记载下列事项：一、声请调查之证据及其与待证事实之关系。二、声请传唤之证人、鉴定人、通译之姓名、性别、住居所及预期诘问所需之时间。三、声请调查之证据文书或其他文书之目录。若仅声请调查证据文书或其他文书之一部分者，应将该部分明确标示。调查证据声请书状，应按

① 张丽卿著：《刑事诉讼法理论与运用》，台湾五南图书出版股份有限公司 2007 年第 10 版，第 40 页。

② 该条在 2002 年 2 月 18 日修正前原条文为：“法院因发见真实之必要，应依职权调查证据。当事人、辩护人、代理人或辅佐人得请求调查证据，并得于调查证据时，询问证人、鉴定人或被告。”

他造人数提出缮本。法院于接受缮本后，应速送达。不能提出第一项之书状而有正当理由或其情况急迫者，得以言词为之。前项情形，声请人应就第一项各款所列事项分别陈明，由书记官制作笔录，如他造不在场者，应将笔录送达。”

台湾地区“刑事诉讼法”第163条之二对“声请调查证据之驳回”进行了规定，严格规定了法院可予以驳回的几种情形作为调查证据程序的补充，该款规定：当事人、代理人、辩护人或辅佐人声请调查之证据，法院认为不必要者，得以裁定驳回之。下列情形，应认为不必要：一、不能调查者。二、与待证事实无重要关系者。三、待证事实已臻明了无再调查之必要者。四、同一证据再行声请者。”后者的规定有利于避免诉讼的拖延，提高诉讼效率。这两款规定，使得律师对调查取证的申请具有“高度的可预见性”，只要不属于“驳回”的情形即应准许。

## 四、证据预判禁止原则

### （一）证据预判禁止原则的内涵

辩方提出调查取证的申请，往往有两种结果：一种是同意，另一种是拒绝。对于拒绝的，一般是由司法机关根据有关规定作出，当然这其中往往有着很大的裁量权，其中一个很重要的原因是法官认为证据不具有价值，因而不同意调取，这也就是本部分所要讨论的“证据预判”问题。证据预判不利于实质真实的发现，也不利于被追诉者的权利保护，因此应予以禁止。所谓证据预判禁止“乃是指对于声请人声请法院调查证据，不得在践行证据调查程序前，即对之进行证据价值之预判。”① 由此，证据预判禁止原则可界定为：法官对于辩方提出的调查取证申请，不得在未进行举证活动并进行法庭证据调查前就预判该证据不具有证明力，而拒绝调查

① 吴祚丞、许辰舟著：《刑事证据法则理论体系与实务之研究》，台湾地区“司法院”秘书处2003年印行，第64页。

取证申请。

证据价值预判禁止原则，依据正确之观点，系直接出自于法院真实发现之义务，并源自于一个经验的事实，即当法院自信犯罪事实存否之确认，可以毫无疑问地藉由已获得之证据调查结果加以支持时，对于某一随时可供使用且并非明显不适当之证据方法加以运用的结果却往往能破除法院的自信，而改变原先认定之判决事实，此种情形尤其经常发生在证人的情况下，因此法院原则上不得对尚未听闻之证人的陈述否定其证据价值，除了显属权利滥用外，法院不得阻止程序参与者藉由任意的多数证人作为证据，以某一项待证事实之证明为目的，声请法院加以调查。[①] 证据预判禁止原则的理论基础即在于，法院负有“澄清案情义务”，其重要的职责即为发现真实，因此“暂时”的“自信”、“心证”应允许被破除，这就应当同意调查取证申请，在调查之后，再对证据价值进行判断。法官预判证据价值不符合刑事诉讼所追求的目的，而且也侵害了辩方的证明权。

（二）证据预判禁止原则及其例外

证据预判禁止原则的基本内容主要有如下几个方面：

第一，为避免侵害到辩方的证明权，而禁止法官在作出是否同意调查取证申请时有“预判”是必要的。但需要注意的是，并非辩方的调查取证申请可以随意、任意地提出。这里“基本上必须要有一个前提，意即当事人透过声请调查用以证明相反事实之证据或证明矛盾的证据，在外观上必须足以驳斥或削弱法院原来之确信。”[②] 可见，证据预判禁止原则并非无任何限制性条件，为避免诉讼的拖沓冗长，笔者认为，辩方的申请最起码要做到，如果有此证据能“撼动”法官的“自信”。

---

① 吴祚丞、许辰舟著：《刑事证据法则理论体系与实务之研究》，台湾地区“司法院”秘书处2003年印行，第65页。

② 吴祚丞、许辰舟著：《刑事证据法则理论体系与实务之研究》，台湾地区“司法院”秘书处2003年印行，第65页。

第二，判断证据是否具有证明力的时间应是在进行庭审证据审查之后，而非在证据取得之前。证据声请系以请求法院依职权搜集某一证据方法并加以调查以证明某一待证事实为目的，该证据方法欲证明之待证事实对于判决是否有可能具有重要性，涉及证据主题关联性的问题，通常在证据提出前即可确认，然而该待证事实能否获得藉由所指出之证据方法得到证明，亦即该证据方法对于判决事实之认知具有如何之证据价值却无法确实地在进行证据调查程序前即加以判断，盖当法院作出："该证据方法不可能达到证明待证事实之目的"之判断时，必须是实际上已经对该证据践行证据调查程序，透过与该证据方法之直接接触的查证行为，始能判断该证据之证据价值，而不得将其他证据之证据调查结果列入判断证据价值之依据，进而省略证据调查程序。[①] 例如，某夜发生的黄某、李某故意伤害案件中，控方仅指控黄某、李某涉嫌故意伤害，但黄某辩称还有其他六人共同故意伤害，辩方遂申请证人甲出庭作证以证明并非仅有他自己和李某二人故意伤害，则法院不得以其他证据认定只有黄、李二人所为，遂以此认定证人甲不具有任何证据价值；反过来，应当通知证人甲出庭作证，聆听其当庭证言并结合其他证据据实认定案情。这一方面能够通过申请调查取证协助法官获得对该证人的证据价值的判断，同时也通过当庭询问调查的结果"挑战"法官的既有心证，从而促进实质真实的发现。

第三，法官不能以已经提出的证据和已经经过证据审查的证据作为依据否定尚未调取的证据的证明力，并在此基础上不同意辩方的调查取证申请。"现有之证据调查结果的正确性将会因为程序参与者所提出之进一步的证据声请而立即受到攻击（挑战），任何需要证明之主张（事实），其究竟存在与否基本上就有可能藉由提出反对证据加以推翻，因此已经提出调查之证据，不应被赋予比经声

① 吴祚丞、许辰舟著：《刑事证据法则理论体系与实务之研究》，台湾地区"司法院"秘书处2003年印行，第63~64页。

请但尚未调查之反对证据较为优先之地位，亦不能以已经践行之证据调查所得之结果为依据，而将尚未提出调查之证据指为毫无价值，既然不得认为已经调查过之证据比尚未调查之反对证据更具有优越性，因此在已经提出调查之证据与声请法院调查之证据间，当然存在着平等的机会，何况法院澄清案情义务与法院的心证间恒处于互补之关系，审判心理上，当法院的心证越接近确信时，则越容易提早放弃从事进一步的证据提出及调查。但是，社会科学的证明是不可能如同自然科学一般达到穷尽的证明，因此只要对推论的结果存在合理之怀疑，即使该怀疑对于改变原本法院之确信仅存在微小之可能性，法院仍必须进一步的调查证据，以厘清疑点。”① 可见，如果法官以已经提出的证据和已经经过证据审查的证据作为依据而否定尚未调取的证据，这实际上违背了证据预判禁止原则的要求。只要预期的结果存在合理的怀疑，法官即应积极进行调查，以查清事实，否则将可能出现“差之毫厘，谬以千里”的情况。

第四，法官不能在未调取证据的情况下即认为该证据不能破除现有“自信”。“另外一种不需要收集证据的情况是，对于当前案件中有争议的事实，法庭认为已经得到了满意的证明。但是如果要根据这一理由驳回当事人的举证申请，法庭必须确实承认当事人的主张而不是相反的主张已得到证明。例如，如果被告人申请传唤某一证人出庭作证，希望能够证明当犯罪发生时被告人正在睡觉，法庭就不能主张说法庭已经形成了当时被告人不在睡觉的肯定观点，而因此驳回被告人的申请。换句话说，法庭不能在没有听取证人作证的情况下就阻止该证人出庭或者怀疑证人的可信度。否则，德国法律赋予举证申请人的特别权利，即迫使法庭听取其认为与案件不相关的证据的权利就得不到实现。”② 如果法官仅凭其根据现有证

① 吴祚丞、许辰舟著：《刑事证据法则理论体系与实务之研究》，台湾地区“司法院”秘书处2003年印行，第65~66页。

② ［德］托马斯·魏根特著：《德国刑事诉讼程序》，岳礼玲、温小洁译，中国政法大学出版社2004年版，第160页。

据即认为已得到满意的证明，而因此否定调查证据申请，将可能出现与案件相关证据得不到收集，影响事实真实的情况。如果法官驳回调查证据申请，则需确认该证据所欲证明的待证事实，否则辩方的调查取证申请几乎无法保障。

第五，证据预判禁止原则是逻辑推理结果，而非法律规则。证据预判禁止原则“乃逻辑法则下之当然结论，无待法律明文规定，以德国为例，在德国刑事诉讼法典即未明文规定证据预判禁止，而该法典第244条第3项所‘列举的’法定驳回事由中虽包括待证事项业经证明，但是通说均认该法条所指情形并不适用于待证事项之反对事实业经证明之情形，亦即法院不得以某一待证事实之反对事实业经证明为由，进而否定用以证明该待证事实之证据方法的证据价值，由此观点可认为立法者承认对于证据调查结果（证据价值）预判之禁止。”①证据预判禁止原则是对逻辑推理结果的总结，由法官根据案件情况进行判断，不宜由法律明确规定。

证据预判禁止原则的例外。证据预判禁止原则要求法院不得以某一待证事实的反对事实已经得到证明为由否定证明该待证事实的证据的证明力。但这并非“铁板一块”，也应有例外。证据预判禁止原则的例外为：有利于辩方的证据价值预断应予允许。证据预判禁止在适用上仍有例外，亦即就证据声请所主张之待证事实，法院已经获得相同的心证时，则得事先就该申请调查的证据对于实体判决之意义加以预估，并以该证据声请对于判决之做成毫无意义为由加以驳回。例如，在汽车窃盗案件中法院已经就该汽车系属被告所有获得心证，则对于被告声请传唤证人证明案发当时其不在现场之证据声请则可通过证据价值预判的方式，径予否定该证人之证据价值，并驳回该证据声请。质言之，有利于被告之证据价值预断系被

① 吴祚丞、许辰舟著：《刑事证据法则理论体系与实务之研究》，台湾地区“司法院”秘书处2003年印行，第66~67页。

允许的。[①]“当事人提出举证申请时，即使没有其他证据说服法庭当事人所主张的事实是真实的，法庭也可以因为推定该主张事实是真实的而拒绝当事人的举证申请。……法典将法庭的这种选择限制在有利于被告人的相关的事实主张。”[②] 可见，证据预判禁止原则的例外是对于有利于辩方的待证事实主张，法官有权驳回调查取证申请。这项例外的着重点是保障辩方权利。

### 五、申请调查取证权的完善：对辩方证明权的保障

申请调查取证权是辩方证明权的重要组成部分，完善申请调查取证权，使得辩方取得更多有利于己的证据，有利于其在法庭证据调查阶段“有理有据”地影响案件事实认定，从而使得辩方证明权得到充分的保障。申请调查取证权的规定，目的即在于平衡控辩取证能力差异，促进案件事实真实的发现。辩方提出调查取证申请并非绝对任意的，“如果满足了形式要件，法庭就不能行使自由裁量权拒绝证明某些事项的举证申请，而必须努力去寻找和收集被申请的证据，除非存在拒绝申请的特别理由。”[③] 因此，对于申请调查取证权的完善而言，需要对申请调查取证的许可和拒绝情形明确化。由于本书主要讨论的是辩方的证明权，所以不设专章对法官的职权调查证据进行讨论，但法官依职权调查证据则是一个无法回避的问题，因此在下文制度设想中，对此一并予以讨论。借鉴前面域外考察的内容，基于上述分析，笔者作如下制度完善的构想：

第一，应将辩方作为申请调查取证权的主体。如前所述，我国

---

① 吴祚丞、许辰舟著：《刑事证据法则理论体系与实务之研究》，台湾地区“司法院”秘书处2003年印行，第64页。

② ［德］托马斯·魏根特著：《德国刑事诉讼程序》，岳礼玲、温小洁译，中国政法大学出版社2004年版，第161页。

③ ［德］托马斯·魏根特著：《德国刑事诉讼程序》，岳礼玲、温小洁译，中国政法大学出版社2004年版，第157页。

立法和司法解释仅规定辩护律师享有申请调查取证权是不合理的，事实上，犯罪嫌疑人、被告人以及其他非律师辩护人则更需申请调查取证权。

第二，应规定辩方在侦查阶段享有申请调查取证权。我国刑事诉讼是由控、辩、审三方共同运作的，这主要表现在审判程序中，在法院审判前的阶段，包括侦查、起诉阶段，仍是以侦查机关、检察机关与被追诉者的双面关系构成，审判机关无法介入，所以侦查、起诉阶段所呈现的是具有浓厚纠问色彩的制度。在侦查阶段能否赋予辩方申请调查取证是需要审慎考虑的问题，因为目前我国侦查实行不公开主义，因此申请调查取证权会否干预到侦查是一个问题。但笔者认为，目前律师法已经扩大了辩方在侦查阶段的权利，从发展的趋势来看，对辩方权利保障的趋势在增强，如前所述，笔者主张在侦查阶段应赋予辩方自行调查取证权，因此对于申请调查取证权也应规定。笔者在侦查阶段赋予自行调查取证权部分进行了详细分析，此处对于相通的理论不作重复论述。侦查机关虽然不是检察机关，但其由于所进行的证据收集工作最后用作为控诉证据，其也有着客观性义务，同时辩方申请调查取证有利于事实真相的发现。笔者认为，侦查机关不能一味对嫌疑人一方持“敌对”态度，事实上，就个体侦查人员来说，其往往并不一定就愿意采取封闭的侦查方式，因为这样对其自身来说也是有很大风险的。换个角度来看，如果侦查机关让辩方尤其是辩方律师积极参与将有助于案件的侦查，有助于效率的提高，有助于减少侦查风险的存在，也能起到证明“清白”的作用。试想，如果辩方提出调查取证申请，侦查机关置之不理，如果之后出现冤错案件，将可能面临着责任追究，反过来，侦查机关积极考虑调查取证申请，能促进成本降低、效率的提高，能在无风险的情况下，查明案件事实，这些不正是侦查机关所期望的吗？所以，笔者主张，应考虑在合适的时候规定侦查阶段的申请调查取证权，这应与辩方在侦查阶段的自行调查取证权同时规定。辩方在侦查阶段申请调查取证，应向该案的侦查机关提出。

第三，检察院仍应作为申请调查取证权的保障主体。如上所述，笔者认为，检察院仍应作为申请调查取证权的保障主体，但应加强保障机制建设。尽管有观点主张辩方不应向自己的“竞争对手”——检察院申请调查取证，认为是“与虎谋皮”，而笔者认为，在我国现在的国情下，仍应将检察机关作为申请调查取证权的保障主体，关键是如何明确和落实保障机制。

第四，申请调查取证权的内容。笔者认为，对于辩方申请调查取证权，可参考《最高人民法院关于民事诉讼证据的若干规定》（法释〔2001〕33 号）第 17 条规定的当事人及其诉讼代理人可以申请人民法院调查收集证据的情形：申请调查收集的证据属于国家有关部门保存并须人民法院依职权调取的档案材料；涉及国家秘密、商业秘密、个人隐私的材料；当事人及其诉讼代理人确因客观原因不能自行收集的其他材料。由于我国刑事诉讼制度中已经引入了对抗制因素，加之我国司法实践的现实因素，如果一味不设置限制性条件地让辩方申请调查取证，那么则有可能导致权利的滥用。笔者认为，借鉴域外经验可作如下规定：辩方有权申请法院调查取证。辩方申请调查取证的前提是该证据属于其因客观原因不能自行调查取得的证据。法院除认为有不当的以外，对于辩方的调查取证申请不得拒绝。法院为发现真实，可依职权调查取证。但为了维护社会公平正义或对被告人利益有重大关系的事项，法院应依职权进行调查取证。法院有权于调查取证时在场，且有权询问证人、鉴定人、被害人，并有陈述意见的权利。

第五，申请调查取证的形式要件。笔者认为，对于辩方申请调查取证权必须要有制度和程序保障，否则权利的实现将成了“白条”，申请递交后即使面对“漫长的等待”也无可奈何。在我国，可参考《最高人民法院关于民事诉讼证据的若干规定》第 18 条规定：“当事人及其诉讼代理人申请人民法院调查收集证据，应当提交书面申请。申请书应当载明被调查人的姓名或者单位名称、住所地等基本情况、所要调查收集的证据的内容、需要由人民法院调查收集证据的原因及其要证明的事实。”申请调查取证的程序应作如下设计：辩方申请调查取证应以书面形式提出申请。书面申请应包括以下几项内容：（1）申请调查的证据；（2）所申请调取证据的内容；（3）需要申请调查取证的原因；（4）申请调查的证据与待证事实的关系；（5）申请通知出庭的证人、鉴定人的姓名、住址等；（6）申请调查取证的书面文件的目录，并明确案件所涉部分等。

第六，驳回调查取证申请的情形。法院对于辩方的调查取证申请不能任意地驳回，必须要有明确的规定。而我国现行法律和司法解释所规定的“认为”需要时才调查取证则显过于随意，对法官的个人性格、良知、素质等依赖过多，亟须制度化。笔者认为，调查证据申请的驳回应作如下规定：辩方申请调查证据，法院认为不必要的，可以裁定方式驳回。下列属于“认为不必要”的情形：不能调取的；不必提出证据进行证明的事实；待证事实无关联性的；待证事实已被证明，无再调查的必要；再次对同一证据提出申请的；申请有拖延诉讼的倾向。

对于调查取证申请的驳回情形还是有必要展开进行分析的。笔者对于上述4种“认为不必要”而驳回调查取证申请的情形分析如下：

1. 不能调取的。对于“不能调取的”情形，笔者认为主要包括以下几个方面：（1）证明议题禁止。所谓证明议题禁止，即有些特定之“事实”不得作为证明之议题（待证事项），如涉及国家重要机密，即使该内容与案件澄清具有重要性、关联性，一般不得作为举证对象予以调取。[①] 对于法律明定禁止证明的问题，则不能调取证据进行证明。（2）证据方法不适当。所谓证据方法不适当

① 吴祚丞、许辰舟著：《刑事证据法则理论体系与实务之研究》，台湾地区“司法院”秘书处2003年印行，第50页。

系指声请人于证据声请中所指出之证据方法，法院只要凭借着确定之生活经验，即使不经调查程序，亦得以认定该证据方法根本无法达到证明声请人在证据声请中其所主张待证事项之目的。[①] 这里的“证据方法不适当”是指“客观上不可能”的情形，如申请盲人作为目击证人、申请不具有专门知识的人作为鉴定人等。还有的证据方法不为法律所规定，甚至为法律所禁止，自然属于不能调取的，如在我国刑事诉讼立法中，测谎结论尚不属于证据种类之一，因此若辩方即使申请进行测谎鉴定，也不能得到同意。（3）无法取得的证据方法。所谓无法取得之证据方法，系指即便法院现实投入有意义之努力，并竭尽一切之手段搜集该证据方法仍无法加以获得，且亦不存在任何合理有据的期待，在未来可预见之时间内可以搜集得到之证据方法，方属于此种情形。[②] 对于正常人之理性考虑下，无法取得的证据显然没有必要同意去收集，即使同意也不具备实施的可能性。

2. 不必提出证据进行证明的事实。不必提出证据进行证明的事实即为免证事由。所谓免证事由，是指不必用证据加以证明即视为成立的某种事由。[③] 我国刑事诉讼法对此尚无明确规定。只有《最高人民检察院刑事诉讼规则》进行了规定，该规则第334条规定：“在法庭审理中，下列事实不必提出证据进行证明：（一）为一般人共同知晓的常识性事实；（二）人民法院生效裁判所确认的并且未依审判监督程序重新审理的事实；（三）法律、法规的内容以及适用等属于审判人员履行职务所应当知晓的事实；（四）在法庭审理中不存在异议的程序事实；（五）法律规定的推定事实”。

---

① 吴祚丞、许辰舟著：《刑事证据法则理论体系与实务之研究》，台湾地区“司法院”秘书处2003年印行，第58页。

② 吴祚丞、许辰舟著：《刑事证据法则理论体系与实务之研究》，台湾地区“司法院”秘书处2003年印行，第59页。

③ 宋英辉、汤维建主编：《证据法学研究述评》，中国人民公安大学出版社2006年版，第377页。

在立法上对免证事由作出规定，有利于解决一些难以证明但又不需要证明的事实，缩小证明对象的范围，减少证明环节，加快诉讼进程。陈光中教授主持的建议稿对免证事由的规定是："下列事实不需要证明：（一）常识性的事实；（二）自然规律和定理；（三）司法职务上应当知悉的其他事实；（四）国内法律的规定及其解释。"[①] 这些都属于免证事由，对于此类事实，如果辩方提出调查取证对之进行证明，法院可依此予以驳回。

3. 待证事实欠缺关联性。美国《联邦证据规则》第401条对相关证据的定义是："相关证据"指证据具有某种倾向，使决定某项在诉讼中待确认的争议事实的存在比没有该证据时更有可能或更无可能。[②] 还有译为："关连[③]证据"指具有使诉讼裁判中之重要事实，较诸无此证据时倾向于更可能存在或更不可能存在之证据。[④] 证据的关联性分为证据能力意义上的关联性和证明力意义上的关联性。[⑤] 我国台湾地区学者蔡墩铭教授认为："证据之关联性分别存在于证据能力与证据证明力，即法律关联性与证据能力有关，而事实关联性与证据证明力有关。"[⑥] 台湾地区学者陈朴生教授认为："证据之关联性，得分为证明能力关联性与证据价值关联性两种。前者属于调查范围，亦即调查前之关联性；后者属于判断

① 陈光中主编：《中华人民共和国刑事诉讼法再修改专家建议稿与论证》，中国法制出版社2006年版，第326页。

② 卞建林译：《美国联邦刑事诉讼规则和证据规则》，中国政法大学出版社1996年版，第105页。

③ 我国台湾地区一般将"相关性"、"关联性"写成"关连性"，只是表述方式不同，内涵相同。

④ 台湾地区"司法院"司法行政厅编著：《美国联邦证据法》，台湾地区"司法院"2004年版，第39页。

⑤ 奚玮、余茂玉："证据关联性问题研究——以证据能力为考察视角"，载卞建林主编：《诉讼法学研究》（第12卷），中国检察出版社2007年版，第230~249页。笔者在该文中对证据能力意义上的关联性与证明力意义上的关联性之区别与联系作了详细论述。

⑥ 蔡墩铭著：《刑事证据法论》，台湾五南图书出版公司1997年版，第396页。

范围，亦即调查后之关联性。”“然证据之许其提供调查者，必与要证事实具有关联性，始有调查之必要。因之，关联性不特为取得证明能力之条件，即英美法中之证据许容性，且有限制调查证据范围之作用”。[①] 这里，调查前的关联性即为证据能力意义上的关联性，调查后的关联性则是证明力意义上的关联性。“调查”是指法庭调查过程中的“证据审查”，而非“证据取得”。笔者认为，证据能力意义上的关联性指证据在具备法律所赋予的证明待证事实资格之时必须符合法律预先要求的形式上关联的属性；证明力意义上的关联性，是指证据经法庭调查后的结果与待证事实之间具有证明作用的实质性联系。证据能力意义上的关联性则更多依赖法律的明确规定，法官裁量的余地相对较小；而证明力意义上的关联性主要依赖法官在案件审理过程中，综合各种因素而自由心证。由于关联性是在证据经过法庭调查中的证据审查之后始能作出判断，因此如果笼统地说，法官判断与待证事实无关联性即予以驳回不合理，违背前面讨论的“证据预判禁止原则”。所以这里的待证事实无关联性，应指“某特定事实可能对于法院的判决而言具有直接或间接之关联性，此等事实即为法院所应探求之判决事实。”[②] 如果所谓待证事实对于法院认定犯罪构成要件事实等主要事实无重要的关联性，则无调查之必要。当然，这里仍然要处理好“证据预判禁止”的问题。

4. 待证事实已被证明，无再调查的必要。根据“程序参与者不得要求法院就多余之证据加以调查”，因此“待证事实已被证明，无再调查的必要”主要适用于当程序参与者透过证据声请所主张之事证，对之提出并加以调查后，所能得到之结果，不过只是对于法院本来已经获得心证（业经证明）之事项的重复确认，则

① 陈朴生著：《刑事证据法》，台湾三民书局1979年版，第275~276页。

② 吴祚丞、许辰舟著：《刑事证据法则理论体系与实务之研究》，台湾地区“司法院”秘书处2003年印行，第52页。

此等证据声请应被认为并无益于促进诉讼，毋宁是对于程序进行的妨害，因此对于此等多余之证据声请，法院得予以驳回。当然出现这种情况的机会甚微。[①] 例如，法院已经确认被告人黄某在一起强奸案件发生时并不在犯罪现场，而被告人又申请调取其妻子证言欲证明案发当晚，被告人与妻子在家睡觉，不在犯罪现场，由于法院已获得心证与申请调查取证的待证事项在结论上是一致的，所以可予以驳回。

5. 再次对同一证据提出申请的。因为法院如果前一次不同意对某项证据的调查申请的，则再次申请不具有任何实际意义。法院作出一个驳回调查取证申请的裁定，是正式的法律文件，不能随意撤销。因此，法院之前驳回申请必然有其缘由，所以再次申请将有滥用诉讼资源之嫌。

6. 申请有拖延诉讼的倾向。法院如采纳申请人所提出之证据声请进而实施进一步的证据调查，一方面固可能获得真实发现之实体利益，但同时亦发生延长诉讼过程而增加诉讼资源耗费之程序不利益，在此二种利益冲突的紧张关系中，基于刑事诉讼之目的在于以实质真实发现为前提，适正的确认并落实具有公益性质的国家刑罚权，达成刑罚秩序的维持，实质真实发现之利益应优先于程序利益加以考量。换言之，对于可能延长诉讼程序之证据声请并非均得认为属于“延滞诉讼”，毋宁说，必须是该声请无助于真实发现者，方有可能被认定为可能构成诉讼之延滞。因此，以本项事由驳回证据声请，前提系该证据声请具备以下3个条件：依照法院之观点，透过该证据调查并无法得到任何有利于被告之结果；若实施该证据程序将严重地延滞诉讼程序之终结；声请人对于上述情况已有知悉，但其仍提出证据声请，乃“专以”延滞诉讼程序为目的。[②]

① 吴祚丞、许辰舟著：《刑事证据法则理论体系与实务之研究》，台湾地区“司法院”秘书处2003年印行，第56～57页。

② 吴祚丞、许辰舟著：《刑事证据法则理论体系与实务之研究》，台湾地区“司法院”秘书处2003年印行，第59～60页。

这里往往涉及前面所述的“证据预判禁止原则”问题，如果允许法院在对证据进行调取之前就申请人所提出的主张是否会动摇心证进行判断并加以排除，有可能导致法院滥用权力，“因此，为了避免法院动辄依据本项事由而驳回证据声请，进而使得法院实质上由证据预判禁止原则中得到解放，致使程序参与者的证据声请权沦为具文，[①] 因此，法院在援引此项事由时，除了预判声请人所声请之证据即使加以提出调查亦无法得到任何有利于被告之结果，更重要的是法院还必须进一步证明声请人也明知该证据声请毫无指望却专以延滞诉讼为目的提出证据声请，否则，本款之事由仍不得被引用作为驳回证据声请之理由”。[②] 所以要判断是否确实延滞诉讼必须要明确条件，如上 3 个条件必须要满足方能做出延滞诉讼的判断，而驳回调查取证申请，这里仍然要处理好与“证据预判禁止原则”的关系。

第七，申请调查取证权的救济机制。前已提及，没有救济就没有权利。笔者这里不再展开，仅提出问题。笔者认为，对于法院所作出的驳回调查取证申请的裁定，应考虑赋予辩方复查的机会，对于侦查机关和检察机关的驳回调查取证的决定，应考虑赋予辩方以复查的机会。笔者认为，可借鉴《最高人民法院关于民事诉讼证据的若干规定》第 19 条的规定设置复议程序。该条规定：“人民法院对当事人及其诉讼代理人的申请不予准许的，应当向当事人或其诉讼代理人送达通知书。当事人及其诉讼代理人可以在收到通知书的次日起三日内向受理申请的人民法院书面申请复议一次。人民法院应当在收到复议申请之日起五日内作出答复。”当然在刑事诉讼中如何设置还是应当审慎考虑的。笔者认为，如果在调查取证的

---

① “具文”一词形容面对法规法令、文书条款等，仅将其看作一纸空文而全然不加以执行、实施。

② See Vgl. Alsberg/Nuse/Meyer, a. a. O. S. 642. 转引自吴祚丞、许辰舟著：《刑事证据法则理论体系与实务之研究》，台湾地区“司法院”秘书处 2003 年印行，第 59 ~ 60 页。

申请程序以及驳回的条件上设置较为严格的规定，救济机制适当简化也并不会减损权利的行使。

此外，笔者在上文第四、五、六中所论述的角度是关于辩方向法院申请调查取证的情况，这些论述同时也适用于向侦查、检察机关申请调查取证的情形，只是在具体适用过程中用语和程序有所区别，此处不再专门展开分析。

# 第六章 证明权与证据保全

就广义的调查取证而言，证据保全是调查取证的重要组成部分，但当事人申请证据保全与申请调查取证并非完全等同，二者各有其内涵。通过确立证据保全制度，可使那些可能要灭失或以后难以取得的证据保全起来，以使这些证据所能证明的事实能够查清，简言之就是“抢救”证据。随着我国法律体系的日益完备，法律制度日趋科学，传统的粗放型立法将会为精细型法典所替代，制度设计将更加规范、更加科学、更加精密。虽然证据保全就其本质而言属于申请调查取证的一个重要组成部分，但如要真正发挥其作用，就必须要研究规范。

## 第一节 证据保全制度

### 一、我国证据保全制度的现状

学界对民事诉讼中的证据保全较为关注，但往往忽视刑事诉讼中证据保全制度的研究。从当事人角度来说，证据保全为其在诉讼证明活动中的权利，除了司法机关根据规定依职权进行证据保全外，一般需由当事人申请。基于审判方式改革的大背景，司法机关的被动性更使证据保全的申请作用凸现出来。

我国台湾地区学者认为，证据保全，是指预定提出供调查之证据有湮灭、伪造、变造、藏匿或碍难使用之虞时，基于发现真实与保障被告防御及答辩权之目的，按诉讼程序进行之阶段，由告诉人、犯罪嫌疑人、被告或辩护人向检察官，或由当事人、辩护人向法院提出声请，使检察官或法院为一定之保全处分。证据保全为防止证据灭失或发生碍难使用情形之预防措施，与调查证据之概念有别。①

可见，刑事诉讼中的证据保全是指预计用于法庭调查的证据有湮灭、伪造、变造、藏匿或妨碍使用的情况时，本着发现真实和保障被告人权利的目的，根据诉讼的具体进行阶段，由当事人及其辩护人向有关机关提出申请以请求进行保全。除了审判程序之外，将证据保全申请提早至侦查、起诉程序中，并赋予被告人证据保全申请权，使其有更多影响或参与的机会，亦是必要的。证据保全制度带有预防性质和紧迫性，有助于及时收集证据，有助于辩方及时把握住诉讼防御和攻击的机会，也有助于尽可能发现事实真相，从而最大限度地保障当事人的权利。

我国《民事诉讼法》规定了证据保全制度，该法第 74 条规定："在证据可能灭失或者以后难以取得的情况下，诉讼参加人可以向人民法院申请保全证据，人民法院也可以主动采取保全措施。"但是在我国刑事诉讼法和相关司法解释中未规定证据保全。立法的缺失确实带来了很多问题，有些证据因为未能及时收集，妨碍了案件真实的发现，也不利于司法正义和保障人权的实现。在我国主流观点认为："在（我国）刑事诉讼法中没有关于证据保全的规定"。② 也有观点认为③下述规定是证据保全：刑事诉讼法第 37 条规定、《最高人民法院关于〈中华人民共和国刑事诉讼法〉若干问题的解释》第 43、44 条、《最高人民检察院刑事诉讼规则》第

---

① 张丽卿著：《刑事诉讼法理论与运用》，台湾五南图书出版股份有限公司 2007 年版，第 399 页。

② 陈光中主编：《中华人民共和国刑事证据法专家拟制稿》，中国法制出版社 2004 年版，第 325 页。

③ 如刘秋平、陈国利："刑事证据保全制度略论"，载《社科纵横》2004 年 8 月第 4 期，第 81 页；邱岳："论刑事证据保全制度"，载《四川理工学院学报》2006 年 7 月第 21 卷 S2，第 75 页。

323条、《最高人民法院、最高人民检察院、公安部、国家安全部、司法部、全国人大常委会法制工作委员会关于刑事诉讼法实施中若干问题的规定》第13条、《人民检察院保障律师执业的规定》第17条。笔者认为，这些不是真正意义上的证据保全制度，而只是申请调查取证权方面的规定，如果非要细化的话，则可以说，这些规定包含了对"可能灭失或者以后难以取得"证据的收集，有证据保全的内容，但尚不能称为我国的证据保全制度。因此，认为这些规定是"我国规定的刑事诉讼证据保全"的观点是对证据保全概念的误解。从立法的精细化而言，不应将属于证据保全范围的调查取证混合于申请调查取证制度之中。只有专门进行规定，才能做到切实保障。

## 二、域外证据保全制度考察

由于我国刑事诉讼证据保全制度的缺失，在实践中，辩方权利在一些情况下难以得到充分保障。而在其他国家和地区则有相对较为完善的规定，考察这些国家和地区的证据保全制度，对于构建和完善我国相关证据保全制度是具有积极意义的。英美法系国家较为重视当事人在保全证据上的申请权。

1. 美国

《美国联邦刑事诉讼规则》第15条规定："由于特殊情况，从司法利益考虑，一方当事人预备提供的证人证词需要先行采证并保存至审判中使用时，法院可以根据该当事人的申请和对有关当事人的通知，命令对此类证人的证词采证"、"反对保全证词、证据或其中某一部分，应当在证据被保全时提出异议并阐明理由"、"本条规则不妨碍双方当事人协商一致并经法庭同意后保全证据，无论是采用口头或书面询问方式，以及使用该被保全的证据。"

2. 法国

法国《刑事诉讼法典》第54条规定："司法警官应当扣押易于灭失的证据和一切有助于查明真相的物品。"

3．日本

日本《刑事诉讼法》第179条规定了“请求保全证据”，内容为：“被告人、被疑人或者辩护人，在不预先保全证据将会使该证据的使用发生困难时，以在第一次公审期日前为限，可以请求法官作出扣押、搜查、勘验、询问证人或者鉴定的处分。收到前项请求的法官，对于该项处分，有与法院或者审判长同等的权限。”① 日本《刑事诉讼规则》第14章规定了“保全证据”。第137条规定：“保全证据的请求，应当向下列管辖地区的地方法院或者简易法院的法官提出：一、关于扣押，应扣押物品的所在地；二、关于搜查或者勘验，应搜查或者勘验的场所、身体或者物品的所在地；三、关于询问证人，证人的现在地；四、关于鉴定，鉴定对象的所在地或者现在地。在请求鉴定处分的场合，不能依照前款第4项的规定提出时，可以向认为实施该项处分最便利的地方法院或者简易法院的法官提出请求。”第138条规定：“保全证据的请求，应当以书面提出。前款的书面，应当记载下列事项：一、案件的概要；二、应予证明的事实；三、证据及其保全的方法；四、有必要进行证据保全的事由。有必要进行证据保全的事由，应当予以说明。”② 在日本，“法官在受理证据保全请求后，应当确定有无保全的必要性，然后作出驳回请求的裁判或者根据请求的内容作出证据保全证人询问、扣押或勘验等相应的决定。对于驳回的裁判，除刑事诉讼法第433条规定的允许特别抗告的场合之外，原则上无其他不服申诉的途径。因此，如果将询问证人作为一项证据保全提出而被驳回时，通常无其他的办法再提出不服申请。但是，如果证据保全的对象是证据物的扣押，此项请求被驳回时，由于该驳回裁判属于刑事诉讼法第429条第1款第2项规定的‘关于扣押的裁判’，故对此

① 宋英辉译：《日本刑事诉讼法》，中国政法大学出版社2000年版，第40页。

② 宋英辉译：《日本刑事诉讼法》，中国政法大学出版社2000年版，第156～157页。

允许提出例外的准抗告申请。”① 可见，依照日本法律规定，原则上对于法院驳回证据保全申请的裁定无其他救济途径。

4. 我国澳门特别行政区

我国澳门特别行政区的《刑事诉讼法典》第232条规定了“关于证据之保全措施”，该条内容为：“一、即使在接获有权限司法当局之命令进行调查前，刑事警察机关仍有权限作出必需及迫切之保全行为，以确保证据。二、依据上款之规定，刑事警察机关尤其有权限作出下列行为：a）检查犯罪痕迹，特别是进行第156条第2款及第158条所规定之措施，以确保物及地方之状态得以保持；b）向有助发现犯罪行为人及有助重组犯罪之人收集资料；c）对可扣押之物件采取保全措施。三、即使在司法当局介入后，刑事警察机关仍须确保其获悉之新证据，并应立即将有关证据之消息通知司法当局。”

5. 我国台湾地区

我国台湾地区也有着较具特色的规定。我国台湾“刑事诉讼法”第12章“证据”的第五节规定了“证据保全”。其中，第219条之一规定：“（证据保全之声请）告诉人、犯罪嫌疑人、被告或辩护人于证据有湮灭、伪造、变造、隐匿或碍难使用之虞时，侦查中得声请检察官为搜索、扣押、鉴定、勘验、询问证人或其他必要之保全处分。检察官受理前项声请，除认其为不合法或无理由予以驳回者外，应于5日内为保全处分。检察官驳回前项声请或未于前项期间内为保全处分者，声请人得径向该管法院声请保全证据。”第219条之二规定：“（声请证据保全之裁定）法院对于前条第三项之声请，于裁定前应征询检察官之意见，认为不合法律上之程序或法律上不应准许或无理由者，应以裁定驳回之。但其不合法律上之程序可以补正者，应定期间先命补正。法院认为声请有理由

① ［日］石井一正著：《日本实用刑事证据法》，陈浩然译，台湾五南图书出版公司2000年版，第42～43页。

者，应为准许保全证据之裁定。前两项裁定，不得抗告。”第219条之三规定：“（声请证据保全之管辖机关）第219条之一之保全证据声请，应向侦查中之该管检察官为之。但案件尚未移送或报告检察官者，应向调查之司法员警官或司法警察所属机关所在地之地方法院检察署检察官声请。”第219条之四规定：“（声请证据保全之期日）案件于第一审法院审判中，被告或辩护人认为证据有保全之必要者，得在第一次审判期日前，声请法院或受命法官为保全证据处分。遇有急迫情形时，亦得向受讯问人住居地或证物所在地之地方法院声请之。检察官或自诉人于起诉后，第一次审判期日前，认有保全证据之必要者，亦同。第279条第二项之规定，于受命法官为保全证据处分之情形准用之。法院认为保全证据之声请不合法律上之程序或法律上不应准许或无理由者，应即以裁定驳回之。但其不合法律上之程序可以补正者，应定期间先命补正。法院或受命法官认为声请有理由者，应为准许保全证据之裁定。前两项裁定，不得抗告。”第219条之五规定：“（声请保全证据书状）声请保全证据，应以书状为之。声请保全证据书状，应记载下列事项：一、案情概要。二、应保全之证据及保全方法。三、依该证据应证之事实。四、应保全证据之理由。前项第四款之理由，应释明之。”第219条之六规定：“（犯罪嫌疑人于实施保全证据时之在场权）告诉人、犯罪嫌疑人、被告、辩护人或代理人于侦查中，除有妨害证据保全之虞者外，对于其声请保全之证据，得于实施保全证据时在场。保全证据之日、之时及处所，应通知前项得在场之人。但有急迫情形致不能及时通知，或犯罪嫌疑人、被告受拘禁中者，不在此限。”第219条之七规定：“（保全之证据之保管机关）保全之证据于侦查中，由该管检察官保管。但案件在司法员警官或司法警察调查中，经法院为准许保全证据之裁定者，由该司法员警官或司法警察所属机关所在地之地方法院检察署检察官保管之。审判中保全之证据，由命保全之法院保管。但案件系属他法院者，应送交该法院。”第219条之八规定：“（证据保全之准用规定）证据保全，除有特别规定外，准用本章、前章及第248条之规定。”笔者认为，两岸同根同源，“台湾同胞同大陆同胞无论从血缘上、文化上、社会关系上、经济来往上都密不可分，13亿大陆同胞和2300万台湾同胞是血脉相连的命运共同体”，① 台湾地区的法律制度是在1911年之后中国土地上“土生土长”的，尽管在1949年迁台后借鉴了一些西方制度，但其“根”在大陆，因此比较研究两岸法律制度具有显著的价值，也可避免大陆在进行制度建设过程中走不必要的弯路。研究具有相同历史背景、文化渊源的台湾地区的法律制度，从中汲取合理科学的养分，对完善大陆的相关立法既可以摆脱语言上的障碍，又可以避免生存土壤的排异性。我国台湾地区刑事诉讼制度中关于证据保全的规定是比较详细和完备的，值得借鉴。

上述制度各有特色，对于我国具有较高参考价值。笔者认为，可甄别优劣、择长去短，结合国家正在进行的司法体制和工作机制改革，科学推进制度的科学构建。在制度的完善过程中，既要充分借鉴域外的先进经验，同时也要充分重视我们实践中的特色，做到借鉴、移植的真正“本土化”，促进具有中国特色的证据保全制度的建立。

## 第二节 证据保全申请权

### 一、证据保全申请权的理论基础

证据保全申请权作为证据保全制度的重要内容能够存在，有其理论依据。笔者认为，证据保全申请权的设置必须要考虑不同诉讼价值的平衡，一味追求冲突价值的某一个方面不仅难以解决现实问

① 新华社：“十三亿大陆同胞和两千三百万台湾同胞是血脉相连的命运共同体”，载《人民日报》，2008年1月18日第2版。

题，而且还会产生新的问题。具体可从以下几个方面来看：

第一，诉讼模式转型的需要。在职权主义模式下，法官的主要任务是发现真实，“应主动搜集调查对被告有利、不利的证据，非如当事人主义下的法官往往处于被动的角色。而在当事人主义下，当事人双方自行搜集调查对自己有利的证据，于审判中将证据呈现于法院审判，各自说服法院其主张。法官或陪审团于审判中处于中立、被动的裁判者地位，既不为检察官调查证据，亦不为被告调查证据。而检察官为侦查机关的主体，有国家的预算作为其财务支援，有全国的警察人员供其调度指挥，于侦察中得请求大陪审团传唤、询问证人，得请求法院签发搜索扣押票。被告无强制取证权，无权强制对自己有利的证人出庭作证或提出证据，审判必呈现一面倒的不公平现象。”① 在我国司法体制改革往前推进的背景下，当事人主义因素在逐步增多，与此同时被追诉者的取证能力仍然很弱，因此赋予其证据保全申请权并加以切实保障是非常必要的。

第二，发现事实真相的需要。现在各个国家和地区的刑事诉讼模式都不是纯粹意义上的当事人主义或职权主义。无论什么模式都不否认将事实真相的发现作为诉讼的目的，而此时若不赋予辩方证据保全申请权或者说不予以有力保障，则意味着很多有利于被追诉者的证据难以收集并提交法庭以认定事实，就难以促进事实真相的发现。

第三，维护程序正义的需要。“正义是社会制度的首要价值，正像真理是思想体系的首要价值一样。”② 程序正义是刑事诉讼的重要目的。在诉讼过程中，程序正义弥补了被追诉者的被动与不利，保障其得到公正的诉讼待遇并能对诉讼结果施以充分、积极的影响，同时程序正义要求国家专门机关在追究惩罚犯罪的同时，必

① 王兆鹏著：《刑事被告的宪法权利》，台湾元照出版有限公司2004年版，第191页。

② ［美］约翰·罗尔斯著：《正义论》，何怀宏等译，中国社会科学出版社1988年版，第3页。

须严格遵守程序规则，慎重谦抑地行使法律赋予的职权。通过赋予辩方证据保全申请权，使其能够得到公平对待，实现武器平等，有利于实现程序正义。

第四，提高诉讼效率的需要。证据保全申请权对于提高刑事审判的效率具有重要意义。因为如果辩方被赋予证据保全申请权，在证据可能湮灭或以后难以取得等情形下，能够保全对本方有利的证据，那么其在庭审时即能针对控方提出的不利的事实和证据及时地提出本方的辩护意见，从而避免庭审的冗长。

第五，树立司法权威的需要。司法裁判的权威不是靠“距离”、“超然中立”而树立的，司法的公信力是积累的过程，这个过程需要有当事人的充分参与。司法过程应该受到当事人参与的影响，在刑事诉讼证据保全制度中，证据保全申请权即是比较好的参与方式。赋予并保障辩方证据保全申请权，使本因控方力量强大而失去平衡的诉讼格局有所调适。

第六，坚持司法为民的需要。在中国，“人民司法”之所以加上“人民”二字，并非纯粹是“口号”，要切实从“民”的角度出发，做到司法为民。具体到刑事案件中，要充分重视当事人的权利。证据保全请求权是当事人应当享有的一项重要权利，是当事人参与刑事诉讼并影响诉讼进程的重要途径。在刑事司法改革逐步推进的过程中，重视当事人参与，保障当事人权利是重要的方面。

## 二、证据保全申请权是证明权的重要组成部分

证据保全申请权是辩方证明权的重要组成部分。通过完善证据保全制度，规范证据保全程序，保障辩方的证据保全申请权，使得辩方证明权得到充分保障。证据保全所针对的是“有可能湮灭、伪造、变造、藏匿或碍难使用”的情形，因此比较紧急，是对申请调查取证权的一个补充，是证据收集制度的一个重要部分。保障辩方的证据保全申请权对于辩方证明权的保障具有重要意义。笔者在下文中将结合域外考察部分尤其是我国台湾地区的规定，根据证

据保全申请权理论基础的要求提出若干制度构想。

（一）证据保全的申请主体

为发现真实及保障犯罪嫌疑人、被告人及其辩护人的权益，对于证据有可能湮灭、伪造、变造、藏匿或碍难使用的时候，有必要进行保全。我国台湾“刑事诉讼法”第219条之一关于“证据保全之声请”规定：“告诉人、犯罪嫌疑人、被告或辩护人于证据有湮灭、伪造、变造、隐匿或碍难使用之虞时，侦查中得声请检察官为搜索、扣押、鉴定、勘验、询问证人或其他必要之保全处分。”此条对证据保全的申请主体作了规定，可见在台湾地区，证据保全的申请主体是：告诉人、犯罪嫌疑人、被告或辩护人。该法第219条之四进一步规定：“检察官或自诉人于起诉后，第一次审判期日前，认有保全证据之必要者，亦同。”这条规定进一步将作为当事人的检察官、自诉人作为证据保全申请主体。综合来看，在我国台湾地区，证据保全申请主体包括：检察官、自诉人、告诉人、犯罪嫌疑人、被告人或辩护人。

笔者认为，检察机关在我国内地还不是真正意义上的当事人一方，其掌握着强大的取证手段，负有客观性义务，在当前国情下，让检察官向法院申请证据保全并不现实，因为法院在当前制度环境下的调查取证能力还不及控方。当然，对于其他人的证据保全申请权，笔者是赞同的，尤其是犯罪嫌疑人、被告人及其辩护人的申请权尤需保障。因此笔者主张，在我国，检察机关无权申请证据保全，而自诉人、被害人、犯罪嫌疑人、被告人及其辩护人有权申请。本文着重讨论辩方的证据保全申请权。

（二）证据保全的申请条件

关于证据保全的申请条件，可从实质要件和形式要件两个方面来看：

一是实质要件。我国台湾“刑事诉讼法”第219条之一关于“证据保全之声请”规定：“告诉人、犯罪嫌疑人、被告或辩护人于证据有湮灭、伪造、变造、隐匿或碍难使用之虞时，侦查中得声请请检察官为搜索、扣押、鉴定、勘验、询问证人或其他必要之保全处分。检察官受理前项声请，除认其为不合法或无理由予以驳回者外，应于五日内为保全处分。检察官驳回前项声请或未于前项期间内为保全处分者，声请人得径向该管法院声请保全证据。”从这条规定，可以看到，证据保全的实质性要件是：证据有湮灭、伪造、变造、隐匿或碍难使用的可能。这一点，在我国内地进行立法修改时，是可以借鉴的。

二是形式要件。“证据保全的请求，必须以书面的形式提出，应当记明证据及其保全的方法（如扣押）、需要进行保全的理由等事项。所谓需要证据保全的理由，主要是指‘如果不进行事先的保全，该证据将难以实际使用的具体情况’。对于物证或书证，主要是指如等待受诉法院进行证据调查，该证据可能灭失、散落、隐匿、被篡改的情况等；对于证人，则主要指因该证人年龄过高、病重等因素可能死亡的情况或即将移居国外近期不可能回国的情况；证人变更证词的具体的可能性也是请求保全的一种理由，但诸如假定时间间隔太长，证人关于被告不在现场的记忆可能淡薄等一般性证词变更的可能性则不构成保全的理由；对于勘验，主要指难以原样保存的情况；对于鉴定，则主要指对象物灭失、毁损的可能性，仅依靠扣押、勘验尚不足以充分保全等特殊的情况，也可作为提前鉴定的理由”。①

对于保全证据申请的形式要件，我们可参照前述台湾地区“刑事诉讼法”和日本刑事诉讼法的规定可规定为：证据保全应以书面形式提出申请。保全证据申请书应记载：案情概要；申请保全的证据、保全的方法；申请保全的证据欲证明的待证事实；保全证据的理由，并应说明该理由。

---

① ［日］石井一正著：《日本实用刑事证据法》，陈浩然译，台湾五南图书出版股份有限公司2000年版，第40页。

（三）证据保全申请人的在场权

台湾地区“刑事诉讼法”第219条之六规定了“犯罪嫌疑人于实施保全证据时之在场权”，内容为：“告诉人、犯罪嫌疑人、被告、辩护人或代理人于侦查中，除有妨害证据保全之虞者外，对于其声请保全之证据，得于实施保全证据时在场。

保全证据之日、之时及处所，应通知前项得在场之人。但有急迫情形致不能及时通知，或犯罪嫌疑人、被告受拘禁中者，不在此限。”从这条规定来看，应当赋予保全证据申请人到场，“实施保全证据之日、之时及处所，应预先通知前项得在场之人，以确保其等在场之权利。唯有时保全证据有其急迫性，或犯罪嫌疑人、被告于受拘禁中，如提讯到场难免有安全上的顾虑，有时甚至须调派大批警力戒护，如被告羁押在外岛，需要派直升机接送，因而大费周章，实有碍证据保全之实施。因此，有急迫情形致不能及时通知，或犯罪嫌疑人、被告受拘禁中者，得不通知使其到场。”① 这是一个现实问题，不管哪个国家和地区都会面临这个问题。

在我国警力非常有限的情况下，如果要求证据保全确立申请人到场，尤其是大多数被追诉者被羁押的状态下设立此制度，似乎不符合实际。我国警察数量从人员总数来看比较庞大，据《环球》杂志报道，全国现有173万个警察编制。但从警察数量和人口比例来看，西方国家一般1万人中有35个警察，而中国则只有11个；在人口稠密的城市，西方国家警力与城市人口的比例平均是1:300，而我国一些地方则只有1:1250。近年来，公安部重视优化警察队伍，提高警察职业门槛，2003年公安系统内文化水平在大专以上的已经达到了57.3%，并且这一比例仍在持续上升。但值得注意的是，这批高素质的警力，大多在办公室，并非布置在基层直面社

① 张丽卿著：《刑事诉讼法理论与运用》，台湾五南图书出版股份有限公司2007年第10版，第401~402页。

会。[①] 在警察结构、数量和素质未得到有效改观，未决羁押制度未进行合理设置之前，对证据保全制度设立申请人在场制度是不合理、不科学的。加之我国幅员辽阔，经济社会发展不平衡，制度难以全面推行，虽然笔者认为，台湾地区制度很多与内地是“同根同源”，文化传统也一样，但由于“后天”的发展已经脱离内地，这些不符合国内当前的国情，因此笔者主张，这个问题可以先搁置，等到相关制度调整适当之后，再行讨论如何构建证据保全申请人在场权问题。总的来看，证据保全申请人在场是积极的，是有利于保障申请人尤其是被追诉者权利的，但权益必须要综合考量，当为实现该权利，而牺牲更大权利或社会公益时，则需舍弃，因为我们不能强求实现存在冲突的各种权利，只能在平衡中去实现。

（四）保全证据的保管

我国台湾地区“刑事诉讼法”第 219 条之七规定：“保全之证据于侦查中，由该管检察官保管。但案件在司法员警官或司法警察调查中，经法院为准许保全证据之裁定者，由该司法员警官或司法警察所属机关所在地之地方法院检察署检察官保管之。审判中保全之证据，由命保全之法院保管。但案件系属他法院者，应送交该法院。”可见，一方面保全的证据应由具体实施保全的机关保管，检察官或法院保管；另一方面对于由法院裁定的，则由检察官保管。这项规定与我国台湾地区的侦控审制度有关。笔者认为，应实行“谁保全，谁负责”的原则，由负责保全的机关进行保管。

（五）同一证据保全对象只能申请一次

这主要是旨在避免重复申请导致浪费司法资源，理由与申请调查取证权中同样内容的理由一致。如果允许申请人重复对同一证据保全对象提出申请，那么犯罪嫌疑人、被告人或其辩护人滥用此一

① 陈利华：“严打先锋的背后：中国警察素质和待遇堪忧”，载《环球》，2005 年 7 月第 15 期。

程序拖延侦查的可能性不容忽视，尤其在没有规定次数限制的情况下，检察官本可在期间内起诉，却因为被告人同时或先后向法院提起的数个证据保全而导致不能起诉的情况。[①] 所以，我们在构建证据保全制度时，应增加此规定，以避免权利的滥用。

（六）侦查阶段的证据保全

较之于侦查机关的证据收集，由于犯罪嫌疑人就是侦查的直接对象，且可能因为侦查过程或侦查结果而受到不利益，因此由犯罪嫌疑人或辩方的律师积极要求证据保全以避免该不利益加诸于辩方自身。

一是侦查中辩方有权向侦查机关提出证据保全申请。尽管基于法律规定和法理，侦查机关必须收集有利于犯罪嫌疑人的证据，但是侦查机关对犯罪嫌疑人有利证据的收集，往往不够充分。因此，犯罪嫌疑人、辩护人必须自己积极收集、保全有利于犯罪嫌疑人的证据。但是犯罪嫌疑人没有强制措施权，因此犯罪嫌疑人能够利用的只是证据保全请求权，这是现行诉讼法中才设立的制度。如果不预先保全证据，犯罪嫌疑人、辩护人就很难利用某一证据，在日本，可以在审判前请求法官搜查、勘验、询问证人或实施鉴定措施。犯罪嫌疑人被起诉成为被告后，在第一次审判之前，也可以申请证据保全。[②] 根据我国台湾地区“刑事诉讼法”第219条之三规定，保全证据声请，应向侦查中之该管检察官[③]为之。但案件尚未移送或报告检察官者，应向调查之司法员警官或司法警察所属机关所在地之地方法院检察署检察官声请。笔者也赞同，在证据保全制

① 杨云骅：“侦查程序中证据保全制度之检讨”，载《东吴大学法律学报》2004年11月第16卷第2期，第317页。

② ［日］田口守一著：《刑事诉讼法》，刘迪等译，法律出版社2001年版，第96页。

③ 我国台湾地区“刑事诉讼法”所规定的侦查体制是检察官主导，所以这里的“检察官”实为侦查机关，为了保留文献原貌，这里引用不做替换，特此注明。参见我国台湾地区“刑事诉讼法”第228条规定的“侦查之发动”。该条第1款规定：“检察官因告诉、告发、自首或其他情事知有犯罪嫌疑者，应即开始侦查。”

度构建时，侦查阶段的证据保全由申请人向侦查机关提出。

二是侦查机关驳回证据保全申请应附理由。就此问题，“（台湾地区‘刑事诉讼法’）仅规定检察官受理声请，认为其不合法或无理由可以驳回而已，并未进一步规定是否有记载理由的义务。从被告的有效辩护及确保法院将来审查可能性等角度来看，检察官驳回证据保全声请必须附理由才是，并且应该是有实质意义的理由，此一看法可在刑事诉讼法第 223 条及 225 条①之立法精神，以及行政程序法等第 96 条也规定了书面之行政处分应记载理由等规定，得到支持。”②根据立法精神和法理，侦查机关驳回证据保全申请，应当附理由，并且理由还应是具有实质意义的理由。“但从在个案上可能相对立的法益，也就是侦查秘密确保及侦查有效性而言，附记理由的驳回决定可能迫使检察官必须公开其目前的侦查现况，甚至必须指出其预计未来的侦查方向，方得以充分说明为何声请人请求保全的证据没有调查、保全的必要或迫切性。如此一来，可能也使被告，特别是在案情尚未成熟阶段的被告，藉此得知侦查的进度及方向，而产生可能破坏侦查的疑虑。在顾及最大和谐解释，以及考虑侦查中被告与检察官实力、资讯相差悬殊的结构差异点上，原则上应认为检察官原则上对驳回决定应附记理由。但当基于个案事实考虑，被告确有由于知晓侦查内容而有妨害侦查目的的重大疑虑时，得不附记理由。”③当然，尽管驳回证据保全申请应当附理由，但同时也要根据案件情况，所以笔者认为，在侦查阶段侦查机关驳回证据保全申请时应根据个案情况，考量附理由和不附理由的价

① 我国台湾地区“刑事诉讼法”第 223 条是对“裁判之理由叙述”的规定，内容为：“判决应叙述理由，得为抗告或驳回声明之裁定亦同”。第 225 条是对“裁判之宣示方法”的规定，内容为：“宣示判决，应朗读主文，说明其意义，并告以理由之要旨。宣示裁定，应告以裁定之意旨；其叙述理由者，并告以理由”。

② 杨云骅：“侦查程序中证据保全制度之检讨”，载《东吴大学法律学报》2004 年 11 月第 16 卷第 2 期，第 318 页。

③ 同上。

值。附理由有助于申请人理解，可能因此而不再向检察机关提出申请，导致诉讼进程延滞，反之，不附理由则可能导致辩方向检察机关提出申请或者上访、“内心不服”甚至不理性的所谓“胡搅蛮缠”。我们不能将所谓的“胡搅蛮缠”归罪于当事人的法律无知和素质低下，作为国家机关来说，要更多地从自身原因找起，只有多管齐下，方能促进问题的解决，促进司法的和谐。综上，笔者认为，侦查机关对于驳回证据保全申请，原则上应当附理由，但有妨害侦查的可能时，可以不附理由。

三是应设置侦查机关决定证据保全的期限。我国台湾地区“刑事诉讼法”第219条之一规定，检察官受理前项声请，除认其为不合法或无理由予以驳回者外，应于5日内为保全处分。此一课以检察官作为义务期限之规定表面上固然明确，但到底可否发生预期的效果，甚或带来先前无法预期诸般副作用，必须慎重以对。按照台湾地区的规定，由于检察官于受理申请后若“五日内未为证据保全”者，可能发生声请人得依法径向该管法院声请证据保全的结果，因此该5日的规定似乎并非一训示规定而已，而是关系到声请权人日后可向法院声请保全证据合法与否的关键之一，如何判断，遂值重视。[①] 笔者认为，这项规定是合理的，也是可以借鉴的。由于证据保全往往是在情况紧急的紧迫情况下才会提出，无时间限制则会出现以后不能调取的问题，因此，还是有必要通过时间“催促”的。对此，笔者认为，可以借鉴我国台湾地区的规定，规定为：侦查机关受理证据保全申请后，除认为不合法或无理由予以驳回的之外，应在5日内进行证据保全。侦查机关驳回证据保全申请或未在5日内进行证据保全的，申请人可以直接向侦查机关同级的检察机关申请保全证据。

四是侦查机关驳回证据申请后的处理。侦查机关驳回后向法院

---

① 杨云骅：“侦查程序中证据保全制度之检讨”，载《东吴大学法律学报》2004年11月第16卷第2期，第318页。

申请是否合适？我国台湾地区“刑事诉讼法”第219条之一规定，检察官驳回证据保全声请或未于“五日”期间内为保全处分者，声请人得径向该管法院声请保全证据。这里就存在一个问题，对于检察官驳回申请的情况下，若向法院申请保全的话，则有可能导致起诉进程的延滞。因为对于法院审理证据保全部分完全没有时间的限制，我们不难想象，当被告对于复杂、专业的案件向法院声请保全时，除非法官敷衍了事，或与检察官立场“立刻”完全一致，否则法官似乎很难迅速地对是否及如何证据保全做出正确的决定，可以想见，此结果会对侦查结束的决定将会造成严重的干扰。此外，实际上真正能影响检察官决定的不是法院为证据保全的“裁定”本身，而是证据保全实施的“结果”。[①] 笔者认为，如果没有救济，侦查中的证据保全设置即失去了其实质意义，因此应当设置监督、制约程序。“犯罪嫌疑人及其辩护人或者被害人经向侦查机关申请收集证据而不予收集，不预先保全证据将会使该证据的使用发生困难时，可以书面申请人民检察院对证据进行保全。”[②] 这种观点笔者是赞同的，由于在我国大陆刑事诉讼经历侦查、起诉和审判三个诉讼阶段，法院不好也不可能直接介入侦查进行审查，基于这种状况，在限定期限内，如果侦查机关不作出或作出驳回的决定后，那么应允许辩方向检察机关提出证据保全申请。事实上，由于最后起诉到法院的是检察机关，其如果不积极保全有关证据，那么将可能面临着最后的不利诉讼后果，而侦查机关在法律上则不直接承担该后果。因此，由检察机关对辩方的证据保全申请进行救济是合理的。

五是侦查过程中检察机关对证据保全申请的处理。在侦查阶段，检察机关对侦查机关驳回后证据保全申请的处理主要限于上述

① 杨云骅：“侦查程序中证据保全制度之检讨”，载《东吴大学法律学报》2004年11月第16卷第2期，第317页。

② 陈光中主编：《中华人民共和国刑事证据法专家拟制稿（条文、释义与论证）》，中国法制出版社2004年版，第324页。

的“侦查机关驳回证据保全申请或未在五日内进行证据保全的，申请人可以直接向侦查机关同级的检察机关申请保全证据”情形。对此笔者认为，也应当设置一定救济机制。因为对于侦查机关的驳回，有向检察机关申请的救济机会，有观点认为对于此种情形下，辩方向人民检察院申请证据保全，“人民检察院应当自收到书面保全申请之日起24小时内作出是否保全的决定，并通知申请人。对于不予保全的决定，申请人如果不服，可以提请作出不予保全决定的人民检察院复议。”[①] 笔者认为，这里的复议并不具有“行政复议”那样的内涵，实为申诉。可参考刑事诉讼法第146条[②]所规定的对于被不起诉决定，证据保全申请人如果不服，可以自收到决定书后向人民检察院申诉。人民检察院应当作出复查决定，通知证据保全申请人，同时抄送公安机关。

（七）起诉阶段的证据保全

我国台湾地区由检察官主导侦查和起诉，所以其体制与我国内地是不同的，但基本制度内涵是相通的。起诉阶段的证据保全制度与侦查阶段并无太大差异。此处不再展开赘述。

这里有个问题：检察机关不进行证据保全的后果？这里涉及两种情形：一是侦查阶段，侦查机关驳回或限定期间内未进行证据保全，辩方向检察机关申请证据保全；二是起诉阶段，辩方提出的证据保全申请。笔者认为，这两种情形下，检察机关不进行证据保全的后果是一致的。有观点认为，检察院应当保全证据而没有保全，被告人及其辩护人在法庭审理时提出异议的，法院可以作出对控诉不利的推论。所谓不利的推论，是指法庭可以对控诉方提出证据的

---

① 陈光中主编：《中华人民共和国刑事证据法专家拟制稿（条文、释义与论证）》，中国法制出版社2004年版，第324~325页。

② 我国《刑事诉讼法》第146条规定：“对于人民检察院依照本法第一百四十二条第二款规定作出的不起诉决定，被不起诉人如果不服，可以自收到决定书后七日以内向人民检察院申诉。人民检察院应当作出复查决定，通知被不起诉的人，同时抄送公安机关。”

证明力表示怀疑，并作出与控诉方意图证明的事项相反的结论。[①]笔者认为，这是合适的，没有明确“后果”的证据保全制度，将如以前我国申请调查取证制度没有明确“后果”一样，一句话“不同意”，申请人也“没辙”。当然，这种“不利的推论”也不能过于绝对，所以设置成“可以”是合理的。无论检察机关是基于上述两种情形中的哪一种，如果应当保全证据而没有保全，导致庭审中辩方异议，法院经审查具有形式上的合理、合法性的，法官可以作出不利于支持指控的推论。

（八）审判阶段的证据保全

对于起诉后有保全证据必要的，我国台湾地区“刑事诉讼法”第219条之四进一步规定：“案件于第一审法院审判中，被告或辩护人认为证据有保全之必要者，得在第一次审判期日前，声请法院或受命法官为保全证据处分。遇有急迫情形时，亦得向受讯问人住居地或证物所在地之地方法院声请之。”“必须进行证据保全的事由只需陈明，如果法官能够形成大致的心证（推测），那么就被认为已经具备证据保全请求的要件。”[②]各国和地区如果有证据保全方面的规定时，均规定了审判阶段的证据保全。对于法院驳回证据保全申请的，也应给予类似前述驳回调查取证申请的救济方式，即《最高人民法院关于民事诉讼证据的若干规定》第19条[③]的规定设置复议程序。关于审判阶段证据保全问题，应依前述证据保全制度的基本内容设置。

---

① 陈光中主编：《中华人民共和国刑事证据法专家拟制稿（条文、释义与论证）》，中国法制出版社2004年版，第327页。

② ［日］石井一正著：《日本实用刑事证据法》，陈浩然译，台湾五南图书出版公司2000年版，第40页。

③《最高人民法院关于民事诉讼证据的若干规定》第19条规定：“人民法院对当事人及其诉讼代理人的申请不予准许的，应当向当事人或其诉讼代理人送达通知书。当事人及其诉讼代理人可以在收到通知书的次日起三日内向受理申请的人民法院书面申请复议一次。人民法院应当在收到复议申请之日起五日内作出答复。”

# 第七章　证明权与证据开示

为避免在法庭审理中出现证据突袭，损害司法公正，各国立法都建立了审前证据信息交换机制，而阅卷权和证据开示制度无疑是审前证据信息交换的两种典型形式。1996 年我国刑事诉讼法修改后，起诉前案件材料的移送方式由全案移送改为主要证据及其复印件移送，很多学者认为这是“倒退”，因为这相应的缩小了律师在审前知悉证据的范围，极大阻碍了辩护权的有效行使。对此，近年来理论界和实务界纷纷效仿英美法系国家主张在我国建立证据开示制度，并围绕英美法国家的证据开示制度进行了一些研究。

## 第一节　证据开示制度

### 一、证据开示制度理论

#### （一）证据开示制度的主要内容

无论是自行调查取证、申请调查取证，还是证据保全，多是强调单方的证据收集，或请求司法机关收集，而非互动的关系。在现代刑事诉讼中，控辩双方呈现出来的是对抗关系，这使得现代世界各国的庭审方式多采对抗制，即控辩双方在中立的法官面前通过平等、理性的对抗以推动诉讼进程。在这种模式下，如果控辩双方在庭前互相不了解对方将提交法庭的证据信息，即会出现“诉讼突袭”的问题，这往往会导致控辩双方特别是辩方难以在庭审前做好充分的准备，不仅影响发现事实真相，而且会直接减损司法公正。鉴于此，许多国家建立了庭前证据开示（disclosure of evidence）制度，控辩双方除了依照法定程序收集证据外，还可以通过证据开示程序了解对方掌握的证据信息。证据开示在刑事诉讼法中属庭审前程序，其中心要素是当事人双方互相出示与案件有关的信息。

证据开示，又称为证据展示，是指诉讼的一方当事人向另一方当事人提供和透露与案件有关的证据和信息的做法与程序。证据开示制度是实现审前信息交流的重要装置之一。[①] 根据《布莱克法律词典》，证据开示的含义是“了解原先所不知道的，揭露和展示原先隐藏起来的东西”，而在审判制度中“它是一种审判前的程序和机制，用于诉讼一方从另一方获得与案件有关的事实情况和其他信息，从而为审判作准备。”[②] 从上述界定可看出，证据开示，是指控辩双方在庭审前或审判过程中，按照一定的程序相互让对方知悉各自掌握或保管的证据的制度。

关于证据开示的模式。我国法学界关于证据开示的模式有两种主张，即单向开示原则和双向开示原则。单向开示原则是“出于强化辩护功能的考虑，为防止检察官庭前针对辩护证据采取措施，主张证据开示应当是检察官对辩护律师的单方面的开示”[③]；双向开示原则主张“证据开示的双向性理论和不平衡理论是证据开示制度的基本理论，而且双向开示并不等于对等开示，控辩双方的证据开示应当是不平衡的，检察机关负有全面开示证据的义务，在证据开示中居于主导地位，辩护律师只负有限度的开示证据的义务”。[④] 学者指出：如果缺少辩方向控方的展示“不仅影响诉讼效

---

① 宋英辉、魏晓娜：“证据开示制度的法理与构建”，载《中国刑事法杂志》2001 年第 4 期。

② 《布莱克法律词典》1979 年英文版，第 418 ~ 419 页；转引自龙宗智：“刑事诉讼中的证据开示制度研究（上）”，载《政法论坛》1998 年第 1 期。

③ 陈光中主编：《刑事诉讼法实施问题研究》，中国法制出版社 2000 年版第 195 ~ 199 页。

④ 程荣斌等：“1999 年刑诉法学研究的回顾与展望”，载《法学家》2000 年第 1 期，第 93 页。

益，而且也妨碍检察官证据开示的积极性，从而反过来又影响辩护方及时和有效地获取实质性的案件信息"[①]。美国的道格拉斯法官在布雷迪诉马里兰州一案中指出："控方的证据开示是律师先悉权的自然延伸，是建立在寻求公正和正当程序的基础之上的宪法性义务"。主张双向开示的重要理由是：从现有的法律来看，则很难推导出辩护律师也有向检察官展示证据的义务，而且辩护律师取证的权利和能力较之公诉方极为有限，何况案件提起公诉，也是建立在事实清楚、证据确实充分的基础上，所以只能由控诉方单方向辩护方展示证据。如果仅是控方向辩方展示证据，对控方而言，显然有失公正，对查明案件事实，确保无罪的人免受刑事追究也有害无利。[②]"刑事开示程序原本虽着重被告应有权知道检察官握有的证据，已便准备防御，但后来已发展为检察官、被告有相互告之证据的义务。"[③] 笔者并不主张"逆潮流而动"，随着对抗制因素在诉讼模式的增多，加上笔者所主张的对辩方权利的加强，辩方取证和辩护的能力将逐步得到增强，因此设立双向开示是有利于事实真相查明、有利于司法正义、有利于提高诉讼效率的，但在具体制度建设上应当考虑我国国情的现状，不能采取"一刀切"的方式认为我国就应当建立与西方国家完全相同的证据开示制度，这是不现实也是不必要的。

关于证据开示的对等性。关于证据开示的对等性问题，有的学者认为应是对等开示，亦即在法庭审理前，诉、辩双方互相向对方展示己方对本案已获取的全部证据材料。对控诉方而言，开示的范围应该是既包括自己准备在法庭审理中出示的证据，也包括案件中存在的、不打算在法庭上出示的证据。对律师而言，开示的范围也

---

① 龙宗智："刑事诉讼中的证据开示制度研究"，载《政法论坛》1998 第 2 期。

② 李玉花、李和仁："聚焦程序公正——中国法学会诉讼法学研究会 99 年会综述"，载《人民检察》2000 年第 2 期。

③ Gordon Van Kessel, Adversay Excesses in the American Criminal Trial, 67 NOTRE DAME L. REV. 403, 409 (1992).

应是律师调查取得的所有证据材料。也有人认为，双向开示并不等于对等开示。控辩双方的证据开示应当是不平衡的，检察机关负有全面开示证据的义务，辩护律师只负有限度的开示证据的义务。对公诉人而言，凡是在侦查、起诉过程中获得的与案件事实有关的所有证据材料，都应当属于开示的范围，对辩护律师而言，则只向公诉人开示支持辩护的证据。① 笔者对后一观点是赞同的。控方在刑事诉讼中不仅负有证明责任，而且因其有客观性义务而负有“协力的证明义务”，其所持有的用于支持指控的证据和有利于辩方的证据都应当开示，而辩方仅承担辩护职能，只需要提供辩护证据，因此由其对等开示不利于本方的证据无异于“用刀子在自己身上割肉”。可见，主张对等开示既不符合立法精神，也不符合刑事诉讼理论的要求，笔者主张实行不对等开示，控方应开示所有与案件有关的所有材料，这实际上就是证据开示范围的问题。

关于证据开示的范围。我国刑事诉讼中，控方和辩方开示证据的范围应是：对控方而言，凡是在侦查、起诉阶段取得的与案件事实有关的所有证据，都属于开示的范围。对辩方而言，辩方在控方开示证据以后，应当向控方开示其尚未掌握的用于支持辩护的证据，主要是指用以证明无罪、罪轻、减轻或免除刑罚的事实、阻却违法、阻却责任事由以及支持其他抗辩主张的证据。

关于证据开示的组织。关于证据开示的组织，有人认为应当在法院进行，由主审法官或庭前法官主持，笔者认为这不现实，也不合理，民事诉讼司法解释所规定的证据交换在很多地方法院难以推行的重要原因即是：法院发现与其进行证据交换，不如“一步到庭”效率高、效果好。要知道证据开示是有利于控辩双方的制度，并非为法院便利审判设置的制度，因此由法院主持进行不合适。证据开示时间应定在案件提起公诉之后，开庭审判前。正如学者所

① 李玉花、李和仁：“聚焦程序公正——中国法学会诉讼法学研究会 99 年会综述”，载《人民检察》2000 年第 2 期。

言，这也是各国的通例。[①] 这里还有一个问题，就是证据开示过程中都无异议的证据，当庭是否还要出示？显然还是要出示，因为当事人还没有质证，不让其质证不符合审判程序。笔者认为，若进行证据开示应在检察院进行，由检察机关召集当事人到场并进行证据开示。开示过程由检察机关主导，同时由各方协商推进进程。

关于“新证据”。从各国情况来看，证据开示都没有要求一次开示即告终结，对新发现的证据仍要求继续开示。例如，根据英国1996年《刑事诉讼与侦查法》第9条规定，检察官在案件被撤销或者被告人被判决有罪或无罪的任何时间内，如果发现存在着可能削弱指控或者被合理地期望可有助于辩护的材料，就必须尽快地向辩护方展示。根据《美国联邦刑事诉讼规则》第16条规定，如果在审判前或审判期间，一方当事人发现新的涉及先前请求或命令的证据或材料，这些证据或材料属于本规则所规定的应予透露或检查的范围，该当事人应将存在新的证据或材料一事及时通知对方当事人、当事人的律师和法庭。对于新证据问题，比较符合我国实际的观点是：证据开示后，控辩双方又发现新证据的，应及时告知对方；对方要求进行证据展示的，应当继续进行证据开示。其中通知是否“及时”要根据案情来判断，而且这里强调证据开示后发现的新证据是否需要开示取决于对方是否要求，不同于初次的主动开示，而是一种被动开示。如果对方认为无开示必要而没有提出要求，那么持有证据方无须开示，将来在法庭上出示也不产生排除的后果。[②] 对于新证据问题，充分尊重双方的意愿，因为毕竟证据开示也会增加控辩双方的工作量，也会在一定程度上影响效率，所以由控辩双方自行权衡轻重比较合理。

关于违反证据开示规定的后果。证据开示制度既然得到确立，

① 陈光中主编：《中华人民共和国刑事证据法专家拟制稿（条文、释义与论证）》，中国法制出版社2004年版，第441页。

② 陈光中主编：《中华人民共和国刑事证据法专家拟制稿（条文、释义与论证）》，中国法制出版社2004年版，第447～448页。

即应设立保障机制。而且对辩方来说，也是其重要权利。为确保刑事证据开示程序的有效性，建立证据开示的保障机制，对违反证据开示程序的行为做出纠正和制裁是十分必要的。因为，设立证据开示制度的重要理由即是防止“突袭”、“伏击”，如果肆意违反证据开示制度，对自己的“独门暗器”采取“藏着”、“掖着”的方式，是应当受到制度制裁的。在美国，根据《美国联邦刑事诉讼规则》第16条规定，无论是检察官还是辩护方，只要没有依法向对方展示有关证据材料，法官均可将该证据材料排除于法庭之外。因此，我国有观点指出“未展示证据不得出示”：“实行证据展示的案件，在法庭审理中，公诉人、被害人的代理律师或者辩护律师不得出示应当展示而未经展示的证据；如有正当理由出示未经展示的证据，对方有权要求法庭延期审理，待进行必要的诉讼准备后再恢复法庭审理。”① 这个观点笔者是赞同的，但同时笔者认为，对于违反证据开示义务的一方，法官应综合考虑未开示证据的实际情况，如原因、动机、过错程度、危害性质以及有无补救办法等，不能采取“一刀切”的方式解决。

（二）证据开示制度的基本功能

在笔者看来，证据开示制度无论对控方而言，还是针对辩方，都是证据收集制度的重要内容。因此，证据开示制度当然地具有证据收集制度功能。这里笔者重点结合证据开示制度的特点分析以下几点功能：

第一，有利于事实真实发现和司法公正的实现。证据开示制度使证据裁判原则能够得到真正实现，通过开示能够保障让事实决定审判的结果，而并非证据“突袭”、“伏击”或纯粹意义上的诉讼技巧。证据开示制度能让控辩双方在庭前进行充分的准备，对证据仔细审查和审慎思考，使事实调查更为彻底和全面。

① 陈光中主编：《中华人民共和国刑事证据法专家拟制稿（条文、释义与论证）》，中国法制出版社2004年版，第448页。

第二，有利于防止“诉讼突袭”，提高诉讼效率，促进公正高效权威的统一。“开示之目的是要使两造知道彼此握有什么证据，以便对方调查该证据是否确有证据能力及证明力、评估其胜算，并有效率地准备诉讼或认罪协商。故采用证据开示制度，可以减少检察官滥权、并增进审判及认罪协商的公平性及效率。揭示并可防止对方以突袭（surprise）、隐匿等手段求取胜利或拖延诉讼，并使被告无论是否有钱雇用律师或私家侦探，均能取得证据，因此可促进案情真相之发现。”① 证据开示制度能使伏击审判现象遭到禁止，控辩双方对案件争点明确，保障庭审质证的针对性，避免在审判阶段因需要调查核实证据而经常进行休庭、延期审理，影响诉讼进程，耗费有限的司法资源。当前比较强调公正高效权威的统一，通过证据开示制度，能使各方对各自的情况“心知肚明”，从而使庭审变得理性，提升司法权威，也有利于辩方全面了解案情，及时服判，减少不安定因素。

第三，有利于保障被追诉者人权。刑事诉讼侦查过程中一般实行侦查不公开原则，辩方一般难以有效参与。进行证据开示使得辩方了解控方的“炮弹”，从而做好防御甚至进攻的准备，有利于保障被追诉者的人权。

第四，有利于提升控方控诉质量。在刑事诉讼的逐步改革过程中，辩方的诉讼权利将会逐步得到加强，这时，控方如果继续保持追诉心态，将被追诉者当成是不理性的“客体”，对于辩方掌握的证据，控方有必要了解。控方通过证据开示了解辩方的证据，作用有二：一是做好充分的庭审准备；二是认识到认定有罪的差距，作出撤回起诉甚至不起诉的决定。可见，通过证据开示，有利于控方提升控诉质量，减少起诉的失误。

---

① See William Bradford Middlekauff, What Practitioners Say about Brood Criminal Discovery Practice: More Just—or Just more Dangercus?, 9 A. B. C. SEC. CRIM. JUST. 14 (Spring 1994).

综上所述，证据开示制度具有诸多积极意义，有利于事实真实的发现、司法公正的实现、诉讼效率的提高、辩方人权的保障。当然证据开示制度也会有消极方面的影响，如证据开示后，有可能出现打击报复证人的问题，担忧者一般认为，“开示会导致被告对证人的贿赂或恐吓，使得本来就不愿意作证的证人更不愿意出庭作证。而且被告因宪法赋予免于自证有罪的权利（right against self－incrimination），结果将导致检察官需提供证据资料给辩方、被告却没有义务揭示证据给检察官的不公平结果。况且被告知道检察官将提出何种证据后，可能会据此隐匿或伪造相关证据来卸责，增加检察官追诉的困难。”① 但是“证人因揭示遭恐吓情形，实际上非常罕见。据研究，通常会被恐吓的证人都是被告早已认识的证人，与揭示并无关联。”② 而且将消极影响和积极意义进行衡量后，相信现代各国都会倾向于选择积极一面。

## 二、证据开示制度之域外考察

关于两大法系是否都建立了证据展示制度，学界有争议。有学者认为证据开示是当事人主义对抗制诉讼的产物，但就证据开示的实质而言，大陆法系国家及我国也有证据开示，③ 但大多数学者将大陆法系的证据在控辩双方之间交换的制度称为律师阅卷制度。④ 在大陆法系国家，在法律上都规定了辩护人有权查阅控方的案卷材料，一般并不要求辩护方向控诉方展示辩方证据。⑤ 对于域外证据

① 吴巡龙著：《新刑事诉讼制度与证据法则》，台湾新学林出版股份有限公司2003年版，第320页。

② 吴巡龙著：《新刑事诉讼制度与证据法则》，台湾新学林出版股份有限公司2003年版，第321页。

③ 梁玉霞：“比较：刑事证据开示的基础”，载《法律科学》2001年第3期。

④ 宋英辉、汤维建主编：《证据法学研究述评》，中国人民公安大学出版社2006年，第428页。

⑤ 宋英辉、汤维建主编：《证据法学研究述评》，中国人民公安大学出版社2006年，第429页。

开示制度的规定，笔者做如下考察：

1. 国际司法准则。联合国《关于律师作用的基本原则》第21条规定："主管当局有义务确保律师能有充分的时间查阅当局所拥有或管理的有关资料、档案和文件，以便使律师能向其委托人提供有效的法律协助。应该尽早在适当时机提供这种查阅的机会。"

2. 日本。在日本，"阅读、研究检察官所拥有的证据，是被告方立证准备的核心内容。同样地，上述对于这些证据是否同意的基本意见告知检察官，对于检察官的立证计划也具有重大的影响作用。因此，此项工作需要尽快展开。通常，辩护人在检察厅阅读证据文书时，应当收到检察官交付的上述证据申请书的副本和用以通知同意或不同意基本见解的联系单。"[①] 这是日本立法对证据展示所进行的规定。根据日本最高法院的判例，证据展示的基本形态有：（1）在朗读起诉状前，法院不得命令检察官展示其拥有的全部证据（不得事前全面展示）；（2）进入证据调查阶段后，根据辩护人证据展示命令的申请，在符合一定的要件的前提下，法院可以命令展示特定的证据（允许个别展示）。所谓一定的要件，指：（1）辩护人在提出申请时，应当特别指定证据以及说明阅览该证据的具体的必要性；（2）阅读该证据，对于被告方的防御具有重要作用；（3）无造成隐灭证据、威逼证人等弊端的可能性。其中，第（2）（3）项要件最为重要，但这两项要件具备与否，应当根据案件性质、审理状况、要求阅读的证据的种类和内容、阅读的时间、程度以及方法等各种因素进行综合判断。最高法院的这种态度，事实上考虑了证据展示否定说的基本理由，认为事前展示并不妥当，对于展示的必要性和可能产生的弊端，则应根据具体的案情进行分析，透过诉讼指挥权的行使作出个别的命令。[②] 这是日本最

① ［日］石井一正著：《日本实用刑事证据法》，陈浩然译，台湾五南图书出版公司2000年版，第43页。

② ［日］石井一正著：《日本实用刑事证据法》，陈浩然译，台湾五南图书出版公司2000年版，第44～45页。

高法院判例关于证据展示的形式的规定。

3. 俄罗斯。《俄罗斯联邦刑事诉讼法典》第53条“辩护人的权限”中的第（7）项规定：“在审前调查终结时了解刑事案件的所有材料，从案卷中摘抄任何材料的任何部分，复制包括使用技术手段复制刑事案件的任何材料，费用自理。”这也是比较典型的阅卷权制度。

4. 美国。在美国，《联邦刑事程序法》第16条最初对证据开示的范围设计得很小，后来通过修法逐渐扩大范围，1974年修法时不仅扩大了揭示范围，而且使代表被告的一方也负揭示义务。除此之外，美国联邦最高法院也扩大了揭示范围，使检察官不仅需要揭示不利被告的证据，也需揭示有利被告的证据。经被告请求后，检察官不论是否知悉该证据，均有揭示对被告有利之重要证据的义务，否则会被认定为违反程序正当原则。后在 Kyles v. Whitey 一案中，该院更扩张前一解释，表示：无论被告有无请求，如果有合理的可能性认为揭示对被告有利之证据会影响判决结果，检察官即应揭示，否则违宪。此揭示义务之范围不仅及于可能影响有罪与否及刑度高低之证据，也及于反证。由此可见，美国已逐渐扩大揭示范围，现在此一制度已蔚为莫可抵御之潮流。[①] 可见，美国证据开示制度经历了开示范围从小到大的过程，也经历了从单向开示到双向开示的过程。检察官揭示证据的义务“系检察官在‘宪法’上揭示证据的义务，依联邦或各州证据开示规定，检察官仍有其他‘法律’上的义务。证据开示的目的，有认为在发现真实，有认为在避免突袭性证据的提出，以节省审判时间。检察官所持有的一切证据，是否必须全部给辩方知悉，各州对证据开示有不同的规定。通常规定检察官于审判中所使用的证据，必须使辩护人知悉。有的州规定，即令是无欲于审判中使用的证据，亦需使被告知悉，以避

① 吴巡龙著：《新刑事诉讼制度与证据法则》，台湾新学林出版股份有限公司2003年版，第322页。

免冤狱。”[1] 美国各州对证据开示有不同的规定，而且各州在对证人证词和其他证据的开示时亦采不同做法。具体如下：

(1) 关于证人证词的开示。有的州规定得比较严格，如被告必须释明有个别需要时，始得知悉侦查中证人的证词。但也有的州有对被告较为有利的证据开示规则，如有1/3的州规定，检察官在审判前，必须使被告知悉有关联证人之侦查笔录或录音陈述；[2] 约有10个州，检察官在起诉后自动将证人侦查中的陈述完全让被告知悉。[3] 在“联邦及各州皆规定，当被告请求时，被告侦查中的全部陈述，必须准许被告检视、影印或摄影”。[4]“联邦及大多数州规定，并非所有侦查中证人的陈述都必须让被告知悉，只有将于审判中作证的证人所作陈述，才会让被告知悉，若侦查中证人不会于审判中作证，则无须令被告知悉证人侦查中之陈述。再者，被告知悉的时间，通常在证人于审判中作证之后，检察官始将证人侦查中之陈述让被告知悉，以避免该证人在作证前遭受恐吓”。[5] 可见，在美国对待证人证词的开示问题，总体持谨慎态度，总体上规定在审前允许辩方知悉证人证词，因为如上有超过一半的州是同意辩方知悉证人证词的。但大多数州认为“并非所有侦查中证人的陈述都必须让被告知悉，只有将于审判中作证的证人所作陈述，才会让被告知悉”。

(2) 关于证词以外的证据的开示。美国“大多数的州及联邦皆规定，在被告的请求下，检察官所持有或控制的有体物（如文件、相片、建筑物等），只要是可能影响本案结果，或检察官欲于审判中使用，必须准许被告检视、影印或摄影。检察官所作之检

① 王兆鹏著：《当事人进行主义之刑事诉讼》，台湾元照出版公司2002年版，第235页。

② Kamisa, Lafaave, Israel & King, supra note 4, at 1212.

③ Whitebread & Slobogin, supra note 16, at 553.

④ Federal Rule of Criminal Procedure, Rule 16(a)(1)(A).

⑤ Whitebread & Slobogin, supra note 16, at 553.

验、测试、实验等，亦同。”①“对物体证据除检视摄影外，有时辩护人会进一步希望能加以测试。例如，对检察官所持有强盗案现场之衣服，辩护人希望能作纤维比对，辩护人是否有权请求取得该物以为测试？有许多州法律规定，在证据开示时，检察官所持有的物体证据，被告有权请求测试。有许多下级法院甚至判决，当被告能证明有合理的基础确信测试结果会对被告有利时，检察官有宪法之义务准被告之请求。”② 对于证词以外的证据开示，大多数州和联邦均规定应当开示。

从美国有关证据开示制度来看，其经历了范围从小到大，从单向到双向的过程，尽管是双向，但更多的规定主要着重于控方向辩方开示，因为无论如何辩方的取证都无法与控方抗衡，所以规则主要用于督促控方向辩方开示，也就是允许辩方进行阅卷。对于证人证词，美国大多数州坚持的是“并非所有侦查中证人的陈述都必须让被告知悉”的原则，笔者认为，其有合理性，对于证人保护和诉讼效率提高是有益的，但对于证据开示制度设立的意义有减损，应谨慎借鉴。对于证词以外的证据开示并无争议，大多数州和联邦均规定应当开示。

5. 我国台湾地区。林钰雄认为：“辩护人于审判中得检阅卷宗及证物，此项权利简称为阅卷权（akteneinsichtsrecht），属于被告最为重要的辩护权利，法理基础源于听审原则下被告的请求资讯权，据此，被告得请求获悉本案相关资讯，而阅卷制度，正是保障审判阶段被告获悉充分资讯并据以调整辩护方向的重要机制”。③林钰雄进一步指出：“就阅卷权的行使时点，于台湾明文限定于‘审判中’，包括起诉后审判期日开始前的准备阶段，以及判决后

① Federal Rule of Criminal Procedure, Rule 16(a)(1)(C)(D).

② Kamisa, Lafaave, Israel & King, supra note 4, at 1445.

③ 林钰雄：《刑事诉讼法（上册 总论编）》，中国人民大学出版社 2005 年版，第 171 页。

卷证送交上级审前。”① 我国台湾地区“刑事诉讼法”第33条关于“辩护人之阅卷、抄录、摄影权”原先规定：“辩护人于审判中得检阅卷宗及证物并得抄录或摄影”。2007年7月4日修正后新增第2款规定：“无辩护人之被告于审判中得预纳费用请求付与卷内笔录之复印件。但笔录之内容与被告被诉事实无关或足以妨害另案之侦查，或涉及当事人或第三人之隐私或业务秘密者，法院得限制之”。可见，我国台湾地区并无类似英美法系的证据开示制度，上述规定是关于辩方阅卷权的规定。由修法以后的规定来看，在台湾地区享有阅卷权的主体是辩护人和被告。这里的辩护人是指辩护律师和非律师辩护人。这里的被告所享有的阅卷权受到一定限制：一是不能亲自“检阅卷宗及证物并得抄录或摄影”；二是“与被告被诉事实无关或足以妨害另案之侦查，或涉及当事人或第三人之隐私或业务秘密者”的不得请求阅卷。

### 三、我国证据开示制度的现状

修订前的律师法第30条规定：“律师参加诉讼活动，依照诉讼法律的规定，可以收集、查阅与本案有关的材料，同被限制人身自由的人会见和通信，出席法庭，参与诉讼，以及享有诉讼法律规定的其他权利。”我国刑事诉讼法第36条规定：“辩护律师自人民检察院对案件审查起诉之日起，可以查阅、摘抄、复制本案的诉讼文书、技术性鉴定材料，可以同在押的犯罪嫌疑人会见和通信。其他辩护人经人民检察院许可，也可以查阅、摘抄、复制上述材料，同在押的犯罪嫌疑人会见和通信。辩护律师自人民法院受理案件之日起，可以查阅、摘抄、复制本案所指控的犯罪事实的材料，可以同在押的被告人会见和通信。其他辩护人经人民法院许可，也可以查阅、摘抄、复制上述材料，同在押的被告人会见和通信。”刑事

① 林钰雄：《刑事诉讼法（上册 总论编）》，中国人民大学出版社2005年版，第172页。

诉讼法第150条规定："人民法院对提起公诉的案件进行审查后，对于起诉书中有明确的指控犯罪事实并且附有证据目录、证人名单和主要证据复印件或者照片的，应当决定开庭审判。"《人民检察院刑事诉讼规则》第319条："在审查起诉中，人民检察院应当允许被委托的辩护律师查阅、摘抄、复制本案的诉讼文书、技术性鉴定材料。诉讼文书包括立案决定书、拘留证、批准逮捕决定书、逮捕决定书、逮捕证、搜查证、起诉意见书等为立案、采取强制措施和侦查措施以及提请审查起诉而制作的程序性文书。技术性鉴定材料包括法医鉴定、司法精神病鉴定、物证技术鉴定等由有鉴定资格的人员对人身、物品及其他有关证据材料进行鉴定所形成的记载鉴定情况和鉴定结论的文书。"

这样规定就使得律师无论是审查起诉、审判阶段的阅卷都受到了不当的限制。在审查起诉阶段，律师只能查阅到"诉讼文书、技术性鉴定材料"；在审判阶段，因为检察院只需向人民法院移送起诉书、相关证据目录、证人名单和主要证据复印件或者照片等，因此律师只能查阅到这些材料。这些法律规定为律师查阅犯罪嫌疑人、被告人无罪、罪轻以及其他有利于被追诉者的材料制造了障碍。

律师法的修订对律师阅卷权有较大的影响。律师法修订草案一稿、二稿中曾将阅卷权规定为"受委托的律师自案件审查起诉之日起，有权查阅、摘抄和复制作为支持指控的诉讼文书及案卷材料。受委托的律师自案件被人民法院受理之日起，有权查阅、摘抄和复制作为支持指控的所有材料。"草案关于阅卷权的上述规定公布后受到学界的批评。因为公诉人不仅是代表国家提起公诉的一方，而且还是国家法律统一正确实施的保护者，公诉人负有全面收集证据，包括收集证明被告人有罪和无罪两方面证据的义务。根据证据的证明作用是肯定还是否定犯罪嫌疑人、被告人实施的犯罪行为，可以将证据分为有罪证据与无罪证据。很显然，所谓"支持指控"的证据应属于有罪证据，这样不仅有悖于控方职责要求，而且对律师阅卷范围的过多限制也不利于律师阅卷权的充分保障，从本条规定修改为“与案件有关的诉讼文书及案卷材料”、“与案件有关的所有材料”来看，这实际上已接受了学界关于阅卷范围的意见。“与案件有关的诉讼文书及案卷材料”很显然是与案件有关的所有材料。有理由认为，与案件无关的材料，在移送审查起诉前即已由侦查机关予以排除在外，因此进入审查起诉阶段的只能是与案件有关的材料。

修订颁行实施的律师法第34条规定：“受委托的律师自案件审查起诉之日起，有权查阅、摘抄和复制与案件有关的诉讼文书及案卷材料。受委托的律师自案件被人民法院受理之日起，有权查阅、摘抄和复制与案件有关的所有材料。”

将上述规定对照相关证据开示理论，我国的证据开示制度实际上即为阅卷制度。笔者认为，我国的阅卷制度也是证据开示的一种，是单向、不对等的证据开示。在这种制度下，律师享有阅卷权。律师“阅卷难”的问题是在1996年修订刑事诉讼法时出现的问题，1996年修订立法之时为了防止审判人员庭前预断，而取消了原先法律中有关移送全案卷宗的规定，而代之以“主要证据复印件”移送，但这项变化却在相当程度上限制了律师查阅案件证据材料的范围。新律师法第34条就是为了解决“阅卷难”问题而修订的。阅卷权是指在起诉、审判阶段查阅、摘抄、复制案件材料的权利。[①] 需要注意的是阅卷制度不仅存在于审前阶段，而且也存在于审判阶段，而证据开示制度则仅存在于审前阶段和审判阶段发现新证据的情况下。

联合国《关于律师作用的基本原则》第21条规定：“主管当局有义务确保律师能有充分的时间查阅当局所拥有或管理的有关资料、档案和文件，以便使律师能向其委托人提供有效的法律协助。

① 刘健主编：《中华人民共和国律师法释义》，中国法制出版社2007年11月版，第135页。

应该尽早在适当时机提供这种查阅的机会。”按照该准则的要求，律师有权对卷宗的任何材料、任何部分进行查阅、摘抄、复制。律师阅卷制度设置的目的是为了解决信息不对称问题，在当前中国国情下，继续完善律师阅卷制度是比较契合中国实际的。我国现在修改律师法，扩大阅卷范围，是符合国际上刑事司法发展趋势的。

此外，为配合律师法 2008 年 6 月 1 日的正式实施，2008 年 5 月 21 日最高人民法院、司法部《关于充分保障律师依法履行辩护职责，确保死刑案件办理质量的若干规定》（法发〔2008〕14 号）进一步对保障律师阅卷权作了更为明确的规定。该规定第 5 条规定：“人民法院受理死刑案件后，应当及时通知辩护律师查阅案卷，并积极创造条件，为律师查阅、复制指控犯罪事实的材料提供方便。人民法院对承办法律援助案件的律师复制涉及被告人主要犯罪事实并直接影响定罪量刑的证据材料的复制费用，应当免收或者按照复制材料所必需的工本费减收。律师接受委托或者被指定担任死刑案件的辩护人后，应当及时到人民法院阅卷；对于查阅的材料中涉及国家秘密、商业秘密、个人隐私、证人身份等情况的，应当保守秘密。”这条规定强调在审判过程中，人民法院应充分保障律师查阅、复制的权利，这对于辩护权的有效行使、辩方证明权的充分保障是具有积极意义的。

## 第二节　证据开示制度的构建

科学构建证据开示制度，确保辩方能够及时、充分地阅卷，是保障辩方证明权的需要。从证据开示制度的目的来说，其设立的初衷旨在解决辩方的先悉权问题。因此，无论是双向还是单向的证据开示抑或阅卷制度，关键在于保障辩方及时获得控方信息以做好准备。正如学者所言：对待是否要建立证据开示制度这一问题，应当转化思路，从保障辩护方证据先悉权的角度来推进下一步的改革。无论是阅卷制度还是证据开示制度，所要解决的问题都是保障被追诉方的证据先悉权，增强辩护能力。无论采用哪种模式，我们都不能回避解决辩护方的证据先悉权问题是目前司法实践的当务之急。即使重新采用1996年刑事诉讼法修改以前的阅卷制度，只要能够实现阅卷法官与审判法官的适当分离，也是能够较好地实现保障先悉权这一根本目的的。[①] 对此，笔者持同样的观点，关键是如何确保审前证据信息的“先悉”，避免庭审“措手不及”。当然，我们也必须考虑，证据开示制度所具有的功能不仅是保障辩方的权利，还包括事实真实、程序正义、诉讼效率等其他功能。因此，应综合考虑。在我国应当建构符合我国当前刑事诉讼司法实践和立法状况这一国情的证据开示制度。

## 一、控辩双方的证据开示

结合有关理论成果和上述域内外考察的情况，为切实保障辩方的证明权，证据开示制度可设定为如下规定：（1）受委托的律师自案件审查起诉之日起，有权查阅、摘抄和复制与案件有关的诉讼文书及案卷材料。说明：按照当前的法律规定，律师自审查起诉之日起已享有此权利，因而此项规定并无法律障碍。（2）辩护律师有权申请进行证据开示，但由检察机关根据案件情况决定。说明：赋予辩护律师申请证据开示的权利是必要的，但为了避免在不必要的情况下耗费诉讼资源，应当由检察机关根据案件情况决定。（3）检察机关根据案件情况有权主动决定进行证据开示。说明：检察机关根据案件的繁简、复杂程度可依职权主动决定进行证据开示。（4）其他辩护人经检察机关许可，也有权查阅、摘抄和复制与案件有关的诉讼文书及案卷材料。说明：在我国，有许多案件的辩护人并非律师，尽管对其权利需设定不同于律师辩护人的规定，但确保其阅卷权，是保障其辩护权的最低要求，否则很难有效行使辩护

---

① 程雷、张文静：“中美‘证据开示理论与实务专题’研讨会会议综述”，载《中国司法》2004年第7期，第93页。

权。(5) 犯罪嫌疑人、被告人有权要求采取技术性手段复制与案件有关的证据。但是证据与被追诉者被诉事实无关或足以妨害另案侦查的，或涉及国家秘密、他人隐私或商业秘密的，检察机关有权拒绝。说明：此项条款主要结合了我国的国情，由于大量案件无辩护人，被追诉者只能自行辩护，在此情形下作此规定非常必要。具体分析如下：

第一，立法已从制度上破解了律师"阅卷难"的问题。由于我国律师法修订后，已赋予了律师全面的阅卷权，在可预见的将来，刑事诉讼法修订时必定要进行相应的衔接，这种衔接一个重要的方面就是要赋予辩方尤其是辩护律师的全面阅卷权。辩方证据开示制度设立的一个重要原因是律师在侦查阶段的有限介入、在审查起诉阶段的有限阅卷，而在新律师法框架下，按照法律规定律师可以"自由会见"① (当然制度的具体规定和实施效果并非一回事)，同时在笔者前文的设想中主张应赋予辩方在侦查阶段的自行调查取证权、申请调查取证权等，因此辩方的权利已经得到了有效保障。这时再主张按照既有设想，采取"一刀切"的方式对所有案件进行证据开示，是不合适的，所以笔者主张可选择的方式。

第二，国际刑事司法准则允许单向证据开示制度的存在。如上所述联合国《关于律师作用的基本原则》第 21 条所规定的："确保律师能有充分的时间查阅当局所拥有或管理的有关资料、档案和文件"在这里"确保律师能有充分的时间查阅当局所拥有的或管理的有关资料、档案和文件"是主管当局的义务。显然这与建立在当事人主义基础之上的证据开示制度是有差异的。② 国际司法准则

---

① 新律师法第 33 条规定："犯罪嫌疑人被侦查机关第一次讯问或者采取强制措施之日起，受委托的律师凭律师执业证书、律师事务所证明和委托书或者法律援助公函，有权会见犯罪嫌疑人、被告人并了解有关案件情况。律师会见犯罪嫌疑人、被告人不被监听。"

② 顾永忠："刑诉法再修改：完善辩护制度势在必行"，载《法学家》2007 年第 4 期。

所要求的并非是双向的开示，这是适合各种诉讼模式的证据开示，着重强调“当局”对律师权益（实际上最终是被追诉者的合法权益）的保护。因此，我国现行的阅卷权符合国际司法准则的要求，关键是“确保律师能有充分的时间查阅当局所拥有或管理的有关资料、档案和文件”，而修订后的律师法是符合此要求的。

第三，全面的阅卷权保障了辩方的权利。关于证据开示问题，即使在当事人主义之下也是一个微妙的问题。在职权主义刑事诉讼中，不管证据是否对被告人有利，检察官要向法院提交所有的证据，由法院从中探究真相。现行法对这种做法明确地作了否定。检察官自己在对证据作出选择基础上，使用最好的证据进行举证。但是，当存在着表明被告人有罪的证据 a、b，以及对此提出疑问的证据 c 的时候，检察官是否可以基于 c 是不可信的判断，而无视 c 证据，仅仅申请对 a、b 进行调查呢？对此无条件地加以肯定是不恰当的。但是如果反过来要求检察官提交其并不相信的证据的话，就会使检察官陷入矛盾状态，这有悖于当事人主义的宗旨。因此，对于 c，可以通过向被告人方开示的方式进行处理，将是否请求证据调查交由被告人方判断比较适当。[①] 由于在新的立法框架下，辩方的阅卷权得到了充分保障，辩方了解控方证据，避免其进行“证据突袭”的情况基本不会再出现，因此此时不进行双向的证据开示，对于辩方的私权利不会产生直接的影响，而且这时的阅卷权既然是一项权利，辩方也有权放弃，因此其有时基于自身成本或其他方面考虑而不阅卷。

第四，司法资源有限性决定了不能所有案件都进行证据开示。“英美法系国家的证据开示制度主要适用于占全部刑事案件约 10% 左右的陪审团审判的案件，其他大量的案件主要通过简易审判方式或非审判方式解决。而我国每年有多达七、八十万件的刑事案件通

① ［日］松尾浩也著：《日本刑事诉讼法（上卷）》，丁相顺译，中国人民大学出版社 2005 年版，第 262 ~ 263 页。

过法庭审判加以解决，采取证据开示制度需要巨大的诉讼资源和社会资源。这些都表明在我国建立类似英美法国家那样的证据开示制度缺乏相应的法律基础、文化基础和经济基础。”[①] 我国现行的刑事诉讼制度在可预见的将来难以迅速作较大变动，这样大量案件进入庭审的情况下，仿照西方国家进行所谓的双向证据开示，是既不可能，也不必要的。目前国家的司法资源是比较紧缺的，各地司法人员都紧缺，如十届全国人大代表、贵州省检察院原检察长王安新指出基层检察院人才短缺亟待解决，贵州省检察机关编制 5500 余人，但空编的就有 1000 余人”。[②] 审判机关和检察机关是重要的国家机器，在国家政治、经济、文化生活中具有重要的作用。为解决当前存在的西部及贫困地区的一些基层人民法院、人民检察院程度不同出现的法官、检察官短缺问题，2006 年 3 月 9 日中共中央组织部、中央机构编制委员会办公室、最高人民法院、最高人民检察院联合印发了《关于缓解西部及贫困地区基层人民法院、人民检察院法官、检察官短缺问题的意见》。我国检察院、法院系统人才紧缺的问题正在努力缓解，但要解决仍有待时日，这个问题不仅在西部及贫困地区存在，而且在很多发达地区也存在人员紧张的问题，如广东省人民检察院检察长张学军 2007 年 1 月 20 日在广东省十一届人大一次会议上作报告指出：“广东省检察机关 5 年共批准逮捕各类刑事犯罪嫌疑人 502764 人，起诉 477089 人，以占全国检察机关 1/20 的人力，办理了全国 1/10 的批捕起诉案件。”[③] 当然司法资源的紧缺也不仅仅是人才方面的紧缺，涉及多个方面。因此，在目前情况下，主张刑事案件一律进行证据开示是不可能实行的，而且在新法的框架下，这种设想也是不必要的。

---

① 顾永忠：“刑诉法再修改：完善辩护制度势在必行”，载《法学家》2007 年第 4 期。

② “全国人大代表提出基层检察院人才短缺亟待解决”，载《检察日报》2006 年 3 月 5 日。

③ “以全国 5% 人力办 10% 案子”，载《广州日报》，2008 年 1 月 21 日 A4 版。

第五，证据开示应被视为权利。由于在刑事诉讼中，辩方处于取证能力的弱势地位，即使有笔者上文中所分析的相关制度，但这种弱势地位仍难以改变，因此尽管辩方能通过阅卷的方式实现庭前充分了解案情、充分准备的目的，但不排除辩方有将自己证据开示给控方的利益，因为如前所述，辩方有协同发现真实的权利，其有权通过证据开示的方式促进控方了解本方证据，这里潜藏着某些利益，如控方认为证据可能不利于指控，而撤回指控或不起诉等。但由于司法资源等方面的原因，这种权利行使不可能全都能得到满足，所以笔者认为，应由检察机关根据案件情况和机关情况决定是否进行双向证据开示，与其设置了制度在司法实践中无法推行，不如在制度设计时，留有空间，让司法机关自行根据个案和机关自身情况决定，这样有利于保障法律的安定性和权威性。

第六，控方应有权主动依职权进行双向证据开示。尽管司法资源有限，但毕竟对抗制因素在我国刑事诉讼中正在加强，因此如果一律否定控方有权主动进行证据开示，将会影响事实真相的查明、实体正义的实现和社会公益的维护。笔者在全文中极力主张扩大辩方在刑事诉讼中的证明权，这些权利的加强，将使辩方的防御和攻击能力得到大幅加强，这时如果不进行证据开示，将会出现与现实相反的一幕，检察官面临辩方的“证据突袭”无可奈何，从而重新取证，导致诉讼拖延。有学者调研报告写道：“检察官根据切身体验提出：律师庭前取得的证据，公诉人应当事先知道，因为在一部分案件中，律师没有把已经掌握的证据在开庭前提交法院，而是在开庭时才突然拿出来，并且会对法官解释：是刚刚才搜集到的，所以不能在开庭前3天提交法院，……但实事求是地说，这种突然抛出的证据，有时会给审判带来麻烦，不得不延期审理，检察官也不得不去搜集新的证据来对付这个突然抛出的证据。”[①] 可见，在

① 张华、张景苏、李克：“关于刑事证据开示问题的调研报告——兼论刑事证据开示制度的完善”，载《北京政法职业学院学报》2005年第3期，第18页。

辩方证明权得到加强的情况下，还是有必要进行证据开示的，但这由检察机关根据案件情况和机关实际决定。笔者这种构想，建立在这样一个经验性的认识上，即司法资源紧缺的地方，往往律师资源也会紧缺，相应的，辩方取证能力无法与国家司法机关有效抗衡；反过来，司法资源不紧缺的地方，往往律师资源也很发达，相应的，律师取证能力就会增强，有些时候能与检察机关展开诉讼攻击和防御。

第七，犯罪嫌疑人、被告人能够附条件享有阅卷权。从立法上来看，往往都从制度上限制犯罪嫌疑人、被告人的阅卷权，无外乎认为“被告可能因此对不利于己之证据有‘篡改或湮灭卷证’之危险，甚至进而威胁或恐吓证人，以致妨碍真实发现。这当然是不可轻忽的危险，但是有必要在所有个案均采取如此‘坚壁清野’式的全盘隔离方式，才能使侦查效率及真实发现要求不至受损，值得怀疑。”① 实际上，当今科技日新月异，高科技快速发展，以前所面临的风险不复存在，应当在确保安全的情况下允许犯罪嫌疑人、被告人有条件地阅卷。况且内地未实行强制辩护制度，大量案件被告人无辩护人，如果仍不允许犯罪嫌疑人、被告人有条件的阅卷，显然不利于其自行辩护权的保护。

第八，其他辩护人的阅卷权。按照现行刑事诉讼法，其他辩护人经人民检察院许可有权阅卷，这在律师阅卷权扩大后，也应同步得到拓展。因此，笔者认为，其他辩护人经检察机关许可，也有权查阅、摘抄和复制与案件有关的诉讼文书及案卷材料。由于有些案卷里的证词如果随意泄漏可能导致打击报复，尤其是非律师辩护人的阅卷，应当经过许可后方可让其进行阅卷，避免产生不利影响。

综上所述，通过完善证据开示制度，使得辩方自审查起诉之日起即能充分了解控方“武器”，从而做好诉讼防御准备，收集相关证据，从而在庭审中积极提出证据并有针对性地进行质证，并请求

① 杨云骅：“阅卷权的突破”，载《台湾本土法学》2005年5月第70期。

法院公正裁判，从而实现对辩方证明权进行保障的目的。

## 二、辩方在法院受理后有权阅卷

证据开示制度应延伸至审判阶段，应允许辩方自人民法院受理之日起阅卷。因此，作为完整意义上的证据开示制度包括人民法院受理之后，辩方向人民法院申请阅卷的权利，但此时的证据开示只是单向的证据开示。按照有关法律规定应将审判阶段的阅卷权规定为：（1）律师自案件被人民法院受理之日起，有权查阅、摘抄和复制与案件有关的所有材料。（2）其他辩护人经人民法院许可，也可以查阅、摘抄、复制上述材料。（3）被告人有权要求采取技术性手段复制与案件有关的证据。但是证据与被追诉者被诉事实无关或足以妨害另案侦查的，或涉及国家秘密、他人隐私或商业秘密的，法院有权拒绝。上述规定的理由此处不再展开。

# 第八章　证明权与质证

依照我国法律规定，公诉机关有责任提供不利于和有利于被告人的证据，其在法庭调查过程中需要举证，而当事人也有权进行举证，如其可提供所持有的证据，可申请证人、鉴定人到庭等。按照我国刑事诉讼法的规定，公诉人和当事人都有权在法庭审理过程中依法举证。由于取证完毕后，即由掌握证据的公诉人或当事人根据证明需要向法庭提出，这个过程在司法实践中通常是能得到保障的。各方有权在法庭调查过程中举证，在法庭辩论阶段发表各自意见。也就是说，姑且不论当事人是否有证可举，如果其确有证可举，其还是有权向法庭举出的。至于举出后能否对事实认定产生影响、是否能受到重视，则另当别论。从查明事实真相，维护公正的角度来看，无论是控方还是辩方提供的证据，人民法院在审理过程中，都应平等对待，而不能简单地认为：控方作为公权力机关，其所举证据的证明力就一定大于辩方，就一定可信。任何一方在法庭调查过程中举出的任何证据能否作为认定案件事实的依据、对案件事实的认定具有多大证明力，都必须要经过法庭质证。由于举证权问题争议不大，此处主要讨论质证和质证权问题。

## 第一节　质证制度

### 一、质证制度基本理论

从被追诉人的角度来看，质证不仅是一项诉讼制度，而且是被追诉人的一项重要诉讼权利。“在法治发达国家，与控方证人当庭质证被认为是刑事被告人的一项基本权利，在有些国家，甚至被认为是公民的宪法权利。有些国际公约还将质证权宣告为公民的基本人权。"① 质证制度和质证权受到国家社会的普遍认可和重视。法官作为裁判者，要做到不偏不倚，就必须要在审判过程中，特别是法庭调查和法庭辩论时务必要认真听取各方意见，正所谓"兼听则明，偏听则暗"。从逻辑上来看，任何一方举证都是为了证明其主张或欲证明的事实，举证之时往往着重说明其所能证明的对象，在较多情况下忽视甚至漠视证据所蕴涵的其他信息。此外，举证并不代表必然能证明所欲证明的对象，在证据客观性、关联性、合法性问题上、在证明力和证据能力问题上往往都有许多"潜力"可挖，各方意见都呈现在法官面前，由其依法、依证作出评判。可见，质证非常重要，质证权不可忽视。

关于质证的概念目前学界仍然存在一定的争议，主要是因对质证对象的认识不同而所致。观点主要可以划分为3类：第一种观点认为质证的对象包含法律规定的全部证据种类。"所谓质证，是指在法庭审判阶段由双方当事人及其辩护人、代理人对有争议、不能直接采信的证据通过言词或者其他方式予以质疑、辩驳以查证其是否属实、能否作为定案根据的诉讼活动。"② "质证的对象是在审判中由一方提出并由对方进行质疑或质问的证据。质证的对象并不仅限于言词证据或证人证言，现行刑事诉讼法规定的全部7种证据应当并且都能成为质证的对象。法院调查收集的证据，也应当接受质证。"③ 此类观点认为对法定的7种证据种类进行质疑、辩驳及查证都是质证。第二种观点认为质证的对象仅指言词证据。质证是在法庭审理阶段由控辩双方针对对方提出的言词证据进行质疑、辩驳

---

① 陈永生："论辩护方质证的权利"，载《法商研究》2005年第5期，第87页。

② 刘金友主编：《证据法学（新编）》，中国政法大学出版社2003年版，第313～314页。

③ 廖明："论刑事质证的对象"，载《云南大学学报法学版》2005年第1期，第87页。

的诉讼活动，不包括实物证据。第三种观点认为质证的对象仅指证人证言。“刑事质证是指在刑事审判的法庭调查阶段，公诉人、被害人、被告人和辩护人在法庭上对与证人证言有关的疑难问题，以提问的方式进行核实查证的诉讼活动。”① 即认为质证只是在法庭审理阶段由控辩双方针对对方的证人证言所进行的质疑、辩驳的诉讼活动。

上述三种观点对质证对象的界定呈现范围逐步缩小的态势，前两种观点可谓是广义上的质证，而第三种则是狭义上的质证。那么依照我国有关规定，质证的对象到底是什么呢？这是研究质证权前需要回答的问题。现从立法、实践和理论 3 个角度分析如下：

从立法上来看。我国刑事诉讼法第 47 条规定：“证人证言必须在法庭上经过公诉人、被害人和被告人、辩护人双方讯问、质证，听取各方证人的证言并且经过查实以后，才能作为定案的根据”。从这条规定来看，似乎质证对象仅限于证人证言，这往往是主张质证对象仅为证人证言观点的主要理由。《最高人民法院关于〈中华人民共和国刑事诉讼法〉若干问题的解释》第 58 条第 1 款也规定：“证据必须经过当庭出示、辨认、质证等法庭调查程序查证属实，否则不能作为定案的根据。”这条规定中的“证据”显然不限于证人证言，因为依照我国刑事诉讼法第 42 条的规定，“证明案件事实的一切事实，都是证据。证据有下列 7 种：（一）物证、书证；（二）证人证言；（三）被害人陈述；（四）犯罪嫌疑人、被告人供述和辩解；（五）鉴定结论；（六）勘验、检查笔录；（七）视听资料。”结合司法解释和立法，可知我国立法的本意并未将质证的对象局限于言词证据或者证人证言。

从司法实践来看。在我国各级法院的庭审过程中，上述立法中的 7 个证据种类都可以成为质证对象，“诚然，针对不同种类的证据，质证的方式可能有所不同。针对证人证言、被害人陈述、犯罪

① 江平主编：《中国司法大辞典》，吉林人民出版社 1991 年版，第 260 页。

嫌疑人、被告人供述和辩解等言词证据来说，质证的基本方式是质问或交叉询问。针对物证、书证、视听资料等实物证据来说，质证的主要方式是对证据的内容或特征提出质疑，也包括对收集、提取、保管、提交该实物证据的人进行交叉询问。可见，将质证对象仅限于言词证据，尤其是证人证言，太囿于法庭上的直观表现，是不正确的。”① 笔者也持此观点，无论各个学者持何种观点，将质证范围褊全局限于言词证据或证人证言是“闭着眼睛”在说话，不符合我国司法实践的状况，也会导致质证范围褊狭，致使对实物证据质证的忽视。

从证据理论来看。在刑事诉讼中为避免秘密审判，强调证据必须依法经过法庭调查程序方能考虑其是否可以作为事实认定的根据，这是证据裁判原则的要求。未经庭审证据调查程序，由各方进行质证的证据，是不能作为事实认定根据的。因此，实物证据未经质证不能作为认定事实的根据。

综上，质证的对象不应仅限定为言词证据或者是证人证言，还应包括立法规定的全部 7 个证据种类。所谓质证，是指在法庭审判阶段由控辩双方以及其他诉讼参与人对有争议、不能直接采信的证据进行质疑、辩驳以查证其是否属实、能否作为定案根据的诉讼活动。对于证人证言、被害人陈述、犯罪嫌疑人、被告人供述和辩解等言词证据来说，质证的基本方式是质问或交叉询问。对于物证、书证、视听资料等实物证据来说，质证的基本方式是对证据所包含的信息提出质疑，如上所述，也包括对收集、提取、保管、提交该实物证据的人进行交叉询问。

这里的问题是：辩方质证的对象是否包括本方证据？我们知道辩方质证既然是质疑、辩驳，那么所针对的必然是有争议、不能直接采信的证据，一般情况下这些证据是指对方提供的证据，本方所

---

① 廖明：“论刑事质证的对象”，载《云南大学学报法学版》2005 年第 1 期，第 88 页。

提供证据一般不存在这种情况，但言词证据往往会因为种种因素被对方“利用”或“叛变”成敌意证人，即使是本方提供的身为“哑巴证据”的实物证据也不排除成为于己不利证据的可能。因此，所谓有争议、不能直接采信的证据，对于辩方来说即为“于己不利”的证据。《公约》第14条第3款戊项规定：“询问或业已询问对他不利的证人，并使对他有利的证人在与对他不利的证人相同的条件下出庭和受询问”法庭审理过程中，控辩双方皆须提出证据，这里的“于己不利”或“对他不利”的证人通常情况下是指对方所提供的证人，但在特殊情况下，本方所提供的证人也可能“于己不利”。可见，这里的“于己不利”的证人不仅指对方证人，也指特殊情况下的本方证人。

因此，辩方质证的对象是辩方在法庭审判阶段对有争议、不能直接采信的于己不利的证据，既包括对方所提供的存有争议、不能直接采信的证据，也包括本方提供的出现“于己不利”情形的证据。至于本方提供的“于己有利”的证据则不属于质证的对象，其提供证据时发表意见的活动不是质证，而是属于举证的范畴。

## 二、质证制度的域内外考察及比较

### （一）质证制度的域外考察

国际刑事司法准则和两大法系都对质证制度有着较为明确的规定，有的国家质证程序规则较为规范、科学，值得借鉴。为了清晰了解有关规定，笔者采取国别的方式对有关国家和地区的规定进行考察和分析。

1. 国际刑事司法准则

《公约》第14条第3款明确规定：“在判定对他提出的任何刑事指控时，人人完全平等地有资格享受以下最低限度的保证……（戊）询问或业已询问对他不利的证人，并使对他有利的证人在与对他不利的证人相同的条件下出庭和接受询问。"[①] 此条规定，被刑事指控的人享有询问对他不利的证人的权利即质证权，并且此权利被认为是审判公正的最低保障要求。可见，质证权是被追诉人的基本权利，控诉方要指控被追诉人，提出对其不利的证人，那么证人就应当出庭作证，与被追诉人面对面，在提供了不利于被追诉人的证言之时或者之后，应当承担接受被追诉方的质疑和辩驳。这既是被追诉人辩护权的表现，也是被追诉人积极维护自身合法权利、证明自己无罪、罪轻，控方证人指证不实的权利，所以是辩方证明权的表现。

2. 大陆法系国家和地区的规定

在德国，被告人不是交互诘问之主体，"依德国法，被告不得自行对证人、鉴定人交互诘问，仅得透过其辩护人为之"。可见德国刑事诉讼法并没有直接将质证权赋予被告人本人，而是由被告人的辩护人代为行使交叉询问权。这种做法乍看起来似乎是对被告人不利，实则不然。德国禁止被告人亲自对证人进行交叉询问，主要基于以下考虑："其一，交互诘问乃高度专业化、复杂化与技术化之操作规则，纵使经过长期培育的法律专才，都未必能够得心应手，何况是一般法律外行的被告？其二，被告与证人往往具有对立的紧张关系，尤其是证人是被害人之情形更是如此。因此，一般认为，透过辩护人居间来进行交互诘问，较为适宜。"[②] 可见，德国刑事诉讼法对被告人的质证权规定的更为务实，考虑的更为人性和周到一些。法律不允许被告人对证人直接询问，一是认为被告人没有得心应手的询问证人的能力，二是为了缓和被告人与证人直接面对面所可能造成的紧张关系，出于对证人的保护和尊重。但是，被告人不能直接询问证人并不能说被告人就没有质证权，因为辩护人

① 杨宇冠著：《人权法——〈公民权利和政治权利国际公约〉研究》，中国政法大学出版社 2003 年版，第 409 页。

② 林钰雄著：《严格证明与刑事证据》，台湾学林文化事业有限公司 2002 年版，第 245～246 页。

代为行使的质证权是源于被告人的基本诉讼权利的，所以说德国刑事诉讼法实质上还是赋予了被告人的质证权。

在日本，刑事诉讼法关于质证制度有着较为详细的规范，具体可从如下几个方面来看：

（1）关于法官的询问。《日本刑事诉讼法》第304条关于人证的调查方式规定："审判长或者陪席法官，应当首先询问证人、鉴定人、口译人或者笔译人。检察官、被告人或者辩护人，在前款的询问完毕后，经告知审判长，可以询问证人、鉴定人、口译人或者笔译人。"① 此条规定了在询问证人时，首先由法官询问，之后才是当事人的询问。此点与我国台湾地区的有关规定截然不同。但是该条同时规定："法院认为适当时，可以听取检察官和被告人或者辩护人的意见，变更前两款的询问顺序。"② 所以，在日本也可以首先由当事人进行询问，之后再由法官询问。

（2）关于被告人的在场权和对质权。《日本刑事诉讼法》第157条规定："检察官、被告人或者辩护人，可以在询问证人时在场。询问证人的日时及场所，应当预先通知依照前款规定可以在询问证人时在场的人。但可以在场的人预先已向法院明确表示不到场时，不在此限。"③ 此条规定了被告人的询问在场权。当有特殊情况被告人不能在场时，第304条之二关于"被告人的退庭"规定："法院在询问证人时，认为证人在被告面前会受到压迫而不能充分供述的，以有辩护人在场时为限，可以在提取检察官和辩护人的意见后，在该证人供述时，使被告人退庭。在此场合，当供述完毕后，应当使被告人入庭，告知其证言的要旨，并向他提供询问该证人的机会。"④ 这些规定表明日本刑事诉讼中，被告方享有与证人

① 宋英辉译：《日本刑事诉讼法》，中国政法大学出版社2000年版，第69页。

② 宋英辉译：《日本刑事诉讼法》，中国政法大学出版社2000年版，第69页。

③ 宋英辉译：《日本刑事诉讼法》，中国政法大学出版社2000年版，第35～36页。

④ 宋英辉译：《日本刑事诉讼法》，中国政法大学出版社2000年版，第70页。

面对面并询问证人的权利，即使在特殊的情况下，需要被告人退庭，那么法官在被告人再次入庭时，应当告知其有关证人作证的内容，并提供其询问证人的机会。《日本刑事诉讼规则》第124条规定："在必要时，可以使证人与其他的证人或者被告人进行对质。"① 可见，日本刑事诉讼法对被告人的质证权规定的较为全面和详细，即使不能保障被告人与证人在任何案件中都享有面对面的权利，但是被告人对于证人的质询权是不能克减的，是必须予以保障的。此点与我国台湾地区的有关规定相似。

（3）关于3种询问证人的方式。日本将对证人的询问划分为交叉询问、个别询问和一问一答式3种询问方式，规定的全面和详细足见日本对于被告人质证权的重视和保障程度。

（4）关于交叉询问的顺序。《日本刑事诉讼法》第304条规定："检察官、被告人或者辩护人，在前款的询问完毕后，经告知审判长，可以询问证人、鉴定人、口译人或者笔译人。在此场合，如果对该证人、鉴定人、口译人或者笔译人的调查，是依据检察官、被告人或者辩护人的请求而进行时，由提出请求的人首先询问。"② 也就是传唤证人的一方首先进行询问，但是是否存在完备的交叉询问，在日本刑事诉讼法中没有表现出来。

在我国台湾地区，将被告人的质证权称为"对质诘问权"。"对质"是指"使证人与被告或者其他证人，共同在场，彼此面对面互为质问之意。其内容应包括：一、被告与证人或者共同被告同时在场彼此面对面的权利；二、被告与证人或者共同被告互为质问的权利。"③ "诘问"权是指"在主问者询问证人完毕后，由他人对证人的再行讯问，以求发现疑点或澄清事实。"④ 也就是说被告人有权利要求与证人面对面对质于法庭，对证人的证言进行质疑，

① 宋英辉译：《日本刑事诉讼法》，中国政法大学出版社2000年版，第153页。
② 宋英辉译：《日本刑事诉讼法》，中国政法大学出版社2000年版，第69页。
③ 王兆鹏著：《刑事诉讼讲义》，台湾元照出版公司2003年版，第290页。
④ 王兆鹏著：《刑事诉讼讲义》，台湾元照出版公司2003年版，第291页。

为维护自己的权利进行辩论。“‘诘问’与‘对质’最根本、最重要的差异在于对质者为被告与证人同时在场互为面对面。”① 笔者认为对于对质和诘问并没有必要作细分，笼统地称为质证权即可。台湾学者将交互诘问认为是“发现真实的最佳利器”，② 台湾地区“刑事诉讼法”对交叉询问的顺序、交叉询问的有关规则有详细、具体规定。关于交叉询问的顺序和有关规则，具体可从以下几个方面来看：

（1）关于交叉询问的顺序。台湾地区“刑事诉讼法”第166条对证人、鉴定人之诘问规定：“一、先由声请传唤之当事人、代理人或辩护人为主诘问。二、次由他造之当事人、代理人或辩护人为反诘问。三、再由声请传唤之当事人、代理人或辩护人为复主诘问。四、再次由他造当事人、代理人或辩护人为复反诘问。前项诘问完毕后，当事人、代理人或辩护人，经审判长之许可，得更行诘问。证人、鉴定人经当事人、代理人或辩护人诘问完毕后，审判长得为讯问。”此条规定了主诘问（主询问）、反诘问（反询问）、复主诘问（再主询问）、复反诘问（再反询问），并且审判长可以在当事人询问证人之后直接询问证人。台湾地区“刑事诉讼法”还解决了这样一个难题，即当证人是双方当事人同时申请传唤之人，那么如何界定主询问和反询问的顺序呢？第166条规定：“两造同时声请传唤之证人、鉴定人，其主诘问次序由两造合意决定，如不能决定时，由审判长定之。”对此问题的解决，台湾以尊重当事人的合意为原则，当双方当事人不能协商解决时，法官作出决定确定询问的顺序。对于法院依职权传唤的证人，如何确定询问顺序呢？该条第6款规定：“法院依职权传唤之证人或鉴定人，经审判长讯问后，当事人、代理人或辩护人得诘问之，其诘问之次序由审判长

① 王兆鹏著：《刑事诉讼讲义》，台湾元照出版公司2003年版，第291页。

② 黄东熊等著：《刑事证据法则之新发展——黄东熊教授七秩祝寿论文集》，台湾学林文化事业有限公司2003年版，第263页。

定之。证人、鉴定人经当事人、代理人或辩护人诘问后，审判长得续行讯问。”法定顺序为：首先由审判长讯问，之后由审判长确定双方当事人询问的顺序。

（2）关于交叉询问的范围界定和禁止诱导性主询问规则。无论是主询问还是反询问，台湾地区“刑事诉讼法”都对其限定了范围。交叉询问不得漫无边际的放任自流，而是要严格在法定范围之内进行。我国台湾地区“刑事诉讼法”第 166 条第 1 款规定了主诘问之范围：“主诘问应就待证事项及其相关事项行之。为辩明证人、鉴定人陈述之证明力，得就必要之事项为主诘问。”也就是只要涉及案件事实和证人、鉴定人证言可信性的事项都属于主询问的范围，其范围实质是比较宽泛的。但是在主询问中有一条重要规则就是禁止诱导性主询问规则，该条法律同时规定了若干例外规定：“一、未为实体事项之诘问前，有关证人、鉴定人之身份、学历、经历、与其交游所关之必要准备事项。二、当事人显无争执之事项。三、关于证人、鉴定人记忆不清之事项，为唤起其记忆所必要者。四、证人、鉴定人对诘问者显示敌意或反感者。五、证人、鉴定人故为规避之事项。六、证人、鉴定人为与先前不符之陈述时，其先前之陈述。七、其他认有诱导诘问必要之特别情事者。”也就是说我国台湾地区的法律并不绝对禁止主询问中的诱导性询问，只是相对禁止，有条件的允许，属于原则加例外的模式。第 166 第 2 款规定了反诘问之范围：“反诘问应就主诘问所显现之事项及其相关事项或为辩明证人、鉴定人之陈述证明力所必要之事项行之。行反诘问于必要时，得为诱导诘问。”反询问的范围限定在主询问的范围之内，并且反询问不受诱导性询问的限制。第 166 第 3 款、第 4 款、第 5 款分别规定了对新事项之诘问权、复主诘问之范围及行复主诘问之方式、复反诘问之范围及行复反诘问之方式，与前面主询问和反询问基本相似。

（3）关于交叉询问的禁止性规则。台湾地区“刑事诉讼法”第 166 第 7 款规定：“下列之诘问不得为之。但第 5 款至第 8 款之情形，于有正当理由时，不在此限：一、与本案及因诘问所显现之事项无关者。二、以恫吓、侮辱、利诱、诈欺或其他不正之方法者。三、抽象不明确之诘问。四、为不合法之诱导者。五、对假设性事项或无证据支持之事实为之者。六、重复之诘问。七、要求证人陈述个人意见或推测、评论者。八、恐证言于证人或与其有第一百八十条第一项关系之人之名誉、信用或财产有重大损害者。九、对证人未亲身经历事项或鉴定人未行鉴定事项为之者。十、其他为法令禁止者。”其中既涵盖了我国大陆刑事诉讼法规定的关联性规则、保护证人的一些规则，还有其他一些独特的规则，如不得为不明确之诘问、不得重复诘问、不得对假设性、意见性事项诘问等。需要注意的是，在我国大陆，对于诱导性询问是绝对禁止的，但是在台湾地区只是禁止不合法的诱导性询问，合法的诱导性询问是允许的。

(4) 关于异议规则。台湾地区“刑事诉讼法”第 167 条第 1 款规定了当事人的声明异议权：“当事人、代理人或辩护人就证人、鉴定人之诘问及回答，得以违背法令或不当为由，声明异议。”只要当事人认为诘问有违法或者不当之处，就可以向法院声明异议，法官视有无理由作出不同的决定，并且对于此异议的处理决定，第 6 款规定当事人不得声明不服。

(5) 关于在场规则。台湾地区“刑事诉讼法”第 168 第 1 款规定了当事人在场权：“当事人、代理人、辩护人或辅佐人得于讯问证人、鉴定人或通译时在场。前项讯问之日、时及处所，法院应预行通知之。但事先陈明不愿到场者，不在此限。”此条说明在场权是当事人的权利，既然为权利，当事人可以放弃。对于特殊情况下，不得不命被告人退庭时，也必须在被告人入庭之后告知其证人证言要旨，并保障其对质的权利。

3. 英美法系国家的规定

英美法系国家有关质证权的规定，以美国最为典型。美国有关质证权的规定可从以下几个方面来看：

第一，质证权是被告人的宪法性权利。质证权起源于英美法系，并在英美法系得到全面发展，被告人享有与证人对质的权利，是英美法系国家刑事审判程序的重要特点。质证权在美国被认为是被告人的宪法性权利，美国宪法增修条文第6条规定刑事被告的"对质诘问权"："所有刑事被告有与证人对质诘问的权利(right to be confronted with the witnesses against him)。"[①]在1965年的波因特诉得克萨斯案中，联邦最高法院最终确认，质证权为公民的宪法权利，属联邦宪法第14条修正案正当程序的基本要求，因而不仅适用于联邦，而且适用于各州，[②] 可见质证权在美国刑事司法中占有重要地位，是被告人不可剥夺、不可削减的宪法性权利。《美国联邦证据规则》第614条规定："法院可依职权或一方当事人的建议，传唤证人，且所有当事人都有对该证人进行交叉询问的权利。"[③] 这一证据规则即赋予了被告人对证人进行交叉询问的权利，而交叉询问是被告人质证权的核心内容。美国学者认为"质证是指在刑事法律中，使证人面对被告人，以便后者可以对证据提出任何反对意见，或由证人对被告人的情况予以证明。宪法中规定的质证权利，不仅指被告人可以看见证人，更重要的是指可以进行交叉询问的宪法特权。实际上，质证权的重点，就是交叉讯问的权利。"[④]。此外，美国对交叉询问的规则进行了具有可操作性的详细的规定，主要包括3部分：交叉询问的法庭指挥者、交叉询问的范围和限制诱导性主询问的规则。

第二，交叉询问中的法官、交叉询问的范围和规则。具体笔者从以下几个方面分析：

---

① 王兆鹏著：《美国刑事诉讼法》，北京大学出版社2005年版，第363页。

② 陈永生："论辩护方质证的权利"，载《法商研究》2005年第5期，第89页。

③ 陈界融译：《〈美国联邦证据规则（2004）〉》，中国人民大学出版社2005年版，第72页。

④ 刘金友主编：《证据法学（新编）》，中国政法大学出版社2003年版，第314页。

关于交叉询问的法庭指挥者。《美国联邦证据规则》第611条规定了询问与证据提出的方式与顺序：“（a）法院的控制：法院应合理控制询问证人与提出证据的方式与顺序，为（1）使询问（证人）与提出（证据）有效于真实的发现，（2）避免时间的不必要浪费和（3）保护证人免受困扰或不当窘迫。”① 可见，虽然美国是典型的当事人主义国家，但是法官的消极中立并不是当事人主义的应有之义。在美国，法官在诉讼的进程中充当着诉讼指挥者的角色。在对证人进行交叉询问过程中，一切诉讼活动并不是放任自流的，而是在法官的掌控之中。法官对于询问证人的方式和顺序有程序控制权，既有利于迅速高效的发现事实真相，又可以对证人提供及时、有效的保护。《美国联邦证据规则》第614条规定：“法院可依职权或一方当事人的建议，传唤证人。”“证人，不论是法院自己传唤或者由当事人传唤，法院都可以询问。”② 可见，证人的传唤分依申请传唤和依职权传唤两种，在任何一种情况下，法官都有询问证人的权利。法院对于证人能否被传唤出庭作证，享有很大的决定权。法官的这种积极主动的对诉讼活动的干预，也表明了美国对于大陆法系的特点的积极吸收和借鉴。尽管如此，当事人对于法官的传唤和询问证人的行为，也不乏异议表达程序。《美国联邦证据规则》第614条（c）规定：“对法院传唤或询问证人的异议，可以在当时或在陪审团不在场时的下一个可用的机会提出。”③ 这样，在审判方和被告方之间形成了一个很好的制衡关系，使交叉询问程序有条不紊的依法进行。

关于交叉询问范围的界定。交叉询问主要分为主询问和反询

① 陈界融译：《〈美国联邦证据规则（2004）〉》，中国人民大学出版社2005年版，第66页。

② 陈界融译：《〈美国联邦证据规则（2004）〉》，中国人民大学出版社2005年版，第72页。

③ 陈界融译：《〈美国联邦证据规则（2004）〉》，中国人民大学出版社2005年版，第72页。

问。“举证方的主询问（examination - in - chief）。请求传唤证人的一方对该证人首先进行询问。这被称为‘主询问’，或称‘直接询问’（directly - examination）。主询问以举证方的开庭陈述为基础，其意义在于为举证方的诉讼主张正面提供证据事实的支持。控辩双方都必须通过主询问来证明自己的诉讼主张。”① 主询问主要是传唤证人的一方对于传唤的证人的询问，主要目的在于立证，亮明本方观点。“对方的反询问（cross - examination）。在主询问结束后，对方当事人可以针对证人在主询问时陈述的内容或与此相关的事项对该证人进行反询问。反询问有两个目的：第一，暴露对方证人的证词矛盾、错误或不实之处，以降低其证据的价值，或者证明这个证人是不可靠的。第二，使对方证人承认某些有利本方的事实。”② 反询问主要是对方当事人对证人所进行的有针对性的询问，不论是质疑、削弱证人证言的证明力，还是想方设法套出证人于己有利的证言，其相对于主询问的立证而言，主要是为了推翻立证的，使对方当事人的主张不能得到法官的支持。之后，还有再主询问、再反询问，交叉进行，所以叫交叉询问。交叉询问的主询问和反询问都是有范围界定的，漫无边际的询问只会影响事实真相的查明和诉讼进行的效率。《美国联邦证据规则》第611条“（b）交叉询问的范围：交叉询问应当限定在直接询问的主要事项和影响证人可信性的事项范围之内。法院可依其自由裁量权，允许对其他额外事项如同在直接询问中（一样）进行询问。”③ 此条表明，主询问一般不作具体限制，但是不言而喻的要限定在与案件事实有关的、于己有利的事实上。反询问的范围是争议比较大的，反询问能否超越主询问

① 龙宗智：“论我国刑事审判中的交叉询问制度”，载《中国法学》2000年第4期，第81~92页。

② 龙宗智：“论我国刑事审判中的交叉询问制度”，载《中国法学》2000年第4期，第81~92页。

③ 陈界融译：《〈美国联邦证据规则（2004）〉》，中国人民大学出版社2005年版，第67页。

的范围呢？根据上述证据规则的规定，反询问应当限定在主询问的范围之内和影响证人可信性的事项范围之内。笔者认为其实质意义在于反询问原则上不可超越主询问的范围，但是例外情况下可以有一部分超越：一是有关证人证言可信性的事项；二是法官依据自由裁量权准予扩张的事项。

关于禁止诱导性主询问规则。《美国联邦证据规则》第611条"（c）诱导性问题：除推进证人证言所必需外，在对证人的直接询问中，不得询问诱导性问题。在交叉询问中，通常可以允许询问诱导性问题。当一方当事人传唤敌意证人、对方当事人或认同对方当事人的证人（作证）时，可以就诱导性问题询问。"① 在直接询问中限制进行诱导性询问，除非为推进证人证言所必需。因为诱导性询问容易对证人作证的内容进行诱导和潜在的影响，从而影响证人证言的真实性。但是，对于敌意证人、对方当事人或认同对方当事人的证人作证时，可以进行诱导性询问。对于反询问没有禁止和限制诱导性询问的条款。笔者认为，主询问和反询问并不是区分否限制进行诱导性询问的关键点，无论是属于哪种询问，只要是与本方意见一致的证人（包括本方证人和对方证人）就不可以对其诱导性询问；只要是与本方观点不一致的证人无论是本方证人还是对方证人以及对方当事人都可以进行诱导性询问。是否有利于本方，是区分能否进行诱导性询问的关键，只要是于己不利的人证，都可以进行诱导性询问。

（二）质证制度的域内现状

在考察完其他国家和地区关于质证权规定的情况下，下面分析我国法律和司法解释中有关辩方质证权的规定。

关于证人证言的质证问题。我国刑事诉讼法第47条规定："证人证言必须在法庭上经过公诉人、被害人和被告人、辩护人双

---

① 陈界融译：《〈美国联邦证据规则（2004）〉》，中国人民大学出版社2005年版，第67页。

方讯问、质证，听取各方证人的证言并且经过查实以后，才能作为定案的根据。”《最高人民法院关于〈中华人民共和国刑事诉讼法〉若干问题的解释》第 58 条规定：“证据必须经过当庭出示、辨认、质证等法庭调查程序查证属实，否则不能作为定案的根据。对于出庭作证的证人，必须在法庭上经过公诉人、被害人和被告人、辩护人等双方询问、质证，其证言经过审查确实的，才能作为定案的根据；未出庭证人的证言宣读后经当庭查证属实的，可以作为定案的根据。”可见，被告人对于证人享有质证的权利，证人应当出庭作证接受质询。

关于当庭质证的顺序和规则问题。《最高人民法院关于〈中华人民共和国刑事诉讼法〉若干问题的解释》第 143 条规定：“向证人发问，应当先由提请传唤的一方进行；发问完毕后，对方经审判长准许，也可以发问。”第 146 条规定：“询问证人应当遵循以下规则：（一）发问的内容应当与案件的事实相关；（二）不得以诱导方式提问；（三）不得威胁证人；（四）不得损害证人的人格尊严。”这些规定表明被告人对于证人进行质证的基本规则，即交叉询问规则在我国已经存在和得到法律的肯定，确立了基本的交叉询问的顺序和交叉询问的关联性规则、禁止性规则。具体从以下几个方面来看：（1）交叉询问的顺序。由申请传唤的一方先进行主询问，之后经过审判长的准许，对方可以进行反询问。在交叉询问的进行中，有一个中间环节，即要经审判长准许才可以进行下去，言外之意就是，如果审判长不同意，那么对方当事人也就不能进行反询问。没有“有来有往”，也就不存在交叉询问了。可见，在我国法官对于交叉询问的进行具有决定性的作用。（2）交叉询问的关联性规则。交叉询问限于与案件事实有关联的事项。没有关联的事项不能在法庭上讨论、质疑和辩论。因为与案件事实毫不相关的事项没有辩论的价值和意义，而且容易混淆视听，误导裁判。所以交叉询问的内容应当与案件事实相关。（3）交叉询问的禁止性规则。进行交叉询问不得进行诱导性询问，不得威胁证人和损害证人的人格尊严。作为交叉询问的一项重要的规则——禁止诱导性询问规则，我国现行法律对主询问和反询问不加区分，也没有什么原则和例外的规定，一律禁止以诱导的方式询问证人，可以说是绝对的、坚决地禁止诱导性询问。

（三）质证制度的域内外比较

我国台湾地区的诸多规定与美国的相关规定相似之处较多，可见我国台湾地区在被告人质证权方面对英美法系国家的吸收和借鉴。从以上我国大陆和台湾地区的法律规定可见，两岸均认为被告人有权利与证人当庭质证，并且都规定了交叉询问的顺序和一些基本规则。但是不同之处也颇多，较大陆地区的法律规定而言，台湾地区的“刑事诉讼法”对主询问、反询问的顺序界定非常清晰和明确，对交叉询问的一些规则规定得更为具体，还有一些规则是我国大陆地区所没有规定的。这里先对海峡两岸关于质证权的规定进行比较：（1）当事人要求当庭与证人对质的权利。两岸当事人都有要求当庭与证人对质的权利，但是我国大陆地区规定原则上证人应当出庭作证，原则上被告人可以与证人面对面对质，但是在采纳书面证人证言的情况下，被告人的质证权将会落空。（2）法官积极的诉讼指挥权。两岸法官都发挥着积极地诉讼指挥权，但是在大陆地区法官的作用更具有决定性意义，直接决定着交叉询问能否进行下去。然而，在台湾地区法官在交叉询问中似乎“干预”的更多，对于双方当事人同时传唤的证人和法院依职权传唤的证人如何进行询问享有决定权，对于交叉询问的异议享有受理和处理权，对于被告人是否在场也享有一定的裁量权等，法官享有更灵活的对诉讼的指挥权。（3）交叉询问的顺序。我国台湾地区规定了主询问、反询问、再主询问、再反询问，而我国大陆地区只规定了主询问、反询问的顺序，之后如何进行未有规定。（4）交叉询问的范围。我国大陆地区只规定了关联性规则，即交叉询问限于与案件事实有关的事项，过于抽象和概括。而台湾地区对于交叉询问中主询问、反询问及以后的询问的范围都有具体明确的规定，易于操作。

(5) 法官询问的时间。台湾地区规定审判长可以在当事人询问证人之后直接询问证人。大陆地区对法官何时可以对证人进行询问未作规定，只是刑事诉讼法第156条规定："审判人员可以询问证人、鉴定人。"一般是法官可以随时对证人进行询问。(6) 不同传唤方式的询问顺序。对于双方当事人传唤的证人和法院依职权传唤的证人进行询问的顺序如何确定的问题，我国大陆地区没有规定，而台湾地区有较为具体的规定。(7) 关于交叉询问中的禁止诱导性主询问规则。我国大陆地区是一律禁止诱导性询问的，而台湾地区只是禁止诱导性主询问，在反询问中并不排斥进行诱导性询问，并且对禁止诱导性主询问也设置了若干例外。总体而言较大陆地区的法律规定更为合理和完备。(8) 交叉询问的禁止性规则。我国台湾地区法律列举的事项较大陆地区更为广泛、全面，大多规定大陆地区根本没有涉及。(9) 交叉询问中的异议程序。我国大陆的立法并无此程序，被告人如有异议如何处理，没有法律依据。而台湾地区对被告人的异议程序规定的较为完备。

结合上述分析，笔者认为，我国辩方质证权还存在以下几个方面的问题：

第一，辩方质证权的法律地位规定不明确。在美国，辩方质证权被认为是一项宪法性权利，美国宪法增修条文第6条规定刑事被告的"对质诘问权"："所有刑事被告有与证人对质诘问的权利(Right to be confronted with the witnesses against him)。"[①]可见辩方质证权法律地位之高。在日本，法律虽未明确辩方质证权的法律地位，但是也明确了辩方享有质证权，《日本刑事诉讼法》第157条、第304条之二规定，表明日本刑事诉讼中，被告方享有与证人面对面质证并询问证人的权利，即使在特殊的情况下，需要被告人退庭，那么法官在被告人再次入庭时，应当告知其有关证人作证的内容，并提供其询问证人的机会。《日本刑事诉讼规则》第124条

① 王兆鹏著：《美国刑事诉讼法》，北京大学出版社2005年版，第363页。

规定："在必要时，可以使证人与其他的证人或者被告人进行对质。"① 可见，日本刑事诉讼法对被告人的质证权规定的较为全面和详细，即使不能保障被告人与证人在任何案件中都享有面对面的质证权利，但是被告人对于证人的质询权是不能克减的，是必须予以保障的。综合来看，辩方质证权的法律地位较高。我国刑事诉讼法第47条规定："证人证言必须在法庭上经过公诉人、被害人和被告人、辩护人双方讯问、质证，听取各方证人的证言并且经过查实以后，才能作为定案的根据。"《最高人民法院关于〈中华人民共和国刑事诉讼法〉若干问题的解释》第58条规定："证据必须经过当庭出示、辨认、质证等法庭调查程序查证属实，否则不能作为定案的根据。对于出庭作证的证人，必须在法庭上经过公诉人、被害人和被告人、辩护人等双方询问、质证，其证言经过审查确实的，才能作为定案的根据；未出庭证人的证言宣读后经当庭查证属实的，可以作为定案的根据。"可见，我国刑事诉讼法赋予了被告人与证人质证的权利，证人应当出庭作证接受对质。但是，我国关于辩方质证权的规定仍然有很多不足，即规定质证权的立足点不同。其他国家规定质证权是以被告人的权利为立足点的，认为辩方有当场与证人对质的权利。而我国刑事诉讼法对质证权的界定是立足于判案、定案的，之所以要证人证言接受质证，主要考虑的是证人证言只有经过质证查证属实的才可以作为定案的根据。这样一来，似乎辩方的质证是为定案服务的，与其说质证是辩方的权利，不如说是法律为了查明事实赋予辩方的义务。我国刑事诉讼法对辩方质证权重视程度是不够的，过于重视定案的意义，而忽视了其作为权利的保障意义。

第二，辩方质证权的界定不明确。美国、日本等国家，大都在有关法律中界定了辩方质证权的具体内涵，主要是面对面的权利和交叉询问的权利，而我国刑事诉讼法只是概括的规定辩方有权对证

① 宋英辉译：《日本刑事诉讼法》，中国政法大学出版社2000年版，第153页。

人质证，至于询问是否“当场面对面”、是否“交叉询问”都没有明确的规定。

第三，交叉询问的顺序规定过于简单。其他国家和地区对交叉询问的内容都有很具体的规定，如交叉询问的顺序、交叉询问的范围等。完备的交叉询问不仅包括主询问、反询问，还包括再主询问、再反询问，以至于继续交叉询问下去。而我国刑事诉讼法没有涉及具体如何询问，《最高人民法院关于〈中华人民共和国刑事诉讼法〉若干问题的解释》第143条规定：“向证人发问，应当先由提请传唤的一方进行；发问完毕后，对方经审判长准许，也可以发问。”此司法解释对交叉询问有些规定，但简陋至极，可谓是只见了交叉询问的雏形。而且，在询问的中间环节，必须要经审判长准许，才可能进行交叉询问。

第四，交叉询问的范围规定不明晰。交叉询问被认为是发现事实真相的最佳利器，所以美国等国家对交叉询问的范围界定很明确，主询问和反询问都应在法定的范围之内进行，交叉询问并不是无边无际的漫天询问，是受法律规制的。主询问一般不作具体限制，但要与案件事实有关的事实。反询问应当限定在主询问的范围之内和影响证人可信性的事项范围之内。但是例外情况下可以有一部分超越：一是，有关证人证言可信性的事项；二是，法官依据自由裁量权准予扩张的事项。这些规定具体明确，既有原则又有例外，具有很强的操作性。而我国《最高人民法院关于〈中华人民共和国刑事诉讼法〉若干问题的解释》第146条规定：“询问证人应当遵循以下规则：（一）发问的内容应当与案件的事实相关；”此司法解释只是概括了询问的关联性规则，无论是谁询问，都要限定在与案件事实有关的事项。并没有区分主询问和反询问的范围，有关证人的可信性情况是否在可以询问的范围内没有明确，这样法官的自由裁量权就扩张了很多，但是没有明确的法律规制，容易导致询问过程中的“偏题”和混乱。

第五，交叉询问规则的规定不完备。在美国最为重要的一项交叉询问的规则当属禁止诱导性主询问规则。《美国联邦证据规则》第611条“（c）诱导性问题：除推进证人证言所必需外，在对证人的直接询问中，不得询问诱导性问题。在交叉询问中，通常可以允许询问诱导性问题。当一方当事人传唤敌意证人、对方当事人或认同对方当事人的证人（作证）时，可以就诱导性问题询问。”① 在直接询问中限制进行诱导性询问，除非为推进证人证言所必需。但是，对于敌意证人、对方当事人或认同对方当事人的证人作证时，可以进行诱导性询问。对于反询问没有禁止和限制诱导性询问的条款。《最高人民法院关于〈中华人民共和国刑事诉讼法〉若干问题的解释》第146条规定：“询问证人应当遵循以下规则：（一）发问的内容应当与案件的事实相关；（二）不得以诱导方式提问；（三）不得威胁证人；（四）不得损害证人的人格尊严。”此司法解释确立了交叉询问的关联性规则、禁止诱导性询问规则和其他禁止性规则。总体来说，规定较为完备。但是对于禁止诱导性询问规则，与其他国家的规定大不相同。我国现行法律对主询问和反询问不加区分，也没有什么原则和例外的规定，一律禁止以诱导的方式询问证人，可以说是绝对的、坚决地禁止诱导性询问。这是不符合禁止诱导性主询问规则的基本精神和宗旨的。此项规则，原意就是为了保障证人作证的客观真实性，所以对于有利于本方的证人（一般是本方证人），不得进行诱导性询问，但是反询问中是不禁止诱导性询问的，也就是在对证言质疑时是可以进行诱导性询问的。虽然也存在一些例外情况，但是上述原则是基本的。所以，我国刑事诉讼法的规定存在“一刀切”的问题。

第六，法官诉讼指挥权的规定有缺陷。《美国联邦证据规则》第611条规定了询问与证据提出的方式与顺序：“（a）法院的控制：法院应合理控制询问证人与提出证据的方式与顺序，为

① 陈界融译：《〈美国联邦证据规则（2004）〉》，中国人民大学出版社2005年版，第67页。

(1) 使询问(证人)与提出(证据)有效于真实的发现,(2)避免时间的不必要浪费,和(3)保护证人免受困扰或不当窘迫。”①法官在诉讼的进程中充当着诉讼指挥者的角色,法官对于询问证人的方式和顺序有程序控制权。而我国刑事诉讼法规定了对方当事人若要对证人进行反询问,需要经过法官的准许,与美国法官的合理控制相比,显得法官权力过大,权利受限过多。美国法官对询问证人与证据提出的方式与顺序进行合理的、适当的控制,介入是有限的、非主导的。而我国的法官介入具有主导性,且比较强硬。但是从实质上讲,在证人证言的质证过程中,辩方与证人才是“主角”,法官大多数情况下只是听众,但又不仅仅是“听众”,在必要的情况下可以对诉讼活动进行指挥和控制,兼有“导演”的部分角色。

第七,辩方表达异议的程序有缺失。《美国联邦证据规则》第614条(c)规定:“对法院传唤或询问证人的异议,可以在当时或在陪审团不在场时的下一个可用的机会提出。”② 这样,在审判方和被告方之间形成了一个很好的制衡关系,辩方的异议得以依法表达和及时处理,有力地保障了辩方的质证权。而我国刑事诉讼法中并没有涉及当辩方有异议时将如何处理的问题,似乎辩方对于法官传唤或者询问证人,只能服从,根本没有表达异议的权利,这对于辩方行使质证权是非常不利的。

第八,证人出庭作证制度有不足。英美法系的辩方质证权是与传闻法则分不开的,所谓传闻法则“系指排除传闻证据作为证据之法则,亦即否定、限制传闻证据具有证据能力之法则,或称‘传闻证据法则’、‘传闻证据排斥法则’(rule against hearsay evi-

① 陈界融译:《〈美国联邦证据规则(2004)〉》,中国人民大学出版社2005年版,第66页。

② 陈界融译:《〈美国联邦证据规则(2004)〉》,中国人民大学出版社2005年版,第72页。

dence)。"① 而所谓的传闻证据，"一是指亲身感受了案件事实的证人在庭审期日以外所作的书面证人证言及警检人员所作的（证人）询问笔录；二是指他人在审判期日以证人身份转述他人亲身感知的事实。"② 显而易见，传闻法则是与证人出庭作证相关联的。如果证人不能当庭作证，那么所作的书面证言和他人转述的证言，将原则上作为传闻证据予以排除，不能作为证据提交法庭。所以，英美法国家都强调证人必须出庭作证，大陆法系国家也强调直接言词原则，其精神是相通的。也只有证人出庭作证，辩方才有可能对证人行使质证权。所以说，证人出庭作证是辩方行使质证权的前提和基础。但是我国刑事诉讼过程中，作为证人出庭作证制度前提的质证权仍存在很多问题，从立法和实践两个方面即可见问题的严重性。（1）从法律规定上来看。我国刑事诉讼法第 48 条规定："凡是知道案件情况的人，都有作证的义务。"但并没有规定相应的强制作证或者不出庭作证的后果处理机制，致使该法条最多只是号召性的意义。该法第 47 条规定："证人证言必须在法庭上经过公诉人、被害人和被告人、辩护人双方讯问、质证，听取各方证人的证言并且经过查实以后，才能作为定案的根据。"但是同时，《最高人民法院关于〈中华人民共和国刑事诉讼法〉若干问题的解释》第 58 条规定："证据必须经过当庭出示、辨认、质证等法庭调查程序查证属实，否则不能作为定案的根据。对于出庭作证的证人，必须在法庭上经过公诉人、被害人和被告人、辩护人等双方询问、质证，其证言经过审查确实的，才能作为定案的根据；未出庭证人的证言宣读后经当庭查证属实的，可以作为定案的根据。"对证人不出庭作证而提交的书面证人予以了认可，这就更加为证人不出庭作证提供了法律依据。（2）从证人出庭作证的实践来看。证人出庭率很

---

① 黄东熊等著：《刑事证据法则之新发展——黄东熊教授七秩祝寿论文集》，台湾学林文化事业有限公司 2003 年版，第 160 页。

② 刘金友主编：《证据法学（新编）》，中国政法大学出版社 2003 年版，第 28 页。

低，而大量的书面证据被采纳为证据。辩方空有质证权，而根本无从行使，这对辩方既是不利的，也是不公正的。

## 第二节　质证权

### 一、质证权基本理论

#### （一）质证权的界定

基于上述分析，辩方的质证权是辩方在法庭审理过程中所享有的对“于己不利”的证据进行质疑和辩驳的权利。由于对实物证据的质证并不包含很多技术性规范内容，而对言词证据，尤其是证人证言的质证存在很多的技术性问题，各国立法、实践和理论界均较为关注言词证据尤其是证人证言的质证。从质证的发展历史来看，质证最初就是被告人对于控方提供的不利于己的证人进行的对质、辩论。[①] 上述《公约》第14条第3款（戊）项的规定针对的也是证人证言的质证。基于此，本书主要从狭义上的质证开展研究。当然需要特别说明的是，笔者采狭义进行研究并不代表质证对象仅限于此，仅在于对突出问题的深入研究。狭义的辩方质证权，是指辩方在法庭审理过程中所享有的与于己不利的证人当场对质，对其证言进行质疑和辩驳的权利。

关于质证权，一般都认为主要包括两方面的内容：一是被告人与证人面对面的权利；二是被告人有询问、质疑证人证言的权利。有学者认为质证权的内容包含“对质权”与“交叉询问权”两种不同的权利，被告人对质权的中心内容是被告人有权要求证人在审判中在场并有权在审判中面对证人，所谓的交叉询问权指的是被告

① 陈永生：“论辩护方质证的权利”，载《法商研究》2005年第5期，第87页。

人有权在法庭上对于己不利的证人进行交叉询问的权利。[①] 其实质亦是包括面对面和质疑两种权利。也有学者根据西方立法的规定、判例的解释以及学者的概括认为，“质证权包括到场规则、宣誓规则、面对面规则、交叉询问规则四项要素”。[②] 在这里笔者需要说明的是，对于面对面的权利，大多学者认为是“对质”的权利，但笔者认为“对峙”一词更合适于此情景，显得更为准确、直观。根据《现代汉语词典》中的解释，“对质：诉讼关系人在法庭上面对面互相质问，也泛指和问题有关联的各方当面对证。”“对证：为了证明是否真实而加以核对。”“对峙：相对而立。”“质证：诉讼中对证人证言进一步提出问题，要求证人作进一步的陈述，以解除疑义；对质。”[③] 综上，笔者认为，以“对峙”一词表达“对质”的权利更为合适。但是研究旨在研究问题的根本，不在于外表，尽管人们对“对质”的理解有偏差，应为“对峙”，但本书仍顺应通常之用法，采“对质”一词，只是这里的含义与传统含义略有差异，是指“对峙”、“面对面”。基于此，笔者主张，质证权主要包括面对面的权利和交叉询问权（抑或是对质权和交叉询问权）。

1. 面对面的权利。被告人有权利在询问证人时到场，与证人面对面于法庭之上，亲自目视耳听证人作证的言行举止。既然对方证人欲作不利于本方的证言，那么法律就应该保障被告人有知悉权和到场权。不令被告人知晓的对其不利的证言，无异于“暗箭伤人”，这是不符合诉讼的公平、正义和文明原则的，也有违人道主义的精神。

2. 交叉询问的权利。所谓交叉询问的权利，是指被告人对于

---

① 樊崇义、王国忠：“刑事被告质证权简要探析”，载《河南省政法管理干部学院学报》2006 年第 5 期，第 49 ~ 57 页。

② 陈永生：“论辩护方质证的权利”，载《法商研究》2005 年第 5 期，第 92 页。

③ 中国社会科学院语言研究所词典编辑室编：《现代汉语词典》，商务印书馆 1994 年版，第 320 页。

于己不利的证人进行询问、质疑和辩驳的权利。完备的交叉询问程序一般包括：交叉询问的顺序、交叉询问的范围、交叉询问的规则、交叉询问的指挥和交叉询问的异议处理程序等。

（二）质证权的功能

所谓功能，是指事物或方法所发挥的有利的作用和效能。[①] 质证权功能，即指质证对整个刑事诉讼所发挥的有利的作用和效能。具体来说，包括以下几个方面：

1. 有利于防止政府滥用公权力。公民的私权利与公权力是矛盾的两个方面。公民权利得到保障，当局也就无法滥用权力。反之，公民的合法权利被剥夺，公权力就会变成危害国家的祸水。对于公权力的制约有3种方式，权力对权力的制约、社会对权力的制约、权利对权力的制约。质证权使得庭审变得公开，能有效制约公权力。所有证言必须要在法庭上当庭做出并接受被告人的质证，那么就禁止了国家司法机关法庭之外的秘密调取证人证言的行为，通过对于控方的限权和对于辩方的赋权，也是一种平衡控辩力量的方式。

2. 有利于积极有效的防御和抗辩。"保障被告方的质证权是对抗式诉讼制度下保护被告人防御权的需要。"[②] 因为，质证权要求对被告人不利的证人必须出庭作证并接受质询，所以国家司法机关就不能凭借强大的国家公权力在审判之外任意获取不利于被告人的证人证言。这相对于被告人来说显然是一种积极有效的防御和抗辩的需要。

3. 有利于发现案件真实。"诘问证人的目的在测试其信用力，及证言的真实性。诘问权的基本核心，为法院不应使用未经被告测试诘问的证词，因为证人的信用力，证词的真实性，时常于诘问中

① 《现代汉语词典（修订本）》，商务印书馆1996年版，第438页。

② 陈永生："论辩护方质证的权利"，载《法商研究》2005年第5期，第89页。

完全被推翻。"[①] 从被告人角度来看，其对证人证言进行质证，就是想要推翻于己不利的证言，揭穿不实的证人证言。"美国联邦最高法院认为，一般人比较会在人的背后，捏造事实诬蔑他人，比较不会当着人的面前如此。因此使证人与被告面对面，能使虚伪之指控者原形毕露。且虽然法官不能强迫证人看着被告的眼睛，但若证人不敢目视被告，而闪烁他处，陪审团得考虑证人的信用能力。亦即此权利能达到帮助发现真实的目的。"[②] 作为质证权核心的交叉询问规则往往被认为是"发现事实真相的最佳装置"。[③] 同时，属实的证人证言也可以令被告人的辩解苍白无力，铁证如山面前，被告人想要逃避法律责任的侥幸心理被大大消灭。所以说，被告人与证人面对面的质证，容易互相戳穿本质，既可以"伤"到证人证言的证明力，也可能导致"引火自焚"。正是这种双向的功能，才使质证权有利于案件事实真相的查明。

4. 有利于保障被告人的程序参与权和知情权。在美国，"联邦最高法院认为，任何人在面对刑事追诉时，要求与指控者面对面对质，乃人类的本能反应，亦为确保审判公平的要素，故被告有与证人面对面的基本人权。使被告得与证人面对面，能使被告亲自观察审判中证人作证的程序，使被告对于审判程序心服口服，维持程序的公平性。"[④] 被告人参与了质证程序，行使了质证权，那么之后法院如果采信了该证人证言，被告人就没有什么理由不予接受了。

5. 有利于达到实体公正和程序公正的"双赢"。赋予被告人质证权，笔者认为核心的目的和价值即是达到实体公正和程序公正的"双赢"。被告人享有当庭质证权，一方面，可以获得当庭戳穿

---

① 王兆鹏著：《刑事诉讼讲义》，台湾元照出版公司 2003 年版，第 301 页。

② 王兆鹏著：《刑事诉讼讲义》，台湾元照出版公司 2003 年版，第 297 ~298 页。

③ 刘金友主编：《证据法学（新编）》，中国政法大学出版社 2003 年版，第 319 页。

④ 王兆鹏著：《刑事诉讼讲义》，台湾元照出版公司 2003 年版，第 297 ~298 页。

证人的谎言或者削弱证人证言的证明力的一个机会；另一方面，被告人亲自参与到证人作证的程序中，知晓证人作证的内容，充分发表自己的异议，可以令被告人心服口服地接受证人证言的采信与否的决定。所以说，质证权既有利于事实真相的查明，确保裁判结果的公正性，又有利于程序公正的实现，更符合“看得见的正义”的要求，增加了裁判的可接受性和权威性。

## 二、质证权是证明权的重要组成部分

辩方证明权是辩方所享有的依法收集证据，进而在庭审过程中请求法官依法审查、评定证据的权利，是一系列权利的组合和集合体。质证权是证明权的重要组成部分之一。要切实维护辩方的证明权，除了要明确辩方证明权是一项重要权利之外，还要注重证明权具体内容的落实和保障，因此，辩方的证明权是通过其子权利表现出来的。对于质证环节来看，要切实维护辩方证明权就必须要科学定位证明权并完善相关制度。具体可从以下几个方面来看：

一要明确规定辩方质证权的法律地位。以辩方的角度界定质证权，辩方在证人出庭作证时，有到场的权利，有与证人对质的权利。质证是被告人的一项权利，而不仅仅是查明事实真相的一种手段。此外，辩方质证权既可以由被告人也可以由其辩护人行使。德国刑事诉讼法典不允许被告人对证人直接询问，一是认为被告人没有得心应手的询问证人的能力，二是为了缓和被告人与证人直接面对面所可能造成的紧张关系，出于对证人的保护和尊重。但是笔者认为一律禁止被告人与证人对质也是不合理的，所以笔者认为质证权的行使可以参照辩护权的行使，被告人既可以亲自行使，也可以由其辩护人代为行使，由辩方自行决定。但是，如果被告人明显无能力行使质证权或者不适宜与证人直接对质时，法官有诉讼指挥权，可以指定被告人的辩护人代为行使辩护权。

二要明确界定辩方质证权的具体内涵。辩方质证权包括在场面对面的权利和交叉询问的权利，只有明确了权利的内容，才谈得上如何行使和如何保障的问题。

三要明确规范交叉询问的顺序。询问证人有序可循的，一般是主询问、反询问、再主询问、再反询问。传唤证人的一方为主询问，对方在主询问之后可以进行反询问，原则上法官不加限制，以保障对质的流畅进行。当证人是双方同时申请传唤之人时，可以参照台湾地区“刑事诉讼法”第166条的规定：“两造同时声请传唤之证人、鉴定人，其主诘问次序由两造合意决定，如不能决定时，由审判长定之。”对此问题的解决，以尊重当事人的合意为原则，当双方当事人不能协商解决时，法官作出决定确定询问的顺序。对于法官依职权传唤的证人，参照台湾地区“刑事诉讼法”第166条第6款规定：“法院依职权传唤之证人或鉴定人，经审判长讯问后，当事人、代理人或辩护人得诘问之，其诘问之次序由审判长定之。证人、鉴定人经当事人、代理人或辩护人诘问后，审判长得续行讯问。”法定顺序为：首先由审判长讯问，之后由审判长确定双方当事人询问的顺序。

四要科学划清交叉询问的范围。将证人询问分为主询问和反询问。主询问一般不作具体限制，但要与案件事实有关的事实。反询问应当限定在主询问的范围之内和影响证人可信性的事项范围之内。但是例外情况下可以有一部分超越此限：一是有关证人证言可信性的事项；二是法官依据自由裁量权准予扩张的事项。这些规定具体明确，既有原则又有例外，具有很强的操作性。

五要科学构建交叉询问规则。交叉询问的规则可以参照我国台湾地区的相关规则。确立交叉询问中的禁止诱导性主询问规则，在反询问中不排斥进行诱导性询问，并且对禁止诱导性主询问也设置若干例外；扩充、完善交叉询问中的禁止性规则，台湾地区法律列举的事项较大陆地区更为广泛、全面，大多数的规定在大陆地区根本没有涉及，应积极吸取其中的精华部分。这里不再一一列出，参见前文中我国台湾地区的有关规定。

六要明确定位法官的诉讼指挥权。为了及时、有效地查明事实真相，也为了维护证人的权利，赋予法官以诉讼指挥权，对询问证人的方式和顺序进行合理的控制和适当的干预，法官既不能对质证过程“大包大揽”，也不能“坐视不管”，适当的介入和控制是质证程序顺利、高效、依法进行的需要。

七要确立辩方表达异议的程序。当辩方对传唤证人或者询问证人的行为，有异议之时，可以向法院提出异议，要求得到依法处理。台湾地区“刑事诉讼法”第167第1款规定：“当事人、代理人或辩护人就证人、鉴定人之诘问及回答，得以违背法令或不当为由，声明异议。”此条规定了异议的理由可以为违律和不当。第2款规定：“前条之异议，应就各个行为，立即以简要理由为之。审判长对于前项异议，应立即处分。他造当事人、代理人或辩护人，得于审判长处分前，就该异议陈述意见。证人、鉴定人于当事人、代理人或辩护人声明异议后，审判长处分前，应停止陈述。”此条规定了异议处理的及时性原则和对方当事人的陈述意见的权利，法官要做到悉听两造。第3款规定：“审判长认异议有迟误时机、意图延滞诉讼或其他不合法之情形者，应以处分驳回之。但迟误时机所提出之异议事项与案情有重要关系者，不在此限。”第4款规定：“审判长认异议无理由者，应以处分驳回之。”第5款规定：“审判长认异议有理由者，应视其情形，立即分别为中止、撤回、撤销、变更或其他必要之处分。”以上两款是关于法官的3种处理决定，分为无合法理由、无理由和有理由。第6款规定：“对于前3条之处分，不得声明不服。”表明此处分为终局性的。我国大陆地区可以以裁定的形式作出，并不得上诉。

八要科学设计证人出庭作证制度。证人出庭作证是辩方行使质证权的前提，对于此问题的切实重视并加以解决直接关系到辩方质证权能否落到实处。确立传闻证据规则，对于无正当理由拒不当庭作证之证人书面证言，原则上不予采纳为证据。出庭证人所作的证言是转述他人对案件事实的感受时，原则上传唤亲身经历案件事实的人出庭作证。传闻证据规则的确立，可以为证人出庭作证提供一个前提，确立了传闻规则，证人原则上就不得不出庭作证。传闻规则可以说是对于证人不出庭作证的一种法律后果的规制，促使、“强迫”证人出庭作证。而证人出庭作证了，辩方才能行使对证人的质证权。

# 第九章　证明权与心证公开

## 第一节　心证公开制度基本理论

神示证据时期认为发现真实非人类认识能力可以实现，因此必须依赖超自然能力的“神”的启示来证明事实。在法定证据时期，一方面固然可以具体的证据作为发现真实的资料，但另一方面又以法律规定的证明力限制法官的判断能力。自由心证主义则认同人类的认识能力能发现真实，对证据评价不直接通过法律加以干预和限制，委诸于法官的睿智及理性以进行证据判断。但是自由心证主义是以法官对证据评价的合理认定为要求，不允许法官恣意进行证明力的选择。自由心证主义以对法官人格的信赖为前提，为保障这种信赖，必须设立种种配套制度。“以举证、质证、认证三位一体的程序构造恢复案件事实反映了正当程序的要求。举证与调查证据（查证）是认证的必要前提与基础，体现了当事人主义与辩论主义原则。当事人举证、法官调查证据以及当事人质证体现的是一种对抗的动态活动方式，而认证则是法官处于一种中立、超然地位，独立判断证据的静态心理活动。”① 认证的过程是法官自由心证并进行事实认定的过程。在证据法之领域中，最重要的法规规范莫过于证据裁判主义及自由心证主义二者。关于证据可否于审理中使用（证据能力）及应如何调查（调查证据程序），系证据裁判主义欲

① 李祖军：“自由心证与法官依法独立判断”，载《现代法学》2004 年第 5 期，第 102～108 页。

探讨之范畴；相对于此，证据符合证据裁判主义之要求后，应进一步探求法官究竟应以何种思维产生相对于该证据之事实意象，则为自由心证主义要解决之课题。无论是证据裁判主义或是自由心证主义，其主要之理念皆是为使法官事实认定之内容符合正确性之要求。正确的事实认定是裁判的使命，亦是裁判的基本课题，倘若认定之事实产生错误，刑事诉讼所赖以正当存续之正义要求及人权理念将不复存在。[①] 法官到底如何自由裁量以形成心证才能有利于刑事诉讼目的的实现，是各国、各地区刑事诉讼制度所共同面临的问题。

## 一、心证公开的基本内涵

与“自由心证主义”相对的是“法定证据主义”。现今各国和地区的刑事诉讼法原则上采自由心证主义，而弃法定证据主义。自由心证证据制度又称内心确信证据制度，是指法律对证据的证明力不作预先规定而由法官在审理案件中加以自由判断的证据制度。“内心确信”一词来源于法国，“自由心证”的汉译来源于日本，日本明治二十三年（1890 年）制定的《民法·证据篇》中最早使用“心证”一词，后来在民事诉讼和刑事诉讼中广泛使用起来。[②] “心证”的概念来源于“自由心证”。所谓“心证”，按照我国台湾学者邱联恭教授的观点：“狭义言之，系指法官在事实认定时所得确信之程度、状况；广义言之，系指法官就系争事件所得或所形成之印象、认识、判断或评价。此种意义的心证，依民事审判所具下述特征观之，系可能包含法官的法律上见解在内，而非仅指将其法律上认识、判断或评价予以完全除外者。”[③] 台湾地区“刑事诉

① 叶志飞：“刑事诉讼自由心证主义之研究”，台湾政治大学法律学研究所 2002 届硕士学位论文，第 2 页。

② 刘金友主编：《证据法学（新编）》，中国政法大学出版社 2003 年版，第 17 页。

③ 邱联恭：“心证公开论——着重于阐述心证公开之目的与方法”，载《民事诉讼法之研究（七）》，台湾三民书局 1998 年版，第 207 页。

讼法”第155条第1项规定：“证据之证明力，由法院本于确信自由判断。但不得违背经验法则及论理法则”。经验法则、论理法则是“自由心证主义之内在抑制”。[①]

自由心证经历了从传统自由心证到现代自由心证的发展历程，这是一个从秘密心证到公开心证的发展过程。“法院审判活动中最为至关重要而又最易出现恣意和武断的阶段——对事实和法律的认识判断过程不在传统的公开审判制度应予公开的范围之列，而现代自由心证制度正是强调法官必须公开自己对事实的判断并表明自己的法律见解，即心证公开，以保证当事人进行利益衡量，获取值得当事人信赖的判断结果，彻底防范突袭性裁判的产生。因此各国民事诉讼法均规定了判决理由说明制度，即心证公开，以保证裁判的客观性。”[②]“虽然自由心证制度对于摧毁法定证据制度具有革命性和巨大的历史进步意义。但是，由于自由心证的本来含义是法官无需说明心证的理由（即秘密心证），这种完全依靠法官自由判断的做法引起了很多批评。因此，第二次世界大战以后，各国对原来的自由心证（也称传统自由心证）做了必要的限制，如法国法律有两项规定：一是法官必须对其决定做出解释；二是法官形成心证所依靠的证据必须是依法取得的，而且不侵犯辩方的权利。此外，各国也更加注重完善保障法官合理心证的机制，从而赋予了心证新的含义（也称现代自由心证）。由此，心证制度经历了传统自由心证和现代自由心证两个时期。”[③] 依据证据资料或全辩论意旨，而认定要件事实时，应说明基于何种理由采取何种证据资料，亦即基于何种理由排斥某种证据资料，而认定某事实（或不认定某事实），

---

① 叶志飞：“刑事诉讼自由心证主义之研究”，台湾政治大学法律学研究所2002年度硕士学位论文，第76页。

② 李祖军：“自由心证与法官依法独立判断”，载《现代法学》2004年第5期，第102~108页。

③ 李玉萍：“论心证的合理性及其保障”，载《河北法学》2002年第1期，第53页。

或者基于何种情形之全辩论意旨，而认定某种事实。亦即，为确保法院依据自由心证主义所为之判断。[①] 心证公开“系指法官将其在诉讼审理中（自其研阅起诉状之时起）所形成上诉意义的心证。于法庭上或程序进行中，向当事人或利害关系人开示、披露，使其有所知悉、认识或理解一事。而可能包含法律上见解之表明在内。”[②]“‘心证公开’实质上是从程序规范的角度，责成法官在司法审判中将其对于案件事实、证据以及有关法律见解的认识，向当事人和利害关系人公开、披露、阐释为特征的制度。”[③] 虽然不同学者对心证公开的界定有所差异，但对于心证公开内涵的认识基本一致。概括来看，心证公开，是指法官在刑事审判过程中将其对于案件事实、证据以及法律适用的认识、评价和理由，向控辩双方、被害人以及其他诉讼参与人公开、披露并进行解释的制度。

心证公开是自由心证保障机制的重要组成部分。“证据裁判主义是自由心证的合理性基石，心证主体的适格性是自由心证的内在保障，而辩护制度及其相关程序则是自由心证的过程保障。除此之外，当代的自由心证还有较完备的监督机制，这是自由心证合理性的外在保障。其主要体现在公开审判、判决理由公开制度和上诉制度等几方面。当代自由心证在本质上是一种开放的心证、公开的心证。自由心证过程公开其实是将司法过程中审查证据、认定事实的所有程序公开，从而使人们通过对程序正当性的认可建立起对于结果真实性的信赖。除此之外，审判公开还使司法活动置于阳光这种最好的防腐剂之下，从而对司法进行有效监督成为可能。只有如此，裁判者的心证才有可能根据证据和相应的论证生成，并接受经验和逻辑的检验，而不是受非理性因素促成。判决理由公开制度，

---

① 刘玉中：“民事诉讼上证据收集之研究”，台北大学法学系博士班2005届博士学位论文，第41～44页。

② 邱联恭：“心证公开论——着重于阐述心证公开之目的与方法”，载《民事诉讼法之研究（七）》，台湾三民书局1998年版，第209页。

③ 廖中洪：“‘心证公开’若干问题研究”，载《法学论坛》2006年第3期。

是指司法者在判决书中应当载明根据现有证据所作出的事实认定的理由，是对法官判断证据证明力的心理活动的描述。”①心证不公开，是长期以来司法制度被社会所诟病的主要原因，我们一方面要承认法官需要自由心证，对案件依法作出独立公正的判断，另一方面还应确保心证过程的公开。

心证公开是司法透明、民主的体现。司法透明、民主不仅要求审判庭开庭时的公开，而且也“包括：原则上，法官应听取双方当事人意见后始作决定，法官不得单独接受一方之证据或意见。除了侦查中搜索票之声请应为性质类似证据保全外，所有法院的决定，都应在听取双方当事人正反不同意见后，始能为之。法院作为人民生命、自由、财产、名誉的最终裁决机关，绝对不是因为法官比较聪明、比较优越，而在于他的透明、中立、超然。很遗憾，现实中仍然有许多法官不能了解该基本原则。有的法官在言词辩论终结后，自行上网抓资料，据以为裁判之基础。有的法官在办公室打电话给检察官，要检察官补充证据，辩护人则未受通知而完全无表达意见、提出证据反驳的机会。有的检察官跑到法官办公室说明法律、证据的意见，法官也私下接受而未通知辩护人提出答辩。更有甚者，在侦查中的羁押声请，有的法官竟然容许检察官对其交头接耳窃窃私语，不使辩护人知悉检察官陈述内容。不透明的决定，损伤司法的可信性；没有司法的透明，就没有司法的正义。”②心证公开是审判权正当化、合理化、公开化的必然要求，也是公正高效权威司法制度的需求，更是刑事诉讼审判公开、被追诉者程序主体地位等原则和制度的直接要求。心证公开着重于法官在刑事审判过程中将其对于案件事实、证据以及法律适用的认识，向各方公开、披露并予以解释。心证公开最主要的功能即为保障程序主体的

---

① 汪海燕、胡常龙：“自由心证新理念探析——走出对自由心证传统认识的误区”，载《法学研究》2001年第5期，第27~41页。

② 王兆鹏著：《辩护权与诘问权》之“序”，台湾元照出版有限公司2007年版。

权利。

## 二、心证公开的范围和内容

### (一) 我国关于心证公开范围和内容的不同观点

刑事诉讼心证公开的内容指的是在刑事诉讼中心证公开的具体事项，即刑事审判过程中，法官在哪些情况下对哪些问题应当公开心证。学界对于这一问题在理论研究中也存在不尽相同的观点。就我国大陆学者的理论研究而言存在下述几种观点：

1. 心证公开包括心证过程的公开、心证结果的公开和心证理由的公开。持此种观点的人较多。廖中洪教授指出：心证公开应当包括3个方面的内容：一是心证过程的公开；二是心证结果的公开；三是心证理由的公开。所谓心证过程的公开，指的是法官对于当事人所提供证据的资格、证据能力、证据与案件待证事实之间的关联性，和自己对于案件事实的印象、感觉、了解，以及案件所涉法律规范、规定的理解和认识，向当事人及其利害关系人的公开、披露和阐释。所谓心证结果的公开，指的是法官将自己对于案件有关证据的采信，以及证据与案件待证事实之间关联性的评价、判断；定案的事实，以及有关案件应当适用哪一个或者哪些法律规范与规定的认定和意见，向当事人及其利害关系人公开和阐释。所谓心证理由的公开，指的是法官对于裁判结论所依据的事实、理由和法律规定的公开。在心证理由的公开中，不仅应当包括裁判所依据的有关证据、事实和法律规定，还应当包括法官在事实认定中所适用的经验法则、逻辑法则和伦理道德标准。① 还有观点指出：一是心证过程的公开。所谓心证过程公开，指将司法过程中法官审查评判证据、认定事实的所有程序公开进行，从而使人们通过对程序正当性的认可建立起对于结果真实性的信赖，这是现代自由心证的主要内容，也是当事人防备突袭裁判的基本屏障。二是心证结果的公

① 廖中洪：“‘心证公开’若干问题研究”，载《法学论坛》2006年第3期。

开，亦即判决结果的公开，指将载有裁判结果的裁判文书向社会公开。三是心证理由的公开，指司法者在判决书中应当载明根据现有证据所作出的事实认定和适用法律的理由，亦即判决理由公开。[①]还有观点认为，“心证公开制度的内容主要包括心证过程公开、心证理由公开和心证结果公开3部分。其中心证理由公开是指裁判者在判决书中，应当载明根据现有证据所作出的事实认定的理由。它是整个心证公开制度的核心内容，因为法官依据到案证据形成内心确信的过程是一个主观活动，只有将其心证形成的过程及理由公开，当事人与社会公众才能对法官所作的证据判断是否符合证据法律规则和经验规则进行最终检验。许多国家和地区的诉讼法都规定了此点。”[②] 认为心证公开包括过程、结果和理由公开三个部分组成的观点目前属于通说，也较容易为学者所接受。

2. 心证公开包括心证过程公开和心证结果公开。持此观点的学者认为心证公开的范围和内容上应当包括两个方面：一是心证过程的公开，二是心证结果的公开。该观点认为：心证过程的公开包括“明确争议焦点”、“发表对某一事实的看法”、“解释相关的法律规定”。心证结果的公开包括“庭审结束前的心证结果公开”和“裁判文书中的心证结果公开”。裁判文书中的心证结果公开主要体现在3个方面：一是准确归纳、概括当事人的诉辩主张，对其观点是否采纳、对其主张是否支持均应作出详尽说明；二是应结合现有证据，有层次地分析、说明法官内心确信的心证事实，完整反映举证、质证认证的过程，尤其是要说清楚双方争议的焦点问题；三是应准确、全面地引用法律法规，充分论证法律适用的理由，对法

---

① 郁云：“论心证公开的几个基本问题”，载《云南大学学报（法学版）》2004年第2期，第65页。

② 杨兵、鲁珺瑛：“心证自由的层次性分析及其客观化制约”，载《黑龙江省政法管理干部学院学报》2004年第5期，第104页。

条进行详尽的法理阐释，加强判决的说服力。[①] 此种观点虽然认为心证公开包括过程公开和结果公开两个部分，但从其分析来看，实际上包含了理由公开，因此，与上述观点所主张的过程、结果和理由公开的观点并无实质性区别。

3. 心证公开的内容包括心证条件的公开、心证过程的公开、心证结果的公开以及心证结果的监督机制及其监督结果的公开。持这种观点的学者认为心证公开的范围和内容包括："一是心证条件的公开。心证的条件包括人的条件和制度的条件。人的条件是指优秀的法官。这样的法官只有通过公开的法官资格考试获得。从广义上说，还包括良好的律师队伍以及有一定法律修养的公民。制度条件包括国家所颁布的法律和法规，其中包括实体法和程序法，还包括关于法院管理体制的法律和法规。二是心证过程的公开。法官是如何办案的，是如何对待当事人所提供的证据的，法官是不是遵守了程序法和实体法，是不是违反了证据法则，是不是剥夺了当事人的实体权利和程序权利，等等，应该可以为世人知道。要实现这一目标，必须建立法官的考核制度、自由旁听制度等，使法官的行为置于当事人和新闻舆论的监督之下。三是心证结果的公开。一个法官是如何作出判决的，判决的理由是什么，必须详细说明，不许支支吾吾，含糊不清。四是心证结果的监督机制及其监督结果的公开。"[②] 这种观点涵盖了心证及其保障机制的全过程，从而有利于保障合理心证的形成。

（二）我国台湾地区有关心证公开范围、内容的学说和规定

我国台湾地区的邱联恭教授认为，心证公开包括法官对事实认定的公开和法官对于法律适用的公开。他认为心证公开的范围和内容包括两个方面：一是法官对于案件系争事实所形成的印象、认

① 王松、张媛媛："论心证公开"，载《证据学论坛》第6卷，中国检察出版社2003年版，第335~337页。

② 叶自强著：《民事证据研究》，法律出版社2000年版，第457~458页。

识、判断或评价的公开；二是法官对于案件有关法律上的认识、见解的公开。前者包括“审判对象之明确化阶段”、“在特定诉讼标的及诉之声明所必要之范围内，法官向当事人指明或确认诉讼标的或诉之声明为何”；在“待证事实之具体化阶段”，“法官宜指明有关争点所在之心证上疑问；或暗示其所设想之争点，使当事人为确认；并由法官提示其初步所认两造间争点或开示有关证明难易之心证，使当事人确认或协议限缩争点后，集中于此（经达成共识的争点）为攻击防御”。后者有关法律见解的表明主要涉及两种情形：一是“法律问题为两造所争执之场合”；二是“法律问题为两造所忽略之场合”。亦即“在法院所持法律见解系两造所未顾及，或与两造当事人间一致之法律上陈述有所不同；或法院认为两造所陈述者系基于错误之法律上推论或存有矛盾等类情形，为防止发生法律适用的突袭及促进诉讼的突袭（为避免该诉讼事件经上诉后使获救济错误之法律上判断发生，以至造成难以补救之浪费即程序上不利益），法院应在言词辩论终结前适时表明法律见解”。[1] 在邱联恭教授看来，法官对于案件系争事实所形成的印象、认识、判断或评价和法官对于法律上问题的认识、见解都属于心证公开的范畴，此种观点较为强调法官积极公开心证，防止诉讼突袭。虽然邱联恭教授讨论心证公开的语境是民事诉讼，但对于刑事诉讼则具有相同之问题需要借鉴。

我国台湾地区“刑事诉讼法”第308条原先规定：“判决书应分别记载其裁判之主文与理由；有罪之判决书并应记载事实。”2004年6月23日修正后新条文规定：“判决书应分别记载其裁判之主文与理由；有罪之判决书并应记载犯罪事实，且得与理由合并记载。”第310条规定：“有罪之判决书，应于理由内分别情形记载左列事项：一、认定犯罪事实所凭之证据及其认定之理由。二、

① 邱联恭：“心证公开论——着重于阐述心证公开之目的与方法”，载《民事诉讼法之研究（七）》，台湾三民书局有限公司1998年版，第210～217页。

对于被告有利之证据不采纳者，其理由。三、科刑时就刑法第五十七条或第五十八条规定事项所审酌之情形。四、刑罚有加重、减轻或免除者，其理由。五、易以训诫或缓刑者，其理由。六、谕知保安处分者，其理由。七、适用之法律。”可见，我国台湾地区关于心证公开的范围和内容有着较为明细的规定。在2004年6月23日修法前并未规定“得与理由合并记载”，由此变动，表明我国台湾地区加强了对心证公开的要求，是值得我国大陆进行相关立法时参考的。依照上述第308条规定，无罪判决亦应记载理由，然其终未如有罪判决理由之严密。黄东熊教授认为：“无罪判决仅简单说明犯罪事实不能获得证明，或起诉事实不构成犯罪之理由，亦与法无不合。”① 由此可见，对于无罪判决的心证公开范围的要求相对宽松，仅简要说明即可。

在我国台湾地区，关于有罪判决理由的构成，有观点认为，有罪判决之理由系由事实理由（构成犯罪之事实）、证据理由（证据之标目）及法律理由（法令之适用）三者所构成。一般认为裁判需附理由之目的，约略有二：其一为防止审判机关之专擅，使裁判发挥保障机能。另一为使受裁判者可据以声明之服，并使上诉审或抗告审得以审查原裁判当否。② 若进而探究有罪判决理由之证据说明必要性之趣旨，在于对审判官之事实认定的合理性——自由心证之合理性——的保障；并使有罪判决之被告可以接纳理解，进而并担保对事实认定之批判。③ 这些都是积极肯定有罪判决要求说明理由的观点，除了这些之外，还有学者认为：“有罪判决书应于理由

① 黄东熊：《刑事诉讼法论》，刘振强发行，1991年8月再版，第475页；转引自叶志飞：“刑事诉讼自由心证主义之研究”，台湾政治大学法律学研究所2002年度硕士学位论文，第165页。

② 林瑞斌：“论事实认定错误及其救济——以上诉审为中心”，台湾地区私立辅仁大学法律学研究所1986年度硕士论文，第77～78页；转引自叶志飞：“刑事诉讼自由心证主义之研究”，台湾政治大学法律学研究所2002年度硕士学位论文，第163页。

③ 叶志飞：“刑事诉讼自由心证主义之研究”，台湾政治大学法律学研究所2002年度硕士学位论文，第164页。

内记载法院认定犯罪事实所凭之证据及其认定之理由，并对于被告有利之证据不采纳之理由之规定，不但可以使法院法官在制作判决书过程中，于将其依据自由心证评价证据所得到之确信形成内容，记载于判决书上的同时，有自我警惕及再次检讨反省其所得心证是否正确之机会，而且可以使当事人藉收到判决正本之送达，了解法院行使其自由心证职权判断证据证明力之确信形成过程及其所认定之内容有无误判之情事发生。经由此判决书制作及送达于当事人之过程，可使法院法官基于自我警惕之作用而不滥用其自由心证之职权，因此可间接产生抑制法院不当行使其自由心证自由裁量权的效果。”① 可见，通过说明法院认定事实所依凭的证据及其认定理由，对于被告人有利证据不采纳理由的规定，不但可以使法官在制作判决书过程中，将其依据自由心证评价证据所得到的确信形成文字内容呈现在判决书上，同时有自我警惕及再次考量所得心证是否正确的机会，而且这可以使控辩双方了解法院行使其自由心证职权判断证据证明力的确信形成过程及其所认定之内容有无误判的情况发生。这种通过判决书制作以公开心证的过程可使法官基于自我警惕的作用而不致滥用其自由心证的职权，因而可间接产生抑制法院不当行使其自由心证自由裁量权的效果。

对于有罪判决要求说明理由的规定亦有学者提出反对之观点：“于实际上，审判官之心证系由整个调查证据过程所形成，而其形成过程难以用文字表达之情形，并不罕见，故要求审判官应对所认定之事实为证据说明，反而驱使审判官在文章上用尽心血，专以审判笔录为根据而来写判决，而忽略了从调查证据过程吸取心证，以致使审判，在实质上，流于书面审理，殊非妥当。因此，所谓‘认定犯罪事实所凭直证据及其认定之理由’除重大刑事案件之有罪判决以外，应许审判官仅列举其证据之标目，并对所列举之证据

① 叶志飞：“刑事诉讼自由心证主义之研究”，台湾政治大学法律学研究所2002年度硕士学位论文，第164页。

相互间之关系，及将哪一项证据用于认哪一种事实，略为说明即为已足，使合理、妥当。否则，不仅无意义地加重审判官之纸张上作业，而且使审判流于形式，实为有害而无一益。”① 此种观点担心心证理由的公开将导致审判流于形式，加重审判成本，此种观点所担心的问题与前述日本学者所担忧的“如出一辙”，但此观点并不因此而完全否定心证理由的公开，而是认为“重大刑事案件之有罪判决”进行心证理由公开，而认为对除此之外的案件，让法官列举证据目录，并对所列举的证据相互间的关系以及证据的待证事实略进行说明即可。这种观点中所指出的不“千篇一律”，对心证理由公开案件类型进行限制的观点是笔者所赞同的。在我国内地，如果一律要求所有刑事案件皆将心证理由公开化显然是不符合国情的，也难以实施。但无论如何，加强刑事裁判文书的说理都是非常必要的，无论是定罪，还是量刑都如此。当前形势下，更是要加强量刑说理，因为许多案件中更多的争议集中于量刑结果，而对定罪方面的争议反而不大，因而量刑就成了焦点。加强说理，一方面能促使当事人服判息诉，另一方面还可进一步引导侦查、起诉向裁判方向发展。

（三）日本有关心证公开范围和内容的观点

《日本刑事诉讼法典》第 335 条第 1 项规定：“于作有罪宣告时，必须指明应构成犯罪之事实、证据之标目及适用之法令。”日本学者有观点认为：“无罪判决并不以附理由为要件。‘裁判应附理由’（日本刑事诉讼法第 44 条）所称之裁判，应解为系指‘对被告不利之裁判’及‘允许上诉之裁判’。一方面，有罪判决以明示理由为要件（日本刑事诉讼法第 335 条）。担保包含事实认定在

① 黄东熊：《刑事诉讼法论》，刘振强发行，1991 年 8 月再版，第 475 页；转引自叶志飞：“刑事诉讼自由心证主义之研究”，台湾政治大学法律学研究所 2002 年度硕士学位论文，第 165 页。

内之判决的合理性，并考量被告人权之保障。”① 可见，在日本，裁判只需指明证据标目的理由，这里是指“对被告不利之裁判”和“允许上诉之裁判”。

对于日本法律所规定的裁判仅须指明证据标目的规定，学者持有不同观点。有的认为，这条规定根据系出于“在自由心证主义下说明心证形成过程实有相当之困难及法官负担减轻”之见解。有罪判决揭举证据说明系基于证据裁判主义，唯证据说明之方法标示证据标目即足。② 有的认为，这种观点的理由约有5点：一、若必须指出用以心证形成系证据之那一部分内容，判决书作成将大费劳力，甚至导致诉讼迟延。二、在职权主义之构造下，法院心证之形成因无从由外部了解，证据说明有较大之意义；但于当事人主义之诉讼构造下，并无意义。三、以第一审为中心之现行刑事诉讼中，与其热衷于判决书之证据说明，不如集中心力于公判审理。要求详细的证据说明，因而疏忽公判审理，真实发现的功能反而降低。四、要求详细的证据说明，吹毛求疵的上诉案件必然增多；且在实际上一点也不重要的表面上错误有成为撤销发回理由之虞。五、依自由心证为证据评价系综合直观之判断，不易重为原先的论理说明。③ 还有观点认为日本现行法采取证据说明之方法仅须指明证据之标目之理由中，其中日本刑事诉讼法富有较为浓厚之当事人主义色彩、其控诉审系采事后审之制度、以第一审为中心等特色之因素，司法制度背景与我国台湾地区并非完全相同。又判决书之制

① ［日］渥美东洋等著：《增补刑事诉讼法》，青林书院新社，昭和55年10月30日增补版第3刷，第239页；转引自叶志飞：“刑事诉讼自由心证主义之研究”，台湾政治大学法律学研究所2002年度硕士学位论文，第164页。

② ［日］松尾浩也监修，松本时夫、土本武司编集：《条解刑事诉讼法（增补补订版）》，第719～720页；转引自叶志飞：“刑事诉讼自由心证主义之研究”，台湾政治大学法律学研究所2002年度硕士学位论文，第165页。

③ ［日］庭山英雄：“自由心证主义——历史理论”，学阳书房，昭和58年2月14日四刷，第21页；转引自叶志飞：“刑事诉讼自由心证主义之研究”，台湾政治大学法律学研究所2002年度硕士学位论文，第165～166页。

作耗费心力以至诉讼拖延，可以从改善法官办案环境着手，包括增加法官人数、配属人员人数或更新设备等。再者，法官之自由心证固然包含综合直观之要素，唯仍不能脱离自由心证之精神，即经验法则与论理法则。就案内证据依据何项经验法则、论理法则得出何种心证之结论，而形成客观化之判决理由文字，法官藉此反复检讨思量，应可强化自由心证之合理担保。[①] 从上述观点来看，日本法律规定仅须说明证据标目的理由有如下几个方面：（1）扩大心证公开范围将加大成本，导致诉讼迟延。（2）在引入当事人主义的情况下，扩大心证公开范围“并无意义”，在职权主义下，由于外部无法了解，扩大心证公开范围具有“较大之意义”。（3）过大的心证公开范围耗费法官心力，导致疏忽公判审理，降低真实发现功能，反之，“不如集中心力于公判审理”。（4）公开范围过广，易提供口实，增多上诉。（5）自由心证的综合评价的论理性质使得公开说明难度增大，不易直接表述出来。

由于日本心证公开的有限性是与其法律环境相协调的，那么在我国强调心证公开是否会面临同样的问题呢？笔者认为，我国与日本有着不同的法律环境，有着不同的国情，应扩大心证公开范围。理由如下：其一，扩大心证公开范围确实将加大成本，可能会导致诉讼迟延，但笔者认为，不应“一刀切”，可建构相应的“门槛”机制，并非要求所有的刑事案件实行统一的心证公开标准，实行有差别的标准。其二，我国刑事诉讼模式仍是具有当事人主义合理因素，以职权主义为基调的模式，控辩双方，尤其是辩方难以了解心证情况，难以有效进行诉讼防御和攻击。这与具有强烈当事人主义色彩的日本有着不同的情况，因此，在日本“并无意义”的心证公开扩大化，在我国则具有“较大之意义”。其三，心证公开范围扩大必然耗费法官大量心力，但笔者认为这并不必然导致法官疏忽

① 叶志飞：“刑事诉讼自由心证主义之研究”，台湾政治大学法律学研究所 2002 年度硕士学位论文，第 165 页。

案件审理，降低真实发现功能，在法律规制下，一些案件的心证公开化反而能提高刑事案件的质量，真正办成“铁案”。其四，心证公开范围扩大不但不会增多上诉，而且会减少上诉、申诉，提高判决的可接受度和服判息诉率。在我国，目前刑事案件“每案必上诉”的现象在很多地方法院是存在的。被告人在不了解法官心证过程的情况下，首先抱持的即为怀疑态度，“反正上诉不加刑”，先上诉了再说，也不增加自己的成本。因此，在心证公开的情况下，辩方充分了解心证过程，认为无上诉之意义或法官已经切实考虑其利益并秉公办案了，感受到了“司法为民”的温暖，往往会服判。这种情况尤其是在我国律师辩护率不高的情况下尤为必要，没有律师的解释，法官进行心证公开并进行充分的说明有助于被告人的充分理解和信服。其五，法官的自由心证确实包含一些综合直观的因素，但仍未脱离自由心证的主旨，即经验法则和论理法则。就案件内的证据依据何种经验法则、何种论理法则得出的何种心证结论，而形成客观化判决的理由文字，法官基于此反复考虑，可促进法官的合理心证，而不应以心证公开难度大为由不进行心证公开。

## 第二节　心证公开请求权是证明权的重要组成部分

心证的公开一方面由法官依据法律规定作出，另一方面则是根据当事人请求作出。对于法官心证公开问题，当事人不能过于消极、被动地“依赖”法官积极主动的公开。虽然法官一般情况下会依法公开，但其往往会“犹抱琵琶半遮面”，因此仍有必要积极行使请求权，这就是辩方的心证公开请求权。心证公开请求权是辩方证明权的重要组成部分。

## 一、心证公开的改革思路

对于形成公开透明的司法工作机制而言，心证公开无疑是一针“强心剂”，如果设置科学的心证公开制度，相信将会有力促进司法改革。关于心证公开化改革，笔者现提出如下设想：

### （一）关于心证公开的范围和内容

基于上述对学界关于心证公开范围的分析，并结合日本和我国台湾地区有关心证公开的规定，现对心证公开的范围和内容提出如下设想：其一，就心证公开的范围来看，包括心证过程、心证结果和心证理由的公开、披露和阐释。所谓心证过程的公开，指的是法官审查、判断、评价证据以及认定事实的所有程序公开进行，从而使人们通过对程序正当性的认可建立起对于结果真实的信赖。所谓心证结果的公开，指的是法官以口头和书面形式将其对于案件有关证据的采信、证据与案件待证事实之间关系、事实认定以及法律适用等的认识、意见和理解公开。所谓心证理由的公开，指的是法官对于裁判结论所依据的事实、理由和法律规定的公开。其二，心证理由的公开适用于有罪判决和无罪判决。无论何种判决都有其判决的理由，不能仅凭感觉，必须要有理有据。其三，无罪判决应记载裁判的主文与理由。无罪判决的理由仅须说明犯罪事实不能获得证明或起诉事实不构成犯罪的理由。其四，有罪判决应分别记载其裁判的主文与理由，且应将事实和认定理由合并记载。借鉴日本和我国台湾地区的规定，有罪判决应说明以下事项：认定犯罪事实所依凭的证据及其认定理由；对于被告人有利证据不采纳的理由；量刑时有加重、减轻或免除情形的理由；量刑时适用较重和较轻刑罚的理由；判决适用法律的理由。

这里特别要注意涉及定罪事实认定和量刑事实认定的心证公开

问题。我们认为，定罪事实认定①和量刑事实认定的心证均需公开。从刑事诉讼审判过程来看，不仅定罪事实认定的心证要公开，而且量刑事实认定的心证也要公开。关于定罪事实认定的心证公开问题，学界讨论较多，由于目前我国法律和司法解释对量刑事实认定的程序问题未进行专门规定，学界对量刑程序的公开较为陌生。最近，最高人民法院正在酝酿出台《关于规范量刑程序的意见》，这对于促进量刑活动的公开、公正，提高刑事案件质量具有重要意义。我们认为，量刑事实的认定对于有罪认定案件来说至关重要，必须要遵循诉讼规律和程序公正的基本要求，在量刑事实认定的过程中不仅要使得公诉人、当事人和辩护人、诉讼代理人能充分参与，而且要使量刑庭审过程、量刑证据、量刑理由充分公开，只有这样才能促进刑事诉讼目的和价值的平衡实现。

### （二）关于心证公开的立法规定形式

关于心证公开的立法形式，有观点认为：对于心证公开宜作较为灵活的立法规定形式，即采用任意公开与法定公开相结合的法律规定形式。所谓任意公开，指的是对于心证公开在法律上只作抽象的、原则性的规定。在任意公开的情况下，法官可根据知识和能力、案件的复杂情况和心证公开的难易程度，自由地决定是否公开心证，以及心证公开的内容、程度和范围。所谓法定公开，指的是对于心证公开在法律上作出的强制性规定。② 笔者认为，此种观点在刑事诉讼中也是行得通的，如前所述，我国台湾地区也有观点主张，心证公开仅适用于重大刑事案件。笔者认为：对于一般的刑事案件用普通程序审理的，有罪判决应执行严格的心证公开，要求按照上述关于心证公开的范围和内容执行。对于普通程序审理的刑事案件，应由法官在判词中按照规定进行心证公开。合议庭案件中的

---

① 有观点认为，应将犯罪事实和量刑事实相对。笔者认为，这样不合适，这样会遗漏一部分事实，如阻却违法的排除犯罪事由的事实认定、程序性违法事实等直接可能影响定罪，所以，应以定罪事实和量刑事实相对。

② 廖中洪：“‘心证公开’若干问题研究”，载《法学论坛》2006 年第 3 期。

公开以判决形成的多数意见为准，不公开少数人的意见。对于刑事和解案件、被告人认罪案件、简易审理的案件，有罪判决仅要求指出犯罪的事实、证据及其待证事实以及适用的法律。这种设计只是考虑到此类案件的特殊性和司法实践"每案必审"的实际情况，不要求完全按照心证公开要求执行，但不代表不重视此类案件的心证公开。

上述立法设想，是在考虑我国国情（大量案件进入庭审、律师辩护率不高、法官素质有待提高、依法独立审判程度等）的基础上提出的。这样有利于在考虑国情的情况下努力实现裁判的民主、公正、透明，促进公正、高效、权威司法制度的建立，但仍需相关措施与之配套。

## 二、心证公开请求权是证明权的重要组成部分

心证公开，是指法官在刑事审判过程中将其对于案件事实、证据以及法律适用的认识、评价和理由，向控辩双方、被害人以及其他诉讼参与人公开、披露并进行解释的制度。笔者认为，对于法官的心证公开，控辩双方、被告人以及其他诉讼参与人等程序主体有请求权，即心证公开请求权。本章主要讨论辩方的证明权的保障问题，因此这里主要以辩方心证公开请求权为研究对象。所谓心证公开请求权，是指辩方享有的请求法官将其对于案件事实、证据以及法律适用的认识、评价和理由进行公开、披露并进行解释的权利。正如邱联恭所主张的："责由法官适时践行心证公开程序之法理基础，系在于程序主体权及源于此之听审请求权、证据提出权、证明权、辩论权、公正程序请求权等程序法上的基本权，亦即为充分保障此等程序权，平衡兼顾实体利益及程序利益，以确立当事人之程序主体地位，防止发生突然袭击性裁判，应要求法院于本案审理

中，适时开示心证。”① 可见，辩方的心证公开请求权是一项重要权利，其有利于保障辩方各项程序权利，有利于平衡程序利益和实体利益，有利于确立当事人的程序主体地位，有利于防止突袭性裁判。

权利的构成包括主体、内容和客体三个方面。权利主体是指权利的享有者。权利内容是指权利所包含的方面。权利客体是权利人的实践行为。② 因而，心证公开请求权由如下 3 个方面构成：

其一，心证公开请求权的主体。如上所述，有权请求心证公开的主体是程序主体，包括控辩双方、被害人以及其他诉讼参与人。辩方在刑事诉讼中既是诉讼主体，也是证明主体，而且案件与辩方尤其被告人有着切身的利害关系，因此，辩方属于心证公开请求权主体。

其二，心证公开请求权的内容。心证公开请求权的内容即为：法官公开、披露、解释其对案件事实、证据以及法律适用的认识、评价和理由的活动。

其三，心证公开请求权的客体。心证公开请求权的客体即为：辩方请求法官公开、披露和解释其对于事实、证据和法律适用的认识、评价和理由的行为。

心证公开请求权是辩方在收集提出证据，并在经历请求法院进行庭审证据审查之后，请求法院公开心证的权利。辩方在庭审前所做的一切工作都是为了庭审，而最终的裁判结果是否受到辩方所做工作的影响则是辩方所密切关注的。辩方证明权强调辩方证明案件事实的权利，强调其作为程序主体、证明主体影响案件事实认定的权利。心证公开请求权的核心，即为要求法官公开心证并进行解释，这是辩方保障自己权利的最好机会，也只有通过此权利的行使

① 邱联恭：“心证公开论——着重于阐述心证公开之目的与方法”，载《民事诉讼法之研究（七）》，台湾三民书局 1998 年版，第 225 页。

② 鲁慧丽：“权利客体的哲学辨析”，载《沧桑》2006 年第 6 期，第 88 页。

方能监督约束法官的心证，使其形成公正、合理的心证。

辩方证明权得到最终保障还要依赖心证公开请求权的充分保障。辩方从侦查、起诉到审判，可谓是“一路杀过来”，结果如何，到底“鹿死谁手”，就要看法官的心证结果了。因此，心证公开请求权的行使攸关辩方权利能否得到实质、有效的保障，保障辩方的心证公开请求权是辩方证明权的最后一道屏障，司法部门应切实予以保障。

# 结语 证明权的强化是一个渐进的过程

近些年来我国证据法学的研究日益受到重视，证据法学研究队伍不断壮大，各种学说和理论层出不穷，研究成果丰硕。但是我们关于证明问题的研究仍然比较局限，常忽视作为诉讼主体的辩方的证明权问题。无论“中国证据法学何处去”，也无论“证据法学”叫什么名，我们在“面对中国证据法学”时，都无法回避的问题是：辩方在证明活动中、在事实认定中到底“有什么权利”？如何保障这些权利？这正是本书所讨论的核心问题：证明权。本书从证明的基本理论入手对证明权的内涵、性质、功能、组成部分以及相关问题进行了分析，然后对证明权相关问题进行研究并提出了若干建设性意见。

笔者认为，当前我国正深入推进司法改革，优化司法职权配置，同时我国律师法在2007年秋天进行了“勇敢而富有热情”的修订，这些都为证明权的研究提供了“契机”，也为明确定位证明权和强化对辩方证明权的保障提供了“机遇”。在中国法学和法律界，存在着两类观点：一类是一部分理论家认为实务部门不重视专业理论学习，另一类是一部分实践界人士认为理论部门研究的理论不符合实际，不能完全解决实际问题。客观而言，这两种观点的存在也确实反映了我国法学理论和实务中存在的一部分问题。就理论研究而言，提出某种制度建议和理论设想，若不联系实际显然是不合适的，是注定难以应用到实践中去的。但同时笔者认为，制度建议和理论设想如果不适度超前，只是满足于解决和应对眼前的问题，这样的制度又能具有多大的生命力？制度对于社会文化的引导作用与社会文化对制度的制约作用是双向的。制度积极维护传统社会文化是需要的，但过于迎合、迁就传统社会文化将可能导致停滞不前和落后。反过来，制度积极引导、疏导先进文化，则会促进社会大步向前迈进。因此，要尽量做到“引导”和“迎合”的平衡，这种平衡的前提就是要在正视现实和制度理性之间找到“平衡点”。

就本书所讨论的主题而言，“大刀阔斧”地改革以强化辩方证明权保障，无疑是最有效的扭转当前辩方权利“虚化”的方式，但这将走向另一个极端，因此对于证明权的完善同样要追求达至“平衡”。正如美国资深法官约翰·沃克先生所言：“法治是一个渐进过程”，[①] 中国的事情要“走中国特色之路”，要走平衡、和谐之路，要认真对待、仔细考量。面对各界“蠢蠢欲动”的各种立法“建议”和“设想”，我们很有必要冷静下来，沉淀、反思并以平和的心态面对形形色色的制度改革建议设想，包括本书所讨论的证明权问题。

本着扎根中国、环顾世界、着眼现实、面向未来的原则，笔者以辩方为核心对刑事诉讼证明权问题进行了专门、系统地研究，厘清了一些争议性问题，提出了一些建议和设想。然而，设想是否成熟、制度能否建立、建立后能否有效应用到实践中去都有待实践检验。因为社会发展和进步所期待的不仅是制度的建立，更需要观念的转型，亦即：“方向盘”调正了，关键还要看“车”怎么开。

① 美国第二巡回上诉法院资深法官、68 岁的约翰·沃克先生（Mr. John Walker）说：法律的至高无上在美国法治建设的百年历程中可以说是一个渐进的过程。随着社会的不断进步，科技的飞速发展，法治建设也应该在不断地完善。在美国也同样如此。当今社会出现的很多新的问题，如互联网交易偷税的问题，克隆人的社会伦理问题等，如何用法律来平衡传统与现代价值观的冲突，也是美国法律界一直探讨的热点。一个国家实现法治的状况是衡量其政治文明程度的重要指标。社会在不断地变化，法律也应该随之变化，包括中国在内的很多国家都在法治改革方面做着积极的尝试。参见赵雯：“法治是一个渐进过程——美国联邦法官谈美国的法治建设”，载《检察日报》2008 年 1 月 21 日。

# 参考文献

## 一、中文著作类（按姓氏拼音排序）

1. 卞建林主编:《刑事证明理论》，中国人民公安大学出版社2004年版。

2. 卞建林、［加］杨诚主编:《刑事正当程序研究：法理与案例》，中国检察出版社2006年版。

3. 卞建林、杨宇冠著:《联合国刑事司法准则撮要》，中国政法大学出版社2003年版。

4. 卞建林主编：《证据法学》，中国政法大学出版社2005年版。

5. 卞建林、刘玫主编:《外国刑事诉讼法》，中国社会科学出版社、人民出版社2002年版。

6. 毕玉谦等著:《中国证据法草案建议稿及论证》，法律出版社2003年版。

7. 陈光中、沈国锋著：《古代司法制度》，群众出版社1984年版。

8. 陈光中、丹尼尔·普瑞方廷主编：《联合国刑事司法准则与中国刑事法制》，法律出版社1996年版。

9. 陈光中主编：《中华人民共和国刑事证据法专家拟制稿（条文、释义与论证）》，中国法制出版社2004年版。

10. 陈光中主编:《21世纪域外刑事诉讼立法最新发展》，中国政法大学出版社2004年版。

11. 陈光中主编:《审判公正问题研究》，中国政法大学出版社2004年版。

12. 陈光中主编:《〈公民权利和政治权利国际公约〉与我国刑事诉讼》，商务印书馆 2005 年版。

13. 陈光中主编:《中华人民共和国刑事诉讼法再修改专家建议稿与论证》，中国法制出版社 2006 年版。

14. 陈光中主编:《〈联合国反腐败公约〉与我国刑事诉讼法再修改》，中国人民公安大学出版社 2006 年版。

15. 陈卫东主编:《模范刑事诉讼法典》，中国人民大学出版社 2005 年版。

16. 陈瑞华著:《刑事诉讼的前沿问题》，中国人民大学出版社 2000 年版。

17. 陈瑞华著:《看得见的正义》，中国法制出版社 2000 年版。

18. 陈瑞华著:《问题与主义之间——刑事诉讼基本问题研究》，中国人民大学出版社 2003 年版。

19. 陈朴生著:《刑事证据法》，台湾三民书局 1979 年版。

20. 陈中和著:《以当事人进行为原则之调查证据程序法官诉讼指挥权行使之研究》，台湾地区“司法院”2000 年度研究发展项目研究报告。

21. 陈一云、严端主编:《证据学》，中国人民大学出版社 1991 年版。

22. 陈一云主编:《证据学》，中国人民大学出版社 1991 年版。

23. 陈刚著:《证明责任法研究》，中国人民大学出版社 2000 年版。

24. 陈界融著:《证据法:证明责任原理与法则研究》，中国人民大学出版社 2004 年版。

25. 蔡墩铭著:《刑事证据法论》，台湾五南图书出版公司 1997 年版。

26. 崔敏、张文清主编:《刑事证据的理论与实践》，中国人民公安大学出版社 1992 年版。

27. 邓子滨著：《刑事法中的推定》，中国人民公安大学出版社 2003 年版。

28. 刁荣华主编：《比较刑事证据法各论》，台湾汉林出版社 1984 年版。

29. 方金刚著：《案件事实认定论》，中国人民公安大学出版社 2005 年版。

30. 樊崇义主编：《刑事诉讼法实施问题与对策研究》，中国人民公安大学出版社 2001 年版。

31. 樊崇义主编：《诉讼原理》，法律出版社 2003 年版。

32. 顾培东著：《社会冲突与诉讼机制》，法律出版社 2004 年版。

33. 郭志媛著：《刑事证据可采性研究》，中国人民公安大学出版社 2004 年版。

34. 高家伟等著：《证据法原理》，中国人民大学出版社 2004 年版。

35. 何家弘主编：《新编证据法学》，法律出版社 2000 年版。

36. 何家弘、张卫平主编：《外国证据法选译》，人民法院出版社 2000 年版。

37. 何家弘主编：《刑事审判认证指南》，法律出版社 2002 年版。

38. 何家弘主编：《外国证据法》，人民法院出版社 2003 年版。

39. 何家弘、刘品新著：《证据法学》，法律出版社 2004 年版。

40. 胡常龙著：《死刑案件程序问题研究》，中国人民公安大学出版社 2003 年版。

41. 黄东熊等著：《刑事证据法则之新发展——黄东熊教授七秩祝寿论文集》，台湾学林文化事业有限公司 2003 年 6 月版。

42. 黄东熊著:《证据法纲要》，台湾五南图书出版公司 1984 年版。

43. 黄东熊、吴景芳著:《刑事诉讼法论》，台湾三民书局 2002 年版。

44. 黄朝义著:《刑事证据法研究（二版)》，台湾元照出版有限公司 2000 年版。

45. 黄源盛著:《法律继受与近代中国法》，台湾元照出版有限公司 2007 年版。

46. 纪格非著:《证据能力论——以民事诉讼为视角的研究》，中国人民公安大学出版社 2005 年版。

47. 江伟主编:《证据法学》，法律出版社 1999 年版。

48. 柯昌信、崔正军主编:《民事证据在诉讼中的运用》，人民法院出版社 1998 年版。

49. 刘金友主编:《刑事诉讼法》，中国政法大学出版社 2007 年版。

50. 刘金友主编:《证据法学（新编)》，中国政法大学出版社 2003 年版。

51. 刘善春等著:《诉讼证据规则研究》，中国法制出版社 2000 年版。

52. 刘健主编:《中华人民共和国律师法释义》，中国法制出版社 2007 年 11 月版。

53. 刘晓丹主编:《美国证据规则》，中国检察出版社 2003 年版。

54. 刘品新主编:《美国证据规则》，中国检察出版社 2003 年版。

55. 刘根菊等著:《刑事诉讼程序改革之多维视角》，中国人民公安大学出版社 2006 年版。

56. 林钰雄著:《严格证明与刑事证据》，台湾学林文化事业有限公司 2002 年版。

57. 林钰雄著:《刑事诉讼法（上册　总论编)》，中国人民大学出版社 2005 年版。

58. 林钰雄著:《检察官论》，台湾学林文化事业有限公司 1999 年版。

59. 林万生著:《刑事诉讼举证责任之研究》，台湾地区“司法院”1996 年度研究发展项目研究报告。

60. 林辉煌著:《论证据排除——美国法之理论与实务》，台湾元照出版有限公司 2006 年版。

61. 梁慧星著:《裁判的方法》，法律出版社 2003 年版。

62. 梁漱溟著:《中国文化要义》，台北里仁书局 1982 年版。

63. 李学灯著:《证据法比较研究》，台湾五南图书出版股份有限公司 1992 年版。

64. 李心鉴著:《刑事诉讼构造》，中国政法大学出版社 1992 年版。

65. 李交发主编:《中国诉讼法史》，中国检察出版社 2002 年版。

66. 李玉华著:《刑事证明标准研究》，中国人民公安大学出版社 2008 年版。

67. 龙宗智著:《相对合理主义》，中国政法大学出版社 1999 年版。

68. 罗筱琦、陈界融著:《证据法理论与实证分析（一)》，中国法制出版社 2004 年版。

69. 罗筱琦、陈界融著:《证据方法及证据能力研究（上、下)》，人民法院出版社 2006 年版。

70. 裴苍龄著:《新证据学论纲》，中国法制出版社 2002 年版。

71. 彭漪涟著:《事实论》，上海社会科学院出版社 1996 年版。

72. 彭勃:《日本刑事诉讼法通论》，中国政法大学出版社

2002 年版。

73. 邱联恭著：《司法之现代化与程序法》，台湾三民书局 1992 年版。

74. 邱联恭著：《程序制度机能论》，台湾三民书局 1996 年版。

75. 邱联恭著：《程序选择权论》，台湾三民书局 2000 年版。

76. 瞿同祖著：《中国法律和中国社会》，中华书局 1981 年版。

77. 齐树洁主编：《英国证据法》，厦门大学出版社 2002 年版。

78. 沈德咏主编：《刑事证据制度与理论》，法律出版社 2002 年版。

79. 宋英辉著：《刑事诉讼原理》，法律出版社 2003 年版。

80. 宋英辉、李忠诚主编：《刑事程序法功能研究》，中国人民公安大学出版社 2004 年版。

81. 宋英辉等著：《外国刑事诉讼法》，法律出版社 2006 年版。

82. 宋英辉、汤维建主编：《证据法学研究述评》，中国人民公安大学出版社 2006 年版。

83. 宋英辉、汤维建主编：《我国证据制度的理论与实践》，中国人民公安大学出版社 2006 年版。

84. 沈冠伶著：《诉讼权保障与裁判外纷争处理》，台湾元照出版有限公司 2006 年版。

85. 沈达明著：《英美证据法》，中信出版社 1996 年版。

86. 锁正杰著：《刑事程序的法哲学原理》，中国人民公安大学出版社 2002 年版。

87. 孙长永著：《日本刑事诉讼法导论》，重庆大学出版社 1993 年版。

88. 孙长永著：《侦查程序与人权》，中国方正出版社 2001

年版。

89. 孙长永主编：《现代侦查取证程序》，中国检察出版社 2005 年版。

90. 苏南桓著：《刑事诉讼法与你（四版）》，台湾永然文化出版股份有限公司 2005 年版。

91. 邵明著：《民事诉讼法理研究》，中国人民大学出版社 2004 年版。

92. 王利明主编：《司法改革研究》，法律出版社 2001 年版。

93. 王振河主编：《证据与定案》，陕西人民出版社 1993 年版。

94. 王兆鹏、吴从周著：《当事人进行主义之理论与实证研究》，台湾地区“司法院”2000 年度研究发展项目研究报告。

95. 王兆鹏著：《当事人进行主义之刑事诉讼》，台湾元照出版有限公司 2002 年版。

96. 王兆鹏著：《刑事诉讼讲义（一）》，台湾元照出版有限公司 2003 年第 2 版。

97. 王兆鹏著：《刑事被告的宪法权利》，台湾元照出版有限公司 2004 年第 2 版。

98. 王兆鹏等著：《传闻法则：理论与实践》，台湾元照出版有限公司 2004 年版。

99. 王兆鹏著：《美国刑事诉讼法》，北京大学出版社 2005 年版。

100. 王兆鹏著：《辩护权与诘问权》，台湾元照出版有限公司 2007 年版。

101. 王进喜著：《刑事证人证言论》，中国人民公安大学出版社 2002 年版。

102. 王达人、曾粤兴著：《正义的诉求——美国辛普森案和中国杜培武案的比较》，法律出版社 2003 年版。

103. 汪建成著：《理想与现实——刑事证据理论的新探索》，

北京大学出版社 2006 年版。

104. 王敏远主编:《公法》(第 4 卷),法律出版社 2003 年版。

105. 汪海燕著:《刑事诉讼模式的演进》,中国人民公安大学出版社 2004 年版。

106. 汪海燕、胡常龙著:《刑事证据基本问题研究》,法律出版社 2002 年版。

107. 吴宏耀、魏晓娜著:《诉讼证明原理》,法律出版社 2002 年版。

108. 吴宏耀著:《诉讼认识论纲》,北京大学出版社 2008 年版。

109. 吴巡龙著:《新刑事诉讼制度与证据法则》,台湾新学林出版股份有限公司 2003 年版。

110. 吴祚丞、许辰舟著:《刑事证据法则理论体系与实务之研究》,台湾地区"司法院"年报 2003 年 11 月第 23 辑第 12 期。

111. 奚玮著:《民事当事人证明权保障》,中国人民公安大学出版社 2009 年版。

112. 徐显明主编:《国际人权法》,法律出版社 2004 年版。

113. 徐忠明著:《包公故事:一个考察中国法律文化的视角》,中国政法大学出版社 2002 年版。

114. 熊秋红著:《转变中的刑事诉讼法学》,北京大学出版社 2004 年版。

115. 熊志海著:《刑事证据研究——事实信息理论及其对刑事证据的解读》,法律出版社 2004 年版。

116. 杨宇冠著:《人权法——〈公民权利和政治权利国际公约〉研究》,中国人民公安大学出版社 2003 年版。

117. 杨宇冠著:《非法证据排除规则》,中国人民公安大学出版社 2003 年版。

118. 杨宇冠、吴高庆主编:《〈联合国反腐败公约〉解读》,

中国人民公安大学出版社 2004 年版。

119. 杨仁寿著：《法学方法论》，中国政法大学出版社 1999 年版。

120. 杨良宜、杨大明著：《国际商务游戏规则：英美证据法》，法律出版社 2002 年版。

121. 叶自强著：《民事证据研究》，法律出版社 2000 年版。

122. 叶自强著：《证明责任及其分配标准》，法律出版社 2005 年版。

123. 雍琦主编：《法律适用中的逻辑》，中国政法大学出版社 2002 年 1 版。

124. 左卫民著：《价值与结构——刑事程序的双重分析》，法律出版社 2003 年版。

125. 张子培等著：《刑事证据理论》，群众出版社 1982 年版。

126. 张丽卿著：《刑事诉讼法理论与运用》，台湾五南图书出版股份有限公司 2007 年第 10 版。

127. 张文显主编：《法理学》，高等教育出版社、北京大学出版社 1999 年版。

128. 张卫平主编：《外国民事证据制度研究》，清华大学出版社 2003 年版。

129. 张成敏著：《案史——西方经典与逻辑》，中国检察出版社 2002 年版。

130. 张建伟：《刑事司法体制原理》，中国人民公安大学出版社 2002 年版。

131. 张素莲著：《论法官的自由裁量权——侧重从刑事审判的角度》，中国人民公安大学出版社 2004 年版。

**二、中文论文类（按姓氏拼音排序）**

1. 卞建林：“刑事诉讼中‘诉’之辨析”，载《人民检察》2007 年第 8 期。

2. 卞建林：“刑事证明责任的分配与转移”，载《证据法学论文选萃》，中国法制出版社 2005 年版。

3. 卞建林等：“联合国刑事司法准则与我国刑事司法改革”，载《诉讼法学研究》第 1 卷，中国检察出版社 2002 年版。

4. 卞建林、郭志媛：“论诉讼证明的相对性”，载《中国法学》2001 年第 2 期。

5. 白冬：“辩护律师调查取证权的程序价值”，载《南都学坛》2004 年第 1 期。

6. 陈光中等：“刑事证据制度与认识论——兼与误区论、法律真实论、相对真实论商榷”，载《中国法学》2001 年第 1 期。

7. 陈光中：“构建层次性的刑事证明标准”，载《诉讼法论丛》第 7 卷，法律出版社 2002 年版。

8. 陈光中、张小玲：“论非法证据排除规则在我国的适用”，载《政治与法律》2005 年第 1 期。

9. 陈光中等：“刑事诉讼中的效率价值”，载《诉讼法学研究》第 1 卷，中国检察出版社 2002 年版。

10. 陈光中：“实证研究与刑事诉讼法再修改”，载《原法》第 2 卷，中国检察出版社 2007 年版。

11. 陈瑞华：“判决书中的正义——从刘涌案件改判看法院对刑讯逼供的处理问题”，载《政法论坛》2003 年第 5 期。

12. 陈瑞华：“公正与效率之间——英国刑事诉讼制度的最新发展”，载《中外法学》1998 年第 6 期。

13. 陈瑞华：“刑事诉讼排除规则适用中的证明责任问题”，载《法学》2004 年第 5 期。

14. 陈瑞华：“刑事被告人权利的宪法化问题”，载《政法论坛》2004 年第 3 期。

15. 陈瑞华：“从价值论走向认识论”，载《法学》2001 年第 1 期。

16. 陈瑞华：“刑事诉讼排除规则适用中的证明责任问题”，

载《法学》2004 年第 5 期。

17. 陈国庆:“坚持依法办案严禁刑讯逼供”,载《今日中国论坛》2006 年第 9 期。

18. 陈卫东、刘计划:“我国刑事诉讼中法官司法调查权的变化”,载《法学评论》1998 年第 2 期。

19. 陈卫东:“再谈程序公正和实体公正的关系”,载《人民法院报》2000 年 9 月 1 日。

20. 陈永生:“死刑与误判”,载《政法论坛》2007 年第 1 期。

21. 陈永生:“侦查程序原理论”,中国政法大学 2002 届博士学位论文。

22. 陈永生:“非法证据排除规则的举证责任”,载《现代法学》2001 年第 6 期。

23. 陈永生:“论直接言词原则与公诉案卷的移送及庭前审查”,载《法律科学》2001 年第 3 期。

24. 陈永生:“论辩护方质证的权利”,载《法商研究》2005 年第 5 期。

25. 陈永生:“论辩护方以强制程序取证的权利”,载《法商研究》2003 年第 1 期。

26. 陈永生:“排除合理怀疑及其在西方的挑战”,载《中国法学》2003 年第 2 期。

27. 陈志龙: “辩护人—刑事司法机关—法治国家原则(上)”,载《律师杂志》1997 年第 209 期。

28. 陈宏毅:“改良式当事人主义下被告在刑事诉讼程序中的举证问题”,载台湾地区《刑事法杂志》2006 年 6 月第 50 卷第 3 期。

29. 陈利华:“严打先锋的背后:中国警察素质和待遇堪忧”,载《环球》,2005 年 7 月第 15 期。

30. 陈为铨等:“刑事证据应由法定主体收集”,载《人民检察》2001 年第 9 期。

31. 陈琴："论当事人举证与人民法院调查收集证据的关系"，载《北京科技大学学报（社会科学版）》1999 年第 3 期。

32. 陈运财："刑事诉讼法之修正与刑事辩护"，载《月旦法学杂志》2006 年 10 月第 137 期。

33. 程滔："辩护律师的诉讼权利研究"，中国政法大学 2005 届博士学位论文。

34. 程雷、张文静："中美'证据开示理论与实务专题'研讨会会议综述"，载《中国司法》2004 年第 7 期。

35. 常怡、杨军："我国证据收集制度的反思与重构——兼论民事审判方式的改革"，载《汕头大学学报》2002 年第 1 期。

36. 初殿清："一事不再理与禁止双重危险的模型比较研究"，中国政法大学 2006 届硕士学位论文。

37. 崔婕："证据收集制度"，载《现代法学》2002 年第 3 期。

38. 崔洁："论美国宪法的对质诘问权"，中国政法大学 2006 届硕士学位论文。

39. 蔡虹："论证据制度中的程序保障问题"，载《法商研究》1999 年第 5 期。

40. 樊崇义："客观真实管见——兼论刑事诉讼证明标准"，载《中国法学》，2000 年第 1 期。

41. 蔡秋明："举证责任——兼论刑事被告之地位及其举证义务"，载《台湾本土法学》2004 年 2 月第 55 期。

42. 樊崇义、王国忠："刑事被告质证权简要探析"，载《河南省政法管理干部学院学报》2006 年第 5 期。

43. 樊崇义："'你有何证据证明你没杀人？'随感"，载《诉讼法学研究》第 4 卷，中国检察出版社 2003 年版。

44. 高一飞："法律真实说与客观真实说：误解中的对立"，载《法学》2001 年第 11 期。

45. 葛琳："刑事和解研究"，中国政法大学 2007 届博士学位论文。

46. 顾永忠：“刑诉法再修改：完善辩护制度势在必行”，载《法学家》2007 年第 4 期。

47. 顾永忠：“从审判中的辩护走向侦查中的辩护”，载：《诉讼法学研究》第 7 卷，中国检察出版社 2004 年版。

48. 顾永忠：“刑事辩护的国际标准与我国刑事辩护制度的修改完善”，载《刑事法评论》第 16 卷，中国政法大学出版社 2005 年版。

49. 顾永忠：“正义的代价与选择（代序）”，载王达人、曾粤兴著：《正义的诉求——美国辛普森案和中国杜培武案的比较》，法律出版社 2003 年版。

50. 顾挺、张娜：“围绕现场收集证据”，载《中国刑事警察》2006 年第 3 期。

51. 管宇：“论控辩平等原则”，中国政法大学 2006 届博士学位论文。

52. 郭华：“鉴定结论之研究”，中国政法大学 2006 届博士学位论文。

53. 郭晓宇：“全国人大常委会律师法执法检查组建议将修改律师法列入年度立法计划”，载《法制日报》2005 年 8 月 26 日第 3 版。

54. 郭高中：“对话公安部督察长祝春林”，《瞭望东方周刊》2006 年第 9 期。

55. 郭云忠：“刑事诉讼谦抑论”，中国政法大学 2005 届博士学位论文。

56. 郭云忠、许建彤：“刑事诉讼价值观与非法证据防范”，载《南京政治学院学报》2000 年第 2 期。

57. 龚德云：“辩护律师调查取证权探析”，载《中国律师》2003 年第 6 期。

58. 何家弘：“论司法证明的目的和标准——兼论司法证明的基本概念和范畴”，载《法学研究》2001 年第 6 期。

59. 何家弘："司法证明标准与乌托邦——答刘金友兼与张卫平、王敏远商榷"，载《法学研究》2004 年第 6 期。

60. 何家弘："西方证据法的历史沿革"，载《外国证据法选译》(上)，人民法院出版社 2000 年版。

61. 何家弘："司法证明方式和证据规则的历史沿革——对西方证据法的再认识"，载《外国法译评》1999 年第 4 期。

62. 贺卫方等："关于请求司法部门为被告人邱兴华进行司法精神病鉴定的公开信"，载北大法律信息网。

63. 黄源盛："民国初期近代刑事诉讼的生成与开展——大理院关于刑事诉讼程序判决笺释"，载《政大法学评论》1999 年 6 月第 66 期。

64. 黄金波："刑事诉讼中辩护律师调查取证问题之管见"，载《湖北三峡学院学报》1999 年第 3 期。

65. 黄秀丽："刑事案件律师辩护率不足一成"，载《北京日报》2005 年 8 月 29 日。

66. 黄承慧、郝忠辉："从公诉活动的需要看公安机关侦查阶段的证据收集"，载《检察实践》1999 年第 5 期。

67. 黄豹："侦查构造论"，中国政法大学 2006 届博士学位论文。

68. 韩阳："被追诉人的宪法权利"，中国政法大学 2005 届博士学位论文。

69. 韩德明："穿行于规则和规范之间——侦查技术理论引论"，载《北京人民警察学院学报》2005 年第 5 期。

70. 韩波："美国证据开示程序改革的启示与借鉴"，载《石河子大学学报（哲学社会科学版）》2004 年第 1 期。

71. 江伟、吴泽勇："证据法若干基本问题的法哲学分析"，载《中国法学》2002 年第 1 期。

72. 江伟："市场经济与民事诉讼法学的使命"，载《现代法学》1996 年第 3 期。

73. 江显和："刑事认证制度研究"，中国政法大学 2007 届博士学位论文。

74. 焦鹏："诉讼证明中的推定研究"，中国政法大学 2007 届博士学位论文。

75. 蒋玮："对我国刑事证据收集规则的反思"，载《北京人民警察学院学报》。

76. 姜礼增："论自由心证与法定证据法制之发展趋势"，中国政法大学 2005 届博士学位论文。2004 年第 2 期。

77. 柯阳友："证明权与当事人收集证据制度"，载《法学杂志》2007 年第 2 期。

78. 孔祥俊："论法律事实与客观事实"，载《政法论坛》2002 年第 5 期。

79. 刘金友："试论我国审查判断证据的原则及其理论根据"，载《政法论坛》2004 年第 2 期。

80. 刘金友、李玉华："论诉讼证明标准"，载《诉讼证据制度研究——全国法院第十三届学术讨论会获奖论文集》，人民法院出版社 2001 年版。

81. 刘金友："实践是检验司法证明真理性的唯一标准——与何家弘教授商榷"，载《法学研究》2003 年第 4 期。

82. 刘金友："客观真实与内心确信"，载《政法论坛》2001 年第 6 期。

83. 刘金友："坚持主客观标准的统一"，载《人民检察》2003 年第 5 期。

84. 刘金友："证明标准之我见"，载《诉讼法论丛》第 7 卷，法律出版社 2002 年版。

85. 刘金友："论马克思主义认识论与证据规则的圆融"，载《诉讼法学研究》第 10 卷，中国检察出版社 2006 年版。

86. 刘金友："破解'三难'问题确保律师依法履行职责"，载《法制日报》2007 年 6 月 28 日第 3 版。

87. 刘金友、余茂玉："论非法证据排除的证明责任和证明标准"，载《行进在法治勃兴的征途上——纪念中国政法大学成人教育55周年论文集》，中国政法大学出版社2007年版。

88. 刘玫："传闻证据规则研究"，中国政法大学2006届博士学位论文。

89. 刘少军："刑事审判中的对抗与合意"，中国政法大学2006届博士学位论文。

90. 刘旺洪："权利本位的理论逻辑——与童之伟教授商榷"，载《中国法学》2001年第2期。

91. 刘荣军："自由心证主义的现代意义"，载陈光中主编：《诉讼法理论与实践——民事行政诉讼卷》，人民法院出版社2001年版。

92. 刘仲秋、熊志海："证据中的事实信息"，载《西南师范大学学报》2005年第5期。

93. 刘秋平、陈国利："刑事证据保全制度略论"，载《社科纵横》2004年8月第19卷第4期。

94. 刘涛："刑事诉讼主体论"，中国政法大学2004届博士学位论文。

95. 刘海明："精神病鉴定证明缘何成了'杀人执照'"，载《检察日报》2002年7月3日。

96. 刘晓兵："刑事程序价值论"，中国政法大学2006届博士学位论文。

97. 廖明："论刑事质证的对象"，载《云南大学学报法学版》2005年第1期。

98. 廖中洪："'心证公开'若干问题研究"，载《法学论坛》2006年第3期。

99. 廖中洪："证据发现制度比较研究"，载《河南省政法管理干部学院学报》2004年第5期。

100. 龙宗智："刑事诉讼中的证据开示制度研究"，载《政法论坛》1998 第 2 期。

101. 龙宗智："论我国刑事审判中的交叉询问制度"，载《中国法学》2000 年第 4 期。

102. 龙宗智："印证与自由心证——我国刑事证明模式"，载《法学研究》2004 年第 2 期。

103. 李学宽等："论刑事证明标准及其层次性"，载《中国法学》2001 年第 5 期。

104. 李祖军："自由心证与法官依法独立判断"，载《现代法学》2004 年第 5 期。

105. 李宝岳："也谈对刑事诉讼中案件事实的理解"，载《政法论坛》2002 年第 6 期。

106. 李浩："民事证据法的目的"，载《法学研究》2004 年第 5 期。

107. 李浩："证明标准新探"，载《中国法学》2002 年第 4 期。

108. 李炯泽："韩国引进音像录入制度的法律检讨"，载《中国诉讼法判解》2007 年第 6 卷。

109. 李玉萍："论心证的合理性及其保障"，载《河北法学》2002 年第 1 期。

110. 李玉花、李和仁："聚焦程序公正——中国法学会诉讼法学研究会 99 年会综述"，载《人民检察》2000 年第 2 期。

111. 李亚妮："当事人证据收集权的程序保障"，西南政法大学 2006 届硕士学位论文。

112. 李菁菁："侦查程序诉讼化研究"，中国政法大学 2005 届博士学位论文。

113. 李秀娟："《联合国反腐败公约》与我国刑事诉讼比较研究"，中国政法大学 2006 届博士学位论文。

114. 黎蜀宁、张芸："论书证收集的程序保障"，载《西北师大学报（社会科学版）》2004 年第 3 期。

115. 雷小政：“论取保候审中的诚信失范及其缓和”中国政法大学2006届硕士学位论文。

116. 梁玉霞：“比较：刑事证据开示的基础”，载《法律科学》2001年第3期。

117. 林丽莹：“刑事法上的举证责任——有疑则利被告原则、被告不自证已罪原则”，载《月旦法学杂志》2006年6月第133期。

118. 林林：“被追诉人的主体性权利论”，中国政法大学2006届博士学位论文。

119. 林志洁：“是公平的保障还是一袭国王的新衣？——论对抗制下律师失职行为与被告律师权的保障”，载《月旦法学杂志》2006年10月第137期。

120. 罗国良：“论证据与定罪”，中国政法大学2002届博士学位论文。

121. 罗海敏：“刑事诉讼严格证明探究”，中国政法大学2007届博士学位论文。

122. 陆栋：“论犯罪嫌疑人、被告人的证据收集权”，载《江西公安专科学校学报》2007年第1期。

123. 鲁慧丽：“权利客体的哲学辨析”，载《沧桑》2006年第6期。

124. 马贵翔：“刑事诉讼对控辩平等的追求”，载《中国法学》1998年第2期。

125. 马越常：“刑事辩护理论与实务研究”，中国政法大学2003届博士学位论文。

126. 马方：“侦查取证规则基础理论研析”，载《社会科学战线》2006年第5期。

127. 闵春雷：“证据价值论”，载《法制与社会发展》2002年第4期。

128. 毛立华：“论证据与事实”，中国政法大学2006届博士学位论文。

129. 潘传平、伍始真："刑事诉讼中律师调查取证权之我见"，载《中国律师》2001年第5期。

130. 邱联恭："心证公开论——着重于阐述心证公开之目的与方法"，载《民事诉讼法之研究（七）》，台湾三民书局1998年版。

131. 邱岳："论刑事证据保全制度"，载《四川理工学院学报》2006年7月第21卷S2。

132. 邱爱民："论辩护律师调查取证权的立法与实践"，载《学术论坛》2001年第5期。

133. 齐友："主体性：人的权利与责任"，载《前线》2002年第11期。

134. 人民法院报评论员："正确处理公正高效权威的辩证关系"，载《人民法院报》2007年3月3日。

135. 阮方民、封利强："论我国刑事证明标准的现实选择混合标准"，载《浙江大学学报》2002年第5期。

136. 任铁健："对法院依职权调查收集证据的反思"，载《政法论丛》2000年第1期。

137. 宋英辉、吴宏耀："任何人不受自证其罪原则及其程序保障"，载《中国法学》1999年第2期。

138. 宋英辉、魏晓娜："证据开示制度的法理与构建"，载《中国刑事法杂志》2001年第4期。

139. 宋英辉、李哲："证据裁判原则评价"，载《政法论坛》2003年第4期。

140. 宋朝武："民事证明责任原理研究"，中国政法大学2006届博士学位论文。

141. 施杰、江敏："保障律师调查取证全促进控辩平等的实现"，载《中国律师》2003年第2期。

142. 侍东波："程序参与及其保障"，中国政法大学2005届博士学位论文。

143. 孙锐:“刑事诉讼证明概念的解析与重塑”,中国政法大学2005届硕士学位论文。

144. 史立梅:“程序正义与刑事证据法”,中国政法大学2003届博士学位论文。

145. 沈良琪、胡权明:“违法证据的效力及有关立法建议”,载《人民司法》2003年第7期。

146. 汤维建:“论司法公正的保障机制及其改革”,载《河南省政法管理干部学院学报》2004年第6期。

147. 唐力:“辩论主义的嬗变与协同主义的兴起”,载《现代法学》2005年第6期。

148. 唐磊:“论非法口供的认定与排除”,载《社会科学研究》2001年第6期。

149. 唐莹玲:“完善辩护律师调查取证权的思考”,载《广西公安管理干部学院学报》2002年第4期。

150. 田雨:“最高法首次提出‘司法和谐’理念倡导和谐诉讼”,载《法制日报》2007年1月7日。

151. 汤莉莉:“从典章律令看中国古代收集证据和勘验”,载《档案与建设月刊》2006年第1期。

152. 卫跃宁:“口供制度研究”,中国政法大学2005届博士学位论文。

153. 魏晓娜:“论我国证明责任概念之重构”,载《诉讼法学研究》第5卷,中国检察出版社2003年版。

154. 魏晓娜:“刑事正当程序研究”,中国政法大学2003届博士学位论文。

155. 魏燕:“论刑事诉讼中律师调查取证权的保障”,载《西北第二民族学院学报》2004年第3期。

156. 万永海:“刑事法庭调查论”,中国政法大学2005届博士学位论文。

157. 万毅："财产权与刑事诉讼——以被追诉人财产权保障为视角"，四川大学 2005 届博士学位论文。

158. 汪建成、孙远："自由心证新论"，载《证据学论坛》第 1 卷，中国检察出版社 2000 年版。

159. 汪海燕、胡常龙："自由心证新理念探析——走出对自由心证传统认识的误区"，载《法学研究》2001 年第 5 期。

160. 王振川："治一治刑讯逼供这一顽症"，载《人民检察》2006 年第 1 期。

161. 王建明："职务犯罪侦查措施研究"，中国政法大学 2007 届博士学位论文。

162. 王敏远等："证据法的理论基础笔谈"，载《法学研究》2004 年第 6 期。

163. 王敏远："一个谬误、两句废话、三种学说——对案件事实及证据的哲学、历史学分析"，载《公法》第 4 卷，法律出版社 2003 年版。

164. 王松、张媛媛："论心证公开"，载《证据学论坛》第 6 卷，中国检察出版社 2003 年版。

165. 王福华："民事诉讼协同主义：在理想和现实之间"，载《现代法学》2006 年第 6 期。

166. 王新环："公诉权原论"，中国政法大学 2004 届博士学位论文。

167. 王人博："宪政的中国语境"，载《法学研究》2001 年第 1 期。

168. 王春："当事人收集证据权利的程序保障研究"，载《海南大学学报（人文社会科学版）》2005 年第 2 期。

169. 王美丽："律师调查取证的障碍及保障对策"，载《法律科学》1999 年第 3 期。

170. 王刚："浅析侦查阶段律师的调查取证权"，载《四川警官高等专科学校学报》2004 年第 3 期。

171. 王威："死刑犯精神病鉴定宜为法定程序"，载《中国青年报》2006 年 12 月 16 日。

172. 王路真："辩方举证权及其保障研究"，西南政法大学 2004 届硕士学位论文。

173. 吴巡龙："刑事举证责任与幽灵抗辩"，载《月旦法学杂志》2006 年 6 月第 133 期。

174. 吴宏耀："刑事诉讼证明解析"，载《检察日报》2000 年 12 月 17 日第 3 版。

175. 吴建坤："论我国刑事诉讼中律师的调查取证权"，中国政法大学 2005 届硕士学位论文。

176. 吴丹红："刑事诉讼证人拒证原因探析"，载《证据学论坛》第 3 卷，中国检察出版社 2001 年版。

177. 谢鹏程："排除合理怀疑的标准"，载《检察日报》2001 年 6 月 5 日第 3 版。

178. 谢鹏程："法律价值概念的解释"，载《天津社会科学》1996 年第 1 期。

179. 谢佑平："权利保障：诉讼的起源与本质"，载《诉讼法学研究》第 3 卷，中国检察出版社 2002 年版。

180. 谢佑平、万毅："刑事侦查职能论纲"，载《法学论坛》2003 年第 2 期。

181. 许士宦："证据开示制度与秘密保护程序——以证据保全与文书提出命令为中心"，台湾大学法律学研究所 1998 届博士学位论文。

182. 许兰亭："刑事一审程序实务问题研究"，中国政法大学 2002 届博士学位论文。

183. 许身健："刑事程序现代性研究"，中国政法大学 2004 届博士学位论文。

184. 熊跃敏："大陆法系民事诉讼中的证据收集制度论析"，载《甘肃政法学院学报》2004 年第 4 期。

185. 熊志海、张步文："论刑事证据与案件事实之关系"，载《重庆邮电学院学报》2004 年第 4 期。

186. 徐加庆："略论侦查阶段刑事证据的保全"，载《公安教育》2004 年第 8 期。

187. 肖建华："构建协同主义的民事诉讼模式"，载《政法论坛》2006 年第 5 期。

188. 肖建国："证据能力比较研究"，载《比较法研究》2001 年第 6 期。

189. 肖琼："论经济犯罪案件的证据收集"，载《中国人民公安大学学报》2004 年第 1 期。

190. 奚玮、吴小军："论我国法官庭外调查证据的范围——以刑事诉讼为中心"，载《政治与法律》2005 年第 5 期。

191. 奚玮、余茂玉："两岸证据保全制度比较研究"，载《社会科学战线》2006 年第 4 期。

192. 奚玮、余茂玉："证据关联性问题研究——以证据能力为考察视角"，载《诉讼法学研究》第 12 卷，中国检察出版社 2007 年版。

193. 奚玮、余茂玉："证人书面证言之采纳及其规制"，载《天府新论》2007 年第 2 期。

194. 奚玮、余茂玉："论证据共通原则在民事诉讼中的适用"，载《山西师范大学学报（社会科学版）》2007 年第 3 期。

195. 奚玮、余茂玉："论民事诉讼中的证明妨碍"，载《河北法学》2007 年第 3 期。

196. 奚玮、余茂玉："俄罗斯新旧〈法典〉非法证据排除规则比较与启示"，载《广东行政学院学报》2007 年第 2 期。

197. 奚玮、余茂玉："证据关联性研究——以证明力为视角"，载《审判研究》2006 年第 4 辑，法律出版社 2006 年 9 月版。

198. 奚玮、余茂玉："直接证据与间接证据划分标准：比较、反思与重构"，载《河北公安警察职业学院学报》2007 年第 1 期。

199. 余茂玉:“被害人权益保障中的‘动态平衡’”，载《法制资讯》2008 年第 9 期。

200. 余茂玉:“论证据保全申请权——以刑事诉讼中辩方权利为视角”，载《证据科学》2008 年第 4 期。

201. 余茂玉:“死刑案件证明标准体系研究”，载卞建林主编:《诉讼法学研究》第 14 卷，中国人民公安大学出版社 2008 年 11 月版。

202. 余茂玉:“新《律师法》律师调查取证权之解读”，载《中国诉讼法判解》2007 年第 6 卷。

203. 余茂玉:“新律师法力破律师‘调查取证难’”，载《法制日报》2007 年 11 月 1 日第 3 版。

204. 余茂玉:“事实信息理论：证据法学研究困境之出路”，载《重庆邮电学院学报》2006 年第 3 期。

205. 余茂玉:“为当事人的证明权而‘呐喊’”，载《法制日报》2009 年 5 月 27 日第 11 版。

206. 余锦荣、周琪源：“刑事案件取证过程中的问题及对策”，载《吉林公安高等专科学校学报》2001 年第 1 期。

207. 余为青:“论辩护律师的调查取证权”，载《社会科学战线》2003 年第 5 期。

208. 叶志飞:“刑事诉讼自由心证主义之研究”，台湾政治大学法律学研究所 2002 届硕士学位论文。

209. 郁云:“论心证公开的几个基本问题”，载《云南大学学报（法学版）》2004 年第 2 期。

210. 杨兵、鲁珺瑛：“心证自由的层次性分析及其客观化制约”，载《黑龙江省政法管理干部学院学报》2004 年第 5 期。

211. 易延友：“对自由心证哲学基础的再思考”，载《比较法研究》1998 年第 3 期。

212. 叶自强：“从传统自由心证到现代自由心证”，载《诉讼法论丛》第 3 卷，法律出版社 1999 年版。

213. 叶自强："英美证明责任分层理论与我国证明责任概念"，载《环球法律评论》2001 年秋季号。

214. 杨云骅："刑事诉讼法下检察官之举证责任及法院调查义务"，载《月旦法学杂志》2002 年 10 月第 89 期。

215. 杨立新："刑事诉讼平衡论"，中国政法大学 2005 届博士学位论文。

216. 岳忠："侦查办案收集证据的视阈——从法定证据种类的不完整性谈起"，载《中国刑事警察》2006 年第 1 期。

217. 喻富林等："论法院调查收集证据的程序正当性之缺失及矫正"，载《湖北广播电视大学学报》2005 年第 6 期。

218. 朱蓓莉："侦查取证的缺陷及其矫正"，载《上海公安高等专科学校学报》2007 年第 2 期。

219. 朱德宏："初查中所收集人证的证据效力"，载《公安研究》2007 年第 6 期。

220. 朱正福："遏制非法收集证据的良策"，载《上海公安高等专科学校学报》2003 年第 4 期。

221. 左卫民、朱桐辉："公民诉讼权：宪法与司法保障研究"，载《法学》2001 年第 4 期。

222. 郑旭："刑事证据规则"，中国政法大学 2001 届博士学位论文。

223. 郑未媚："自由心证研究——以刑事诉讼为视角"，中国政法大学 2005 届博士学位论文。

224. 赵合理、周少华："死刑案件中证据审查与采信的反思"，载《现代法学》2004 年第 4 期。

225. 赵燕："警察刑事职权研究"，中国政法大学 2002 届博士学位论文。

226. 赵琳琳、李微："律师调查取证权应有法律保障"，载《检察日报》2006 年 7 月 21 日。

227. 赵雯："法治是一个渐进过程——美国联邦法官谈美国

的法治建设”，载《检察日报》2008 年 1 月 21 日。

228. 赵信会：“论民事诉讼中的心证公开”，载《河南省政法管理干部学院学报》2005 年第 5 期。

229. 周伟：“论刑事司法权利的宪法保护”，载《政法论坛》2003 年第 6 期。

230. 周维平：“论侦查程序中辩护方的防御权——以辩护方的调查取证权为视角”，载《黑龙江省政法管理干部学院学报》2007 年第 2 期。

231. 张卫平：“证明标准建构的乌托邦”，载《法学研究》2003 年第 4 期。

232. 张卫平：“事实探知：绝对化倾向及其消解”，载《法学研究》2001 年第 4 期。

233. 张志铭：“裁判中的事实认知”，载王敏远主编《公法》第 4 卷，中国检察出版社 2003 年版。

234. 张建伟：“认识相对主义与诉讼的竞技化”，载《法学研究》2004 年第 4 期。

235. 张弘：“论证据裁判原则”，中国政法大学 2006 届博士学位论文。

236. 张中：“刑事诉讼关系的社会学分析”，中国政法大学 2005 届博士学位论文。

237. 张品泽：“人本精神与刑事程序”，中国政法大学 2005 届博士学位论文。

238. 张月满、马运立：“从一起爆炸案件看刑事证据的运用”，载《中国刑事法杂志》2002 年第 1 期。

239. 张继成、杨宗辉：“对‘法律真实’证明标准的质疑”，载《法学研究》2002 年第 4 期。

240. 张小玲：“刑事诉讼客体论”，中国政法大学 2004 届博士学位论文。

241. 张森锋、谢天长：“论刑事诉讼中律师的调查取证权”，载《广西公安管理干部学院学报》2002 年第 3 期。

242. 张珉："协同主义诉讼模式：我国民事诉讼模式的新选择"，载《国家检察官学院学报》2005 年第 6 期。

243. 张华等："关于刑事证据开示问题的调研报告——兼论刑事证据开示制度的完善"，载《北京政法职业学院学报》2005 年第 3 期。

244. 张有义："高风险致使辩护率低刑事辩护律师面临六难题"，载《法制日报》2008 年 1 月 6 日第 1 版。

245. 张艳琼："论当事人收集权的程序保障"，载《中山大学学报论丛》2007 年第 4 期。

246. 张丽洁："浅析刑事诉讼中电子证据的提取"，载《法制与社会》2007 年第 4 期。

### 三、中文译著类（按国别拼音排序）

1. ［德］瓦尔特·哈布沙伊德，维尔茨堡/日内瓦："证明权"，载［德］米夏埃尔·施蒂尔纳编：《德国民事诉讼法学文萃》，赵秀举译，中国政法大学出版社 2005 年版。

2. ［德］克劳思·罗科信著：《刑事诉讼法》，吴丽琪译，法律出版社 2003 年版。

3. ［德］奥特马·尧厄尼系著：《民事诉讼法》，周翠译，法律出版社 2003 年版。

4. ［德］托马斯·魏根特著：《德国刑事诉讼程序》，岳礼玲、温小洁译，中国政法大学出版社 2004 年版。

5. ［德］莱奥·W·罗森贝克著：《证明责任论》，庄敬华译，中国法制出版社 2002 年版。

6. ［德］汉斯·普维庭著：《现代证明责任问题》，吴越译，法律出版社 2000 年版。

7. ［法］卡斯东·斯特法尼等著：《法国刑事诉讼法精义》，罗结珍译，中国政法大学出版社 1999 年版。

8. ［法］孟德斯鸠：《论法的精神》，张雁深译，商务印书馆1982年版。

9. ［法］雅克·盖斯旦著：《法国民法总论》，陈鹏等译，法律出版社2000年版。

10. ［美］乔恩·R·华尔兹著：《刑事证据大全》，何家弘等译，中国人民大学出版社1993年版。

11. ［美］罗纳德·J·艾伦等著：《证据法——文本、问题和案例》，张保生等译，高等教育出版社2006年版。

12. ［美］麦考密克著：《麦考密克论证据》，汤维建等译，中国政法大学出版社2004年版。

13. ［美］达马斯卡著：《比较法视野中的证据制度》，吴宏耀、魏晓娜等译，中国人民公安大学出版社2006年版。

14. ［美］达马斯卡著：《漂移的证据法》，李学军等译，中国政法大学出版社2003年版。

15. ［美］约翰·罗尔斯著：《正义论》，何怀宏等译，中国社会科学出版社1988年版。

16. ［美］博登海默著：《法理学——法律哲学和方法》，邓正来译，中国政法大学出版社2004年版。

17. ［美］迈克尔·D·贝勒斯著：《法律的原则——一个规范的分析》，张文显等译，中国大百科全书出版社1996年版。

18. ［美］Edmund M·Morgan著：《证据法之基本问题》，李学灯译，台湾世界书局1982年版。

19. ［美］艾伦·豪切斯特泰·斯黛丽、南希·弗兰克著：《美国刑事法院诉讼程序》，陈卫东、徐美君译，中国人民大学出版社2002年版。

20. ［日］石井一正著：《日本实用刑事证据法》，陈浩然译，台湾五南图书出版公司2000年版。

21. ［日］谷口安平著：《程序的正义与诉讼》，王亚新、刘荣军译，中国政法大学出版社1996年版。

22. ［日］松尾浩也著：《日本刑事诉讼法（上卷）》，丁相顺译，中国人民大学出版社 2005 年版。

23. ［日］松尾浩也著：《日本刑事诉讼法（下卷）》，张凌译，中国人民大学出版社 2005 年版。

24. ［日］田口守一著：《刑事诉讼法》，刘迪等译，法律出版社 2000 年版。

25. ［日］西原春夫主编：《日本刑事法的形成与特色》，李海东等译，中国法律出版社 & 日本成文堂 1997 年版。

26. ［日］棚濑孝雄著：《纠纷的解决与审判制度》，王亚新译，中国政法大学出版社 2004 年版。

27. ［苏］安·扬·维辛斯基著：《苏维埃法律上的诉讼证据理论》，王之相译，法律出版社 1957 年版。

28. ［英］詹妮·麦克埃文著：《现代证据法与对抗式程序》，蔡巍译，法律出版社 2006 年版。

29. ［英］彼得·斯坦、约翰·香德著：《西方社会的法律价值》，王献平译，中国法制出版社 2004 年版。

30. ［英］麦高伟、杰弗里·威尔逊主编：《英国刑事司法程序》，姚永吉等译，法律出版社 2003 年版。

31. ［意］贝卡利亚著：《论犯罪与刑罚》，黄风译，中国大百科全书出版社 1993 年版。

**四、外国法典类（按姓氏拼音排序）**

1. 卞建林译：《美国联邦刑事诉讼规则和证据规则》，中国政法大学出版社 1996 年版。

2. 卞建林等译：《加拿大刑事法典》，中国政法大学出版社 1999 年版。

3. 陈界融译：《〈美国联邦证据规则（2004）〉》，中国人民大学出版社 2005 年版。

4. 黄道秀译：《俄罗斯联邦刑事诉讼法典（新版）》，中国人民公安大学出版社 2006 年版。

5. 黄风译：《意大利刑事诉讼法典》，中国政法大学出版社 1994 年版。

6. 宋英辉译：《日本刑事诉讼法》，中国政法大学出版社 2000 年版。

7. 余叔通、谢朝华译：《法国刑事诉讼法典》，中国政法大学出版社 1997 年版。

## 五、外文论著类（按首字母排序）

1. Gordon Van Kessel, *Adversay Excesses in the American Criminal Trial*, 67 NOTRE DAME L. REV. 403, 409 (1992).

2. Michael H. Graham:《联邦证据法(影印版)》,法律出版社 1999 年版。

3. Morgan, *Some Problems of Proof Under the Anglo – American System of Litigation* 34 (1956).

4. Peter Murphy, *Evidence*, *Proof*, *and Facts*: *A Book of Sources*, Oxford University Press (2003).

5. Richard May and Steven Powles, (2004), *Criminal Evidence*, (5th edition Sweet&Msxwell).

6. Wigmore on Evidence, *Textbool*, sec. 477. 1. L.